幼儿园组织与管理

主　编　于佳伶　李　卓　张　蕊
副主编　李江华　冯志伟　李桂云
康　蕃　郑皓鑫

中国商业出版社

图书在版编目（CIP）数据

幼儿园组织与管理 / 于佳伶，李卓，张蕊主编. --
北京：中国商业出版社，2023.10
ISBN 978-7-5208-2682-2

Ⅰ.①幼… Ⅱ.①于… ②李… ③张… Ⅲ.①幼儿园—组织管理 Ⅳ.① G617

中国国家版本馆 CIP 数据核字（2023）第 206060 号

责任编辑：袁开春
策划编辑：黄世嘉

中国商业出版社出版发行
（www.zgsycb.com　100053　北京广安门内报国寺 1 号）
总编室：010-63180647　编辑室：010-63033100
发行部：010-83120835/8286
新华书店经销
廊坊市海玉印刷有限公司印刷
*
787 毫米 ×1092 毫米　16 开　14.5 印张　323 千字
2023 年 10 月第 1 版　2023 年 10 月第 1 次印刷
定价：49.80 元
* * * *
（如有印装质量问题可更换）

前言

《幼儿园组织与管理》是研究如何围绕幼儿园教育目标实现对幼儿园的高效高质管理的一门学科，是学前教育专业的主要专业基础课，也是幼儿园园长、教师在职培训的必修课程。本教材以现代管理学、教育管理学以及学前教育学的基本理论为指导，研究幼儿园管理现象及其规律，帮助学习者通过对管理职能和幼儿园管理实践活动的学习，对幼儿园管理所包含的管理知识和策略，幼儿园管理中人、财、物和环境四大要素及管理的具体内容有一个全面的把握和认识，提高学习者综合运用所学管理知识的能力，树立正确的管理理念，培养综合素质。

本书共分为 11 章，内容涵盖管理与幼儿园管理、幼儿园创设和管理体制、幼儿园的组织职能、控制职能与幼儿园管理评价、幼儿园保教工作管理、幼儿园教育工作管理、幼儿园卫生保健与安全管理、幼儿园总务工作管理、幼儿园人力资源管理、幼儿园公共关系管理、幼儿园工作评价。

本书由广州科技职业技术大学于佳伶、吉林师范大学李卓、哈尔滨工业大学幼儿园张蕊担任主编，唐山幼儿师范高等专科学校李江华、河北对外经贸职业学院冯志伟、李桂云、康蕃、广州南洋理工职业学院郑皓鑫任副主编。全书由于佳伶拟定编写大纲并统稿。

本书在内容编写上注重理论与实践相结合，既注重知识性又强调可操作性，可作为职业本科院校及专科院校教材使用。在编写过程中，参阅了大量文献资料、幼儿园调研资料及其他相关资源，在此一并致谢。由于编者水平有限，书中难免存在不足之处，敬请广大读者提出宝贵意见。

编　者

2023 年 4 月

目录 CONTENTS

第一章　管理与幼儿园管理 …… 1

第一节　管理和管理者 …… 2

第二节　管理理论的形成和发展 …… 8

第三节　幼儿园管理概述 …… 15

第四节　我国学前教育发展现状 …… 21

第五节　中国主要管理理论及思想概述 …… 22

第二章　幼儿园创设和管理体制 …… 29

第一节　幼儿园的创设 …… 30

第二节　幼儿园的申办程序 …… 33

第三节　幼儿园的管理体制 …… 36

第三章　幼儿园的组织职能 …… 43

第一节　幼儿园组织结构设置 …… 44

第二节　幼儿园组织文化建设 …… 55

第三节　幼儿园规章制度建设 …… 64

第四章　控制职能与幼儿园管理评价 …… 70

第一节　控制职能的概述 …… 71

第二节　幼儿园管理评价概要 …… 79

第三节　幼儿园管理评价实施 …… 83

第五章　幼儿园保教工作管理 …… 89

第一节　幼儿园保教工作管理概述 …… 90

第二节　班级保教工作管理 …… 96

第三节　幼儿园保教工作管理的组织与实施 …… 101

第四节　幼儿园教研、科研活动 …… 105

第六章　幼儿园教育工作管理 …… 109

第一节　幼儿园教育工作管理 …… 110

第二节　幼儿园的日常活动管理 …… 113

第三节 幼小衔接存在的问题 ……117
第四节 幼儿园课程管理 ……120
第五节 园本教研管理 ……124

第七章 幼儿园卫生保健与安全管理 ……129
第一节 幼儿园卫生保健工作管理概述 ……130
第二节 幼儿园卫生保健工作管理措施 ……131
第三节 幼儿园安全工作管理概述 ……133
第四节 幼儿园安全与危机管理 ……134

第八章 幼儿园总务工作管理 ……141
第一节 幼儿园总务工作管理概述 ……142
第二节 幼儿园膳食管理 ……149
第三节 幼儿园财务管理 ……151
第四节 幼儿园环境（空间）、资产与设施设备管理 ……154
第五节 幼儿园档案管理 ……163

第九章 幼儿园人力资源管理 ……171
第一节 幼儿园人力资源管理概述 ……172
第二节 幼儿园人力资源管理的实施 ……176
第三节 幼儿园教师队伍建设 ……181
第四节 幼儿园领导职能建设 ……185
第五节 园长负责制 ……191

第十章 幼儿园公共关系管理 ……195
第一节 幼儿园公共关系概述 ……196
第二节 幼儿园与家长互动关系的建立 ……199
第三节 幼儿园与社区公共关系的建构 ……205
第四节 幼儿园与其他公众的公共关系管理 ……206

第十一章 幼儿园工作评价 ……210
第一节 幼儿园工作评价概述 ……211
第二节 幼儿园工作评价的实施 ……217
第三节 幼儿园工作评价的注意事项 ……220

参考答案 ……223

参考文献 ……226

第一章 管理与幼儿园管理

学习目标

知识目标

◎ 了解“管理”“组织”的含义，掌握管理的属性和职能。
◎ 了解管理者的特征和技能，初步建立科学管理思维。
◎ 了解管理理论的形成和发展过程。
◎ 了解幼儿园管理的概念、要素与特征。
◎ 了解幼儿园管理的内容、原则、意义及方法。

能力目标

◎ 掌握各时期管理理论的特点和观点。
◎ 能够将幼儿园班级管理特点与班级管理的实践相结合。

素质目标

◎ 树立科学管理的观念。
◎ 理解幼儿园管理工作的意义，热爱学前教育事业，具有职业理想和敬业精神。

思政目标

认同幼儿园教师及管理者的专业性和独特性，具有终身学习与持续发展的意识和能力，具有全局意识及科学管理理念，提升情绪调节能力和自我管理能力。

第一节　管理和管理者

一、什么是管理

（一）管理与组织的含义

1. 管理的含义

管理活动自古有之，自从人群组织产生，便有了管理活动。管理活动是人类各项活动中最重要的活动之一，其广泛存在于社会经济生活中，大到国家、军队，小到学校、企业等，可以说管理活动无时不有、无处不在。幼儿园作为一种社会组织也存在管理活动，其运行和发展更离不开管理。

管理活动虽然历史悠久，但是形成比较完整的理论，成为一门学科则是从近代才开始。20 世纪初，管理学作为一门独立的学科诞生，至今只有 100 多年的历史。虽然"管理"一词在当今社会中被普遍使用，但是关于管理的定义至今没有统一。

"科学管理之父"弗雷德里克·温斯洛·泰勒认为，管理就是确切地了解你要别人干些什么，然后设法使他们用最好的方法完成它。

古典管理理论的代表亨利·法约尔认为，管理是一种协调性的活动，包括计划、组织、指挥、协调、控制五大要素。

美国管理学家、诺贝尔经济学奖获得者赫伯特·西蒙认为，管理就是决策。

"现代管理之父"彼得·德鲁克认为，管理是一种工作，它有自己的技巧、工具和方法；管理是一种器官，能赋予组织以生命的、能动的、动态的器官；管理是一门科学，是一种系统化的并普遍适用的知识；管理是一种文化。

还有很多学者从不同的角度对管理下定义，这里不再一一列举。可见，管理的内涵和外延随着社会的发展被不断地丰富和充实。结合学者们的一些共识和对管理要素的理解，我们认为，管理是一定组织中的管理者在特定的环境条件下，协调以人为中心的各种资源，通过计划、组织、领导和控制等职能，带领人们有效益地实现组织目标的过程。

管理的含义可以从以下几个方面理解，见表 1–1。

表 1–1　管理的含义

管理要素	简明理解	内容
管理的主体	由谁管	承担责任，决定管理的方向和进程
管理的客体	管什么	以人为中心的各种资源（如人、财、物、信息等）
管理的职能	怎么管	计划、组织、领导和控制

续表

管理要素	简明理解	内容
管理的目的	为什么管	有效益地实现组织目标
管理的核心	什么是管	协调（处理好各种关系）

2. 组织的含义

管理活动都是发生在组织范围之内的，即组织是管理活动的载体。因此，在学习管理理论之前，把握组织的含义非常必要。

在汉语中，“组织”一词的原意是纺织，即“经纬相交，织作布帛”，在《吕氏春秋》《文心雕龙》等古代名著中都有记载。从《辞海》中可查到“组织”的引申义为：将分散的人或事安排成一定的系统或整体，按照一定的宗旨建立起来的团体。

我们认为，“组织”一词有动词性概念和名词性概念。动词性的组织，是管理的一项职能，是指为更好地实现共同目标进行的明确分工、设置岗位、确立合作关系、建立协作系统等活动的集合，如组织晚会、组织人员开展工作等。

这里我们主要讲作为名词的组织，名词性的组织有广义和狭义之分。广义的组织是指由诸多要素按照一定方式相互联系起来的系统；狭义的组织是指人们为实现一定的目标，相互协作结合而成的集体或团体，如党团组织、工会组织、企业组织、军事组织等。我们应明确幼儿园也是一种社会组织。它之所以被称为组织，是因为其具有以下三个共同特征。

（1）每个组织都有明确的目的，这个目的一般用组织目标来表示。

（2）每个组织都由两个或两个以上的人组成。

（3）每个组织都有一种系统性的结构，用于规范和限制成员的行为。

例如，幼儿园的各项规章制度、各项工作程序等，使全体成员知道自己应做什么、不应做什么。因此“组织”是人们组成的，具有明确的目的和系统性结构的实体。

3. 组织与管理的关系

组织与管理是两个不同的概念，既相互联系又相互区别。

二者的联系表现为：首先，动词性的组织是管理的基本职能之一；其次，名词性的组织是管理活动的载体；最后，管理活动以组织为对象，组织是由人组成的协作系统，管理活动的对象不仅是个体的人，更多的是由多人组成的组织系统。

二者的区别表现为：首先，组织与管理的内涵不同，组织有名词性和动词性双重概念，既是人的协作系统，也是实现协作活动的集合，管理的实质是促进组织优质高效地实现目标的过程；其次，组织不等于管理，从管理职能角度看，组织只是管理的一项职能，但从组织系统论的角度看，组织还有很多的要素和广泛的内涵，管理仅仅是组织的一个要素。

综上所述，组织与管理既相互区别又相互融合，不能把管理等同为组织，或者把组织诠释为管理，而应在管理中理解组织，在管理中把握组织。随着组织理论的不断发展，组织理论在幼儿园管理中逐步被重视并使用，人们逐渐将“幼儿园管理”称为“幼儿园组织与管理”。

（二）管理的属性

管理是一种社会活动，这种社会活动不是个人的活动，而是两个或两个以上的人的社会活动。管理具有三个方面的属性，即二重性、科学性与艺术性、普遍性。

1. 二重性

管理的二重性是马克思关于管理问题的基本观点，是指管理具有自然属性和社会属性。

一方面，管理是人类社会的客观需要，是由共同劳动的性质所决定的，是有效组织共同劳动所必需的，不以人的意志为转移，不因社会制度、意识形态的不同而有所变化，完全是一种客观存在，我们称为管理的自然属性。因此，管理要处理人类社会与自然的关系，要合理地组织社会生产力，管理具有自然属性，故也称为管理的生产力属性。

另一方面，管理体现了生产资料所有者指挥劳动、监督劳动的意志，又同生产关系和社会制度相联系。也就是说，任何管理活动都是在特定的社会生产关系条件下进行的，为特定的社会生产关系服务，从而实现其调节和维护社会生产关系的目的。因此，管理具有社会属性，也称为管理的生产关系属性。

学习和掌握管理的二重性对我们后续学习和理解幼儿园管理原则及运用管理学指导幼儿园实践都具有重要的现实意义。

2. 科学性与艺术性

管理是科学性与艺术性相统一的活动。

管理的科学性体现为管理具有客观规律性，这是管理科学性的明显标志。人们经过无数次的实践活动，从中总结出一系列反映管理活动客观规律的理论和方法，又反过来利用这些理论和方法指导自己的管理实践，从而使管理理论和方法在实践中不断得到验证和丰富。照章运作便可以取得预想效果的管理活动叫作程序性活动；相反，无章可循的管理活动叫作非程序性活动。程序性活动是由非程序性活动转化而来的，转化是对管理对象科学化的总结。因此，管理是一门科学。

管理的艺术性体现为管理的灵活性、创造性与美感。就管理环境和对象而言，管理是一项不可复制的人类社会活动，管理对象要素的多样性和外在影响因素的复杂性，使管理活动的内外环境充满着变数。同时，每个具体的管理对象没有唯一的完全有章可循的管理模式，因此，管理主体面对复杂的管理对象和多变的环境，要能够随机应变，恰当、巧妙地做好各项管理工作。管理艺术源于管理主体自身的个性特点和一定水平的管理理论素养与实践经验。成熟的管理者都会有自己独特的管理艺术。

管理是科学与艺术的有机结合体。对管理的这一认识，对从事幼儿园管理工作的人员十分重要，它可以促使人们既注重管理基本理论的学习，又不忽视在实践中因地制宜地灵活运用管理理论，可以说是管理成功的一项重要保证。

3. 普遍性

管理的普遍性，又称为管理的一般性。古典管理学家法约尔强调，所有机构——工业、商业、政治、宗教等都需要实行管理。这种对管理“普遍性”的认识和实践，在当时是一个重大的贡献，克服了管理只局限于工厂的狭隘观点。

如今，管理活动与社会活动、组织活动及家庭活动都息息相关，因此，管理也是幼儿园教育活动中不可缺少的一项重要活动。正是由于管理的普遍性，我们才有可能把握管理活动的基本规律，才有必要学习管理理论和方法，从而保证幼儿园各项工作的有序开展，保障幼儿园保教质量的不断提高。

（三）管理的职能

某一事物的职能是指客观存在于该事物内部，不以人的主观意志为转移的固有功能或属性。管理的职能是指管理承担的功能，是管理过程中各项行为的内容。一般认为，管理有四项职能，即计划、组织、领导、控制。

1. 计划

计划职能是指管理者对将要实现的目标和应采取的行动方案做出选择及具体安排的过程。简言之，就是对未来活动的预先筹划，主要内容包括分析组织内外部环境、确定组织目标、选择实现目标的途径等。任何组织的管理活动都是从计划出发的。因此，计划职能是管理的首要职能。

2. 组织

组织职能是指管理者根据既定目标，对组织中的各种要素及人们之间的相互关系进行合理安排的过程。主要内容包括四个方面：组织机构的设计、组织人员的合理配备、合理分权与授权地运行组织、组织改革和组织文化建设。

组织机构的设计是一个组织的首要任务，具体通过以下几个步骤进行：第一，工作划分，将工作总任务划分为系统化的具体任务，形成相应的工作岗位；第二，建立不同类型的部门，根据不同类型的工作岗位，建立相应的职能部门；第三，确定管理幅度和管理层次；第四，确定职权关系，根据工作需要和人员特点，合理确定职权关系；第五，动态调整组织结构，根据环境的变化不断完善组织结构，提高组织的灵活性和适应性。

3. 领导

领导职能是指管理者为了实现组织目标而对被管理者施加影响的过程，其目的在于使组织成员能够自觉、自愿并自信地为实现组织目标而努力。管理者在执行领导职能时，一方面要激发组织成员的潜能，使其发挥应有的作用；另一方面要促进组织成员之间的团结协作，使组织中的所有活动和努力统一和谐。具体途径包括激励下属、对他们进行活动指导、选择合理的沟通渠道解决组织成员间的冲突等。

4. 控制

控制职能是指管理者按照既定目标和标准对组织的活动进行监督、检查，发现偏差，采取纠正措施，使工作能按照原定计划进行，或适当调整计划以达到预期目的的过程。在执行计划的过程中，环境的变化及影响，可能导致人们的活动或行为与组织的要求不一致，出现偏差，管理者必须及时采取纠正措施，以保证组织工作在正确的轨道上进行，确保组织目标的实现。简言之，控制就是保证组织的一切活动尽量符合预先制订的计划。

综上所述，在管理实践中，管理的四项职能之间不是孤立的，而是相互联系、相互制约的关系，它们共同构成一个有机的整体。对管理职能的掌握，有助于幼儿园管理者更清楚地了解管理活动的整个过程，有助于幼儿园管理者在实践中实现管理活动的专业化，有助于幼儿园管理者运用职能观点去建立或改革组织机构。

二、什么是管理者

（一）管理者的含义与类型

1. 管理者的含义

管理者是管理过程的主体。简言之，管理者是指组织中直接监督和指导他人工作的人。我们可以这样理解管理者：第一，管理者是具有职位和相应权力的人，职权是管理者从事管理活动的资格，职位越高，其权力越大；第二，管理者是担负一定责任的人，任何组织或团体的管理者，都具有一定的职位，行使权力的同时也要承担一定的责任和义务。

案例分享

动物拉车

梭子鱼、虾和天鹅是好朋友。有一天，它们同时发现一辆车上装有很多好吃的东西，于是就想把车从路上拉下来。它们三个一起套上绳子用力拉，可是车子却在原地一动也不动。

原来，天鹅使劲往天上提，虾一步步地向后倒拖，梭子鱼朝着河里用力拉。究竟谁对谁错？反正，它们都用尽全力了。

2. 管理者的类型

根据管理组织的层次，管理者可划分为高层管理者、中层管理者和基层管理者，如图 1-1 所示。

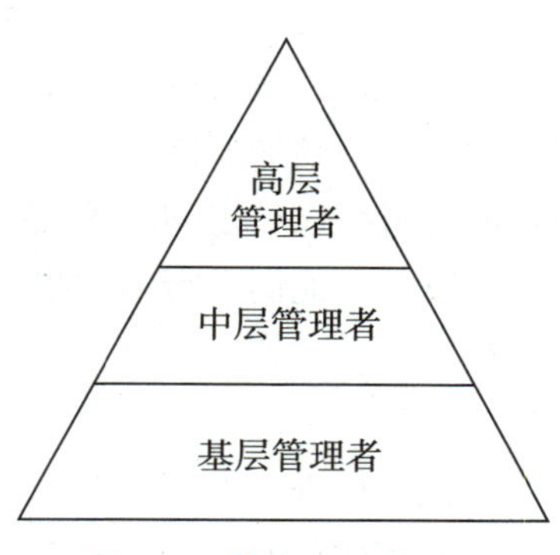

图 1-1　管理组织的层次

（1）高层管理者是指组织中居于顶层或接近顶层的人，是对整个组织的管理负有全面责任的人。其主要职责是沟通组织与外部的联系，决定组织的大政方针、战略部署，把握组织的发展方向等。另外，高层管理者的重要职责还包括确立一个被所有组织成员所认同的愿景，创建一个人们愿意积极工作并有归属感的环境，预测并迎接变化乃至更新所带来的挑战。高层管理者的称谓有董事会主席、总裁、副总裁、行政长官、首席执行官等。幼儿园的高层管理者是幼儿园园长。

（2）中层管理者是指位于高层管理者和基层管理者之间的人，起承上启下的作用。其主要职责是正确领会高层管理者的指示精神，将高层管理者制定的总目标转化为更具体的目标和活动，并监督和协调基层管理者的工作。传统意义上的中层管理者是高层管理者和基层管理者之间的管理控制者，而现在，他们还是下属的成长教练，负责支持并指导下属更有效地开展工作。中层管理者的称谓有部门主管、项目经理、业务主管、门店经理等。幼儿园的中层管理者包括副园长、保教主任、总务主任等。

（3）基层管理者是指组织底层的管理者，他们管理的是作业人员，而不涉及其他管理人员。其主要职责是直接指挥和监督现场作业人员，保证完成上级下达的各项计划和指令，他们主要关注的是具体任务的完成。基层管理者的称谓有教练、班组长、工段长、部门协调人等。幼儿园的基层管理者包括大班组、小班组、膳食组、财务组等组长。

在过去，定义谁是管理者是一件简单的事，但是在当代经济全球化、社会信息化的背景下，管理工作更加复杂多变，管理者与被管理者的界限越来越模糊。美国管理学家雅各布·摩根在《重新定义工作》一书中提出："未来的管理者将不得不挑战传统的管理理念，以适应未来的员工。"在未来的工作中，每个人都能发挥管理者的作用。我们需要的不是一个新的头衔，而是一种新的思维方式：管理者的目标是移除员工前进道路上的障碍，赋予他们权力，做他们的"点火器"，调动他们的积极性，帮助他们取得成功。

（二）管理者的技能

在各种社会组织中，有不同类型的管理者，但不管他处于哪个管理层次，承担什么工作，他们发挥作用的大小很大程度上取决于他们是否具备管理技能。那么，管理者需要具备哪些技能呢？目前人们普遍接受的是美国著名管理学家罗布特·卡茨于 20 世纪 70 年代提出的管理技能模型。如图 1-2 所示，有效的管理者应当具备三种基本技能，即技术技能、人际技能和概念技能。

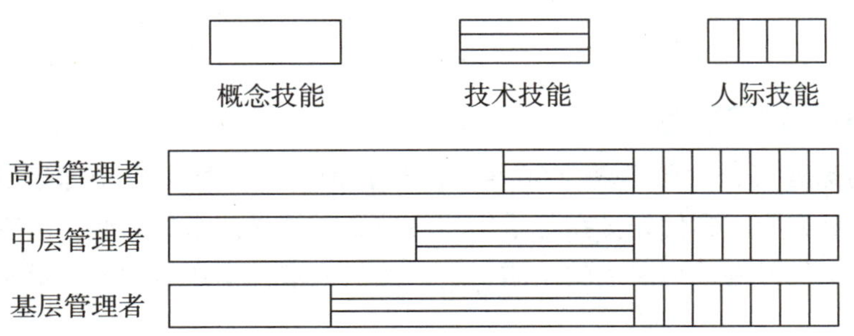

图 1-2　有效的管理者应当具备的三种基本技能

1. 技术技能

技术技能是指管理者拥有和使用与某一专业领域有关的技术、程序、知识和方法及完成组织任务的能力。作为基层管理人员，每天大量的工作是与从事具体工作的人员打交道，虽然自己不一定要成为精通某一领域技能的专家，但必须全面而系统地掌握与组织工作内容相关的各种技术技能。否则，无法与组织内的专业操作人员进行有效沟通及工作指导。如幼儿园中的班组长、保教主任必须掌握保教基本知识与能力，具备较高的综合素质。相对而言，技术技能对基层管理者最重要，但基层管理人员也会面临一些例外、复杂的工作，如协调所管辖人员的工作关系，制订本部门的工作计划等。因此，管理者也需要具备较好的人际技能和一定的概念技能。

2. 人际技能

人际技能是指管理者处理人际关系的技能，即沟通、理解、激励他人并与他人共事的能力。管理的核心要素是人，管理者需要花费大量时间与人打交道。管理者不仅要领导下属，还要与上级和同级人员交流，与组织外部的利益相关者沟通。一个成功的管理者，能够与不同类型的人愉快相处，并具备在沟通中交换信息的能力。由此可见，良好的人际技能对于基层、中层、高层管理者有效开展工作非常重要。一个管理者成功与否往往不是取决于他有没有技术技能，而是取决于他有没有人际技能。

3. 概念技能

概念技能是指管理者综观全局、系统分析和解决问题的能力，即洞察组织与环境要素之间相互影响和相互作用的关系，并在此基础上加以分析、抽象概括，然后迅速作出正确判断的能力。当管理者考虑组织的整体战略目标和组织各部分的相互关系以及组织在外部环境中的角色时，就需要这种技能。越是处于高层的管理人员，越需要具备更多的概念技能。例如，幼儿园园长处于幼儿园管理的主体地位，全面负责幼儿园的各项管理工作，对内能够统筹全局、合理调配、科学决策，对外能够协调发展、敏锐洞察、双向互动，从而使幼儿园更好地向良性方向发展。

第二节　管理理论的形成和发展

一、中国传统管理思想

中华文化源远流长，在华夏5000年的历史长河中，各种思想光辉夺目，共同创造出辉煌灿烂的华夏文明。古代先贤在几千年前便站到了领导艺术的高峰，从管理思想的角度出发，对中华文化影响最为深远的是儒、道、法三大家，本章对儒家、道家、法家的核心思想进行概述。

（一）儒家管理思想

儒家文化源远流长，其作为东方文化的核心，在很长一段时间内是我国的主导思想，至今仍对我国的管理思想产生着深刻的影响，其核心内容包括以下几点。

1. “仁”是儒家管理思想的核心

“仁”在以孔子为代表人物的儒家思想体系中指爱人，是孔子道德哲学的最高范畴，也是儒家管理思想的理论基础。“仁者爱人”分为三个层次：第一是爱自己的亲人；第二是朋友之间要互相友爱；第三是“泛爱众”，要爱其他人（包括小人）。同时，从“有教无类”到“德治”，从“亲亲之爱”到“博爱”，都体现了孔子博施济众的仁爱思想。儒家以“仁”作为管理思想的核心，站在较高的管理层次上突出管理对人的关爱，是人性化管理的起源。

2. “修齐治平”是儒家的管理逻辑

《礼记·大学》中记载：“古之欲明明德于天下者，先治其国；欲治其国者，先齐其家；欲齐其家者，先修其身；欲修其身者，先正其心；欲正其心者，先诚其意；欲诚其意者，先致其知。致知在格物。”这里“修身”“齐家”“治国”“平天下”所表达的管理思想，有着内在的联系，反映管理思想是由小到大，从自身的修养做起，目标是平天下。

“修身”被儒家看作社会管理的逻辑起点，主要是指提高个人的品德修养，只有自身品德端正，才能为民众所拥护，修身是齐家、治国、平天下的出发点。“齐家”就是要管理好自己的家庭，自己的家庭管理好了才能教化社会大众。“治国”是为政以德，实现以德治国，实施仁政管理国家。“平天下”是指只有提高品德修养后才能管理好自己的家庭和家族，进而再治理好国家，最后才能使天下太平。

概括地说，儒家遵循从自我到家庭管理，再到国家管理，继而达到“大同”社会的管理逻辑。

3. “以和为贵”是儒家的管理方式

在管理方式上，儒家主张“以和为贵”，通过“礼”与“德”两种手段，实现人性化管理。儒家“父子有亲，君臣有义，夫妇有别，长幼有序，朋友有信”的“五伦”道德规范和“仁、义、礼、智、信”的“五常”之道，数千年来一直被奉为处理人际关系的基本准则和行为规范。儒家以“亲亲”“尊尊”为立法原则，在各正其位的基础上主张“礼治”，提倡“德治”，重视“人治”，在社会上具有深远的影响，在历史上长期被国家管理者奉为正统。

《论语》说：“礼之用，和为贵。”治国以礼，而礼之功用和礼之运用，是以和为贵。由此可见，儒家管理思想的出发点与归宿，都在“和”字。这也印证了我国“以和为贵”的外交思想和当今组织中以人为本的管理初衷——在天时地利之外求得人和。

（二）道家管理思想

道家管理思想的核心在于“无为而治”。“无为”绝不是人们什么都不做，是指人的行动和指导思想必须顺应自然，必须符合自然规律的要求，不能违反自然规律而主观随意地蛮干、胡为。“无为而治”的核心内容包括以下几个方面。

1. 无为而无不为

世间万物都有自己本身的规律，这种规律是不能违背的，老子称之为“道”。老子主张“道”是宇宙的本源，万物都是由“道”派生出来的，“道法自然”“无为而无不为”。遵守客观规律，顺应自然，所谓“无为”；符合客观规律，改造现实世界，所谓“无不为”。“无为”具有两层含义：第一，“无为”当有为，唯有有为，方能至无为之境界；第二，“无为”当无为，人应该效法自然，不可逆天行道，不可多为。

2. 柔克刚与弱胜强

道家“无为而治”管理思想的另一个特色是以柔克刚、以弱胜强。老子说：“天下莫柔弱于水，而攻坚强者莫之能胜，以其无以易之。弱之胜强，柔之胜刚，天下莫不知，莫能行。”

强与大往往是相互联系的，强大组织的环节越多，则合作与团结就越是成功的关键因素。对于个人而言，一个人能力过强，能干的事过多，就可能招致众人的嫉妒，会有不利的影响。而柔弱的一方，往往能团结一致，产生巨大的力量，从逆境中获得生路。在现实中，没有永远的强者，也没有永远的弱者，善于按自然规律行事的弱者，往往能转弱为强。

道家“无为”“贵柔”的管理艺术，隐含了“深藏”的品质。“无为”不等于无能，管理者之所以能纳器于身、深藏不露，原因在于此时无为胜有为。

道家“道法自然、无为而治”的思想对统治阶级治理天下有重要的指导作用，“无为而治”的管理效能也得到了历史的验证。西汉初年，汉文帝、汉景帝以道家思想治国，践行老子“无为而治”的思想，使刚刚从秦朝苛政中解脱的民众得以休养生息，从而造就了赫赫有名的“文景之治”。这一道理在当今市场经济竞争越发激烈的情况下，显得尤为精致和适用。

（三）法家管理思想

法家是制度化管理的典型代表，法家在历史上以重视纪律、主张“法治”而闻名。在国家管理过程中，法家通过严刑峻法来治理天下，以严明的法纪维持社会秩序，达到富国强兵的目的。前期法家的杰出代表是管仲、商鞅，后期法家集大成者为韩非。法家对于人性假设的基本观点是“人性恶”，其管理思想的核心在于以法治国。

1. 性恶论

“人性恶”是法家人性论的基本观点。法家著作中列举了大量的史实和案例，从人性自私、追名逐利、趋利避害等方面阐明了其性恶论的人性观点。比如《韩非子》中说：“利之所在，民归之；名之所彰，士死之。”韩非不同意儒家的性善论，在他看来，人都是十分自私的动物，被教育感化的可能性低，要用法术和权势来加以驾驭。因此，法家提出了中央集权的管理模式，这对中国历史产生了巨大影响，在 2000 多年的封建帝制环境中，体现出明显的优越性。站在今天的角度来看法家的思想，虽然其存在严重的缺陷，但对于管理学还是具有重要的启发作用。

2. “法治”管理理念

在国家管理上，法家特别重视控制，主张国家“不务德而务法”。法家认为，要使国家治理取得成就，就应当遵循几个重要的基本理念。第一，德治误国，法治为本。法家的目的在于富国强兵。在法家看来，德治需要君主事事身为表率，不具有可操作性，慈不掌兵，仁义道德容易削弱君主的意志，更为不利的是德治照顾到了民众却往往损害了国家的利益。第二，智不足取，实力为据。作为实践者，法家鄙视空谈者，强调事实。在法家眼里，智谋重要，但并不足以决定成败，唯有实力，才是说话的唯一依据。第三，改革。锐意改革是法家区别于儒家、道家的重要特点之一。法家“不法古”“不循今”，锐意改革，认为一切法制、制度都必须顺应历史发展而变化，不能因循守旧，更不可复古倒退。

法家思想在“法”的基础上提出了一系列的管理原则：一是有法可依，不断完善“法”的内容；二是有法必依，所有人必须守法；三是执法必严，不守法必然受到严厉的惩罚；四是违法必究，强调公平性，无论是谁不守法都要受到惩罚。

法家的管理思想体系对现代管理思想体系具有深刻影响和重大意义，今天我们提倡的法治建设、现代治理等是对法家的管理思想比较系统的继承和发展。

二、西方管理思想与理论

18 世纪到 19 世纪中期，文艺复兴后的欧洲各国在政治、经济、文化、艺术等方面呈现出一派繁荣的景象，欧洲逐渐成为世界的中心。这时的资本主义生产方式已经从封建制度中脱胎而出，工厂制逐步取代家庭手工业制，机器大生产普遍出现。在这种背景下，工厂及公司的管理越来越重要。很多工厂主及企业管理者开始反思和总结自己的经验和教训，许多政治经济学家、理论学家在其著作中越来越多地论及管理方面的问题，如古典政治经济学家亚当·斯密的《国富论》、大卫·李嘉图的《政治经济学及赋税原理》等。一系列的管理思想顺应时代发展需要而产生，对管理学形成专门的理论和学派具有积极的影响。

西方管理学的形成与发展可以划分为三个阶段：古典管理学阶段、现代管理学阶段、当代管理学阶段。

（一）古典管理学阶段（19 世纪末 20 世纪初）

19 世纪末 20 世纪初，管理学正式诞生，这一时期的管理学一般被称为古典管理学，主要代表人物有美国的泰勒、法国的法约尔、德国的韦伯等。

1. 泰勒的科学管理理论

泰勒是美国古典管理学家，科学管理的创始人，1911 年出版《科学管理原理》一书，被公认为“科学管理之父”。

泰勒的职业经历非常丰富，在费城米德维尔钢铁公司期间，他从一名学徒工开始，先后被提拔为车间管理员、技师、小组长、工长、设计室主任和总工程师等。工厂的经历使他清楚工人们普遍怠工的原因，他认为缺乏有效的管理手段是提高生产率的严重障碍。为此，泰勒开始探索科学的管理方法和理论。

泰勒的科学管理理论的主要内容如下。

（1）科学管理的中心问题是提高劳动生产率。

（2）为了提高劳动生产率，必须为工作挑选“第一流的工人”。泰勒所说的“第一流的工人”是指最适合又最愿意干某种工作的人。所谓挑选就是企业在人事管理方面，把合适的人安排在合适的岗位上。

（3）要使工人掌握标准化的操作方法，使用标准化的工具、机器和材料，并使作业环境标准化。

（4）实行差别计件工资制。当时的工资是按职务和岗位发放，虽然工人在一定程度上可以多劳多得，但超过一定范围，资本家就降低工资，所以不能充分调动员工的积极性，不能满足效率最高原则。于是，泰勒就提出了一种有很大激励性的报酬制度——在制定标准定额基础上的差别计件工资制，尽可能按工人的技能和付出的劳动计算工资。

（5）工人和雇主双方都必须来一次“精神革命”，也就是劳资双方要进行相互协作。双方的注意力不要放在盈余分配上，而要放在增加盈余的数量上，即一起把“蛋糕”做大。

（6）把计划职能与执行职能分开，变原来的经验工作方法为科学工作方法，按科学规律办事。

（7）实行职能工长制。泰勒废除了当时企业军队式的组织形式，而代之以“职能式”的组织形式，有效发挥工长职能。

（8）在管理控制上实行例外原则。例外原则是指最高层管理者将日常发生的例行工作规范化，并授权给下级管理人员处理，自己主要处理那些不规范的例外工作。

2. 法约尔的一般管理理论

法约尔是法国古典管理学家，“现代经营管理之父”，1916 年出版《工业管理和一般管理》一书，在其中阐述了他的管理理论。

法约尔的一般管理理论的主要内容如下。

（1）区分经营和管理。法约尔认为经营和管理是两个不同的概念，他将管理活动从经营之中提取出来，称其为经营的第六项职能。企业的全部活动包括技术活动、商业活动、财务活动、安全活动、会计活动、管理活动六项。

（2）明确管理的职能。法约尔区分了经营与管理后，又进一步指出，管理就是实行计划、组织、指挥、协调和控制的活动。这五项管理职能为现代管理学提供了总框架，现代管理学教材内容安排基本遵循这一理论框架。

（3）提出了管理的 14 项原则。为了使管理者更好地履行各种管理职能，法约尔提出 14 项原则，即劳动分工原则、权力与责任原则、纪律原则、统一指挥原则、统一领导原则、个人利益服从集体利益原则、人员的报酬原则、适当的集权与分权原则、等级制度原则、秩序原则、公平原则、人员的稳定原则、首创精神、团队精神。

3. 韦伯的官僚组织理论

韦伯是德国古典管理学家、社会学家、哲学家、政治经济学家，被称为“组织理论之父”。他提出了理想的行政组织理论，即“官僚制”，我国称为“科层制”。韦伯的主要著作有《新教伦理与资本主义精神》《一般经济史》《社会和经济组织的理论》等。

韦伯官僚组织理论的主要内容是理想的行政组织体系。

行政组织体系又称为官僚政治，与汉语不同，“官僚”不代表贬义。韦伯认为理想的行政组织体系应当通过职务和职位进行管理，他主张建立一种高度结构化的、正式的、非人格的理想官僚组织体系。其具有下列特征：第一，组织中的人员应有固定和正式的职责并依法行使职权；第二，组织的结构是一层层控制的体系，在组织内按照地位的高低规定成员间命令与服从的关系；第三，人与工作的关系只有对事的关系而无对人的关系；第四，成员的选用与保障按照自由契约原则；第五，专业分工与技术训练，对成员进行合理分工，并明确每个人的工作范围及权责，然后通过技术培训来提高工作效率；第六，成员的工资及升迁，按职位支付薪金，并建立奖惩与升迁制度，使成员安心工作，培养其事业心。

韦伯认为，凡具有上述六项特征的组织，可表现出高度的理性化，其成员的工作行为能达到预期的效果，组织目标也能顺利地达成。

（二）现代管理学阶段（20 世纪 20—60 年代）

从 1929 年到 1933 年的世界经济危机，对资本主义社会形成了严峻的挑战。在这一挑战面前，管理学开始了新的探索，由此诞生了现代管理学。代表人物有梅奥、巴纳德、西蒙等。现代管理学的基本特点是：不再局限于效率追求，确立了“以人为本”的理论基础，专注于研究人的行为与组织行为，致力于决策理论和战略管理。现代管理理论阶段主要包括人际关系学说和行为科学理论。

1. 人际关系学说

人际关系学说是由美国行为科学家梅奥等人通过“霍桑实验”创立的。其特点是将社会学、心理学等引入企业管理的研究领域，打破传统认为工人是“经济人”的假设，特别重视人的因素。

人际关系学说的主要内容如下。

（1）工人是“社会人”，而不是“经济人”。梅奥认为，人们的行为并不单纯出自追求金钱的动机，还有社会方面、心理方面的需要，即追求人与人之间的友情、安全感、归属感和受人尊敬等，而后者更为重要。因此，不能单纯从技术和物质条件着眼，而必须首先从社会心理方面考虑合理的组织与管理。

（2）企业中存在“非正式组织”。企业中除了存在明确层级和职责范围的正式组织之外，还存在非正式组织。企业成员在共同工作过程中，相互间产生共同的情感、态度，形成了共同的价值标准、行为准则和道德规范，这就构成了“非正式组织”。“非正式组织”的作用在于维护其成员的共同利益，使之免受内部个别成员的疏忽或外部人员的干涉所造成的损失。“非正式组织”中有自己的核心人物和领袖。

（3）新型的领导能力在于提高工人的满意度。梅奥认为劳动生产率主要取决于工人的满意度，而生产条件、工资报酬是第二位的。职工的满意度越高，其士气越高，生产效率就越高。高的满意度来源于工人个人需求的有效满足，不仅包括物质需求，还包括精神需求。

知识链接

霍桑实验

从 1924 年到 1932 年，以梅奥为首的美国国家研究委员会与西方电气公司合作，在美国西方电器公司霍桑工厂进行的长达九年的实验研究——霍桑实验，真正揭开了作为“组织中的人”的行为研究的序幕。霍桑实验的初衷是试图通过改善工作条件与环境等外在因素，找到提高劳动生产率的途径。他们先后进行了四个阶段的实验：照明实验、继电器装配工人小组实验、大规模访谈和对接线板接线工作室的研究。实验结果出乎意料：无论工作条件改善还是未改善，实验组和非实验组的产量都在不断上升；在实验计件工资对生产效率的影响时，发现生产小组内有一种默契，大部分工人有意限制自己的产量，否则，就会受到小组内其他成员的冷遇和排斥，奖励性工资并未像传统管理理论认为的那样使工人最大限度地提高生产效率；在历时两年的大规模访谈实验中，工人由于可以不受拘束地表达自己的想法，发泄心中的闷气，从而态度有所改变，生产效率也相应地得到了提高。

通过霍桑实验，梅奥认为影响生产效率的根本因素不是工作条件，而是工人本身。参加实验的工人意识到自己“被注意”，是一个重要的存在，因而增强了归属感，正是这种人的因素促进了劳动生产率的提高。

2. 行为科学理论

1949 年在美国芝加哥大学召开了一次由哲学家、心理学家、生物学家等跨学科专家参加的科学会议，讨论应用现代科学知识来研究人类行为的一般规律，会议给这个综合性学科定名为“行为科学”。此后，行为科学蓬勃发展，产生了一大批有影响力的科学家及许多重要的行为科学理论。

影响较大的行为科学理论有马斯洛的人类需求层次论、麦格雷戈的 XY 理论、赫茨伯格的双因素理论、维克托·弗鲁姆的期望理论等。

行为科学理论的主要特点如下。

（1）把人作为管理的首要因素，强调以人为中心的管理，重视职工多种需要的满足。

（2）综合利用多学科的成果，用定性和定量相结合的方法探讨人的行为之间的因果关系及改进行为的办法。

（3）重视组织的整体性及整体发展，把正式组织和非正式组织、管理者和被管理者作为一个整体来把握。

（4）重视组织内部的信息流通和反馈，用沟通代替指挥监督，注重参与式管理和职工的自我管理。

（5）重视内部管理，忽视市场需求、社会状况、科技发展、经济变化、工会组织等外部因素的影响。

（6）强调人的感情和社会因素，忽视正式组织的职能及理性和经济因素在管理中的作用。

（三）当代管理学阶段（20 世纪 60 年代至今）

20 世纪 60 年代的民权运动和社会变化，对资本主义社会形成新的冲击。随后，日本的经济在第二次世界大战的废墟中异军突起，计算机信息技术迅猛发展，经济全球化不断深化，世界格局进入多级化，企业竞争更加激烈。在环境复杂多变的背景下，管理面临许多新的挑战，各个领域的专家都对管理理论研究产生了极大的兴趣，许多新的管理理论应运而生，其中具有代表性的管理学家有彼得·德鲁克、彼得·圣吉等。

知识链接

彼得·德鲁克

彼得·德鲁克，1909 年出生于维也纳，祖籍荷兰，后移居美国。德鲁克对世人有卓越贡献及深远影响，他以基于广泛实践的 39 部著作，奠定了自己现代管理学开创者的地位，被尊为“管理大师中的大师”和“现代管理学之父”。

作为第一个提出“管理学”概念的人，当今世界很难再找到一个比德鲁克更能引领时代的思考者：20世纪50年代初，他指出计算机终将彻底改变商业；1961年，他提醒美国应关注日本工业的崛起，20年后，又是他首先警告这个东亚国家可能陷入经济滞胀；20世纪90年代，他率先对“知识经济”进行了阐释。

作为“现代管理学之父”，德鲁克的思想几乎涉及管理学的方方面面，我们熟知的许多管理理论的概念都是他首先提出来的，如营销、目标管理和知识工作者等。1991年，91岁高龄的德鲁克在回答“我最重要的贡献是什么”这个问题时写道：“我着眼于人和权力、价值观、结构和规范去研究管理学，而在所有这些之上，我聚焦于‘责任’，那意味着我是把管理学当作一门真正的‘博雅艺术’来看待的。”

第三节　幼儿园管理概述

一、幼儿园管理的内涵与要素

幼儿园是我国学前教育的主要形式，在我国学前教育体系和整个国民教育体系中占有举足轻重的地位。这里幼儿园泛指收托0～6岁幼儿的各类从事保育、教育活动的社会组织。幼儿园是幼儿生活、游戏的乐园，是幼儿的“第二个家”。教师在此积累教育经验，进行反思与成长；家长的教育意识在此被唤醒，育儿能力得到提高，与幼儿共同成长。

科学的管理是各种社会组织有效运转的保障。作为一种社会组织——幼儿园，其有效运转也离不开科学的管理。幼儿园的管理会直接影响幼儿园的办园方向、幼儿园的体制机制建设、幼儿园的保教质量、幼儿园的办园效益等。

想一想

新园长的苦恼

孙洋是某高校学前教育专业的优秀毕业生，由于成绩优秀，专业技能出色，很快她就被一家正在发展中的集团幼儿园聘用，开始了自己的职业生涯。

在试用期间，她作为配班老师，尽心尽力地完成主班老师交给她的任务，完成园所安排的各项工作，经常加班做手工环创到深夜。有一次，孙洋接到一个临时任务，她从来没做过，对她来说是个挑战。她找了很多前辈讨教，并收集了各种案例样本，较圆满地完成了任务。园长对孙洋大加赞赏，并决定提前结束她的试用期，与她签订正式合同。

成为正式员工后，孙洋踏实工作，虚心向前辈求教，专业技能有了很大的进步。三年后，管理层人事变动，孙洋因工作出色被提拔为保教主任。在新岗位上，孙洋尽心竭力做好自己分内的工作，对自己的下属也很宽容和理解，从不让他们超量工作，分配给他们的任务都是自己提前做好流程和时间规划，下面的老师只需要按照制订好的方案实施就好了，部门权力集中在孙洋手里。孙洋也十分注意与其他部门关系的处理，经常了解其他部门的难处，尽全力帮助他们，因此，换来了其他部门的支持和信任。三年后，集团人事变动，原来的园长被调去新园开展业务，孙洋接替老园长的位置，担任园长。

孙洋接替了园长的职位，高兴之余她回想这些年兢兢业业、勤勤恳恳的经历，觉得自己身上的担子越来越重，生怕自己哪里做错，对幼儿园造成损失或产生不好的影响。因此，她更加埋头苦干，事无巨细、亲力亲为。一段时间后，孙洋觉得自己有忙不完的工作、看不完的文件、开不完的会议，而且每天还要去各部门指导工作，保证各部门顺利运转。不久，各部门负责人都对孙洋有了意见，觉得她管得太宽，剥夺了他们的权力，渐渐地失去了工作积极性。另外，老师们也觉得无所适从，一会儿接到部门领导的指示，一会儿又接到园长的指示。集团董事会看到幼儿园各方面状况不断出现，也对孙洋显示出了不满和怀疑，孙洋感到非常苦恼。

请分析：

1. 作为一名管理者，孙洋比较擅长哪些技能？又比较欠缺哪些技能？
2. 你觉得孙洋是合格的幼儿园管理者吗？为什么？
3. 你觉得孙洋应该补上哪些技能才能胜任园长一职？她应该如何提高这些技能？

（一）幼儿园管理的概念

幼儿园管理的概念可分为广义和狭义两种。广义的幼儿园管理是指对幼儿园实施的一切管理活动，包括相关行政部门（如教育、卫生、物价、妇联等）的管理和幼儿园的内部管理。狭义的幼儿园管理是指幼儿园内部管理人员依据国家相关教育方针政策和保教工作规律，采用科学的工作方式和管理手段，充分发挥各项管理职能，组织协调幼儿园的人、财、物等各种管理要素，优质高效地实现幼儿园工作目标的管理活动。

（二）幼儿园管理的特征

幼儿园管理是从管理的角度研究教育现象，属于教育科学范畴。总体来说，幼儿园管理既有一般管理的共性，也有与教育学紧密联系的自身特征，具体表现为以下几个方面。

1. 复杂性

幼儿园承担着非常复杂的管理工作。幼儿园是培养和教育学前儿童的场所，其管理工作涉及幼儿的饮食、生活、学习、成长、健康等诸多方面，只有对各种资源进行有效整合，才能实现幼儿园的综合效益和目标。管理的核心资源是人，人是最复杂、最难管的资源，加之幼儿年龄小、身心发展不成熟，又增加了幼儿园管理工作的复杂性。

2. 教育性

幼儿园是教育机构，幼儿园管理要遵循一定的教育方针和保教工作的客观规律，在不断提高教育质量的基础上，寻求生存和发展，进而提高幼儿园的社会效益和经济效益。教育质量是幼儿园生存和发展的根本。

3. 程序性

幼儿园管理的实质是组织全体成员按计划、有步骤地进行共同活动的程序。有效的管理活动是围绕目标，按照计划、执行、检查、总结四个环节，阶梯式地向前循环推进。幼儿园管理以日、学期、学年为单位循环进行，呈现出以阶段为标志的程序性。

（三）幼儿园管理的要素

管理活动的基本要素包括人、财、物、事、时间、空间、信息，管理的效率和质量主要取决于对这七大要素的处理。幼儿园管理也不例外，其效率与质量取决于对上述七大要素的合理协调和配置。因此，了解幼儿园管理的要素并对其进行分析是幼儿园管理中非常重要的工作。

1. 人

人是指幼儿园的管理者和被管理者，是幼儿园管理的核心要素。任何管理活动都是通过人去计划、指挥、协调、控制，并同时实施对人的管理。只有做好了对人的管理，才能将以人为核心的各种教育资源统筹利用，使人尽其才，充分发挥人的内在潜能，实现管理目标。幼儿园中的人包括园长、教师、保育员、医务人员、后勤工作人员等。

2. 财

财是指资金，是幼儿园管理的物质基础。幼儿园的资金管理最主要的是要做好开源节流工作。“开源”就是通过有效的途径积极筹措资金，满足办学需要；“节流”就是要坚持勤俭办园的原则，厉行节约、反对浪费。此外，还应严格执行国家的财务纪律要求，把有限的资金合理利用，最大限度地提高效益。

3. 物

物是指教学设施、各种仪器设备、玩教具、材料、能源等物质基础。对物的管理包括合理购置、科学保管、恰当运用、节约维护等，使物尽其用，充分发挥物质条件的效能。

4. 事

事是指育人活动和管理工作。幼儿园有大量复杂的事务性工作，对事的管理包括贯彻国家的法规、方针、政策和地方教育行政部门的指令，研究本园的发展建设规划，对教养业务、思想教育、卫生保健、总务后勤等工作进行合理计划和统筹，保障幼儿园各项活动有条不紊、井然有序的开展。

5. 时间

时间是指管理活动的持续性和顺序性，是无形但不可或缺的资源。幼儿园各项活动的开展都需要时间管理，管理者应围绕管理目标，分清轻重缓急、合理安排时间、珍惜时间，力求在有限的时间内获得最大效益，创造更多价值。

6. 空间

空间是指管理活动的广延性，是开展各项管理活动的基本平台。幼儿园空间包括物理空间和精神空间。物理空间是指幼儿园安全、卫生、绿色、优美的物理环境；精神空间即心理空间，是指幼儿园民主、团结、尊重、友爱、和谐、向上的园风，它们也是重要的教育资源。幼儿园应重视空间管理工作，作好空间的规划和管理，最大限度地发挥空间环境的教育作用。

7. 信息

信息是指人类社会传播的一切内容，是现代管理不可或缺的特殊资源。在当今信息化时代，管理的过程就是信息传递的过程。幼儿园信息管理有助于管理者准确地做好决策与协调工作，提高管理效能。新的教育信息有助于保教人员改进保教方法，提高保教质量。

上述各个要素在管理过程中都不能孤立存在，必须在特定的管理活动中，通过相互结合、综合运用才能产生良好的管理效能。管理活动的功能及效果绝不是上述要素的机械叠加，只有各要素达到优化组合，构成有机整体，才能更好地发挥功效。同时，诸要素是在不断变化、发展的，所以管理系统需要相应地发生变化，实行“动态管理”。应强调的是，上述要素中的核心要素是人，只有把人的事业心、责任心、主动性、积极性和创造性充分调动起来，才能使管理活动运转有序，获得理想的管理效果。

二、幼儿园管理的内容与原则

幼儿园应遵循保教结合的管理理念和科学的管理原则，合理组织各个要素，开展园所工作，不断提高保教质量，促进幼儿身心全面发展，较好地完成保教幼儿、服务家长的双重任务。

（一）幼儿园管理的基本内容

幼儿园是一个复杂的系统，根据幼儿教育的目标和内容以及幼儿园工作的范围和基本规律，幼儿园管理的内容主要包括以下几个方面。

（1）幼儿园的创设和幼儿园管理体制。

（2）幼儿园的组织机构和规章制度。

（3）幼儿园的目标管理和过程管理。

（4）幼儿园的保教工作管理。

（5）幼儿园的班级管理。

（6）幼儿园的卫生保健与安全管理。

（7）幼儿园的总务工作管理。

（8）幼儿园的公共关系管理。

（9）幼儿园的人力资源管理。

（10）幼儿园的组织文化与品牌建设。

（11）幼儿园的工作评价与管理。

以上各项管理内容是幼儿园管理系统的基本组成部分，没有严格意义的划分标准，它们之间既相互独立又相互联系，共同构成完整的幼儿园管理系统。本书后续将按章节对每部分内容进行详细讲解。

（二）幼儿园管理的基本原则

原则是人们行动的基本规范和要求。管理原则是将管理原理具体化为工作中可以遵循的基本要求。幼儿园管理原则是对幼儿园管理实践的总结和概括，反映幼儿园管理活动的本质和规律，是全员必须遵守的管理准则。

一般来说，幼儿园管理应遵循以下五项基本原则。

1. 方向性原则

方向性原则是指幼儿园管理工作必须依照国家的教育方针，坚持正确的办园方向，即坚持党和国家的教育方针，贯彻学前教育的政策法规，坚持社会主义办园方向。

我国现阶段的教育方针是：教育必须为社会主义现代化建设服务，必须与生产劳动相结合，培养德、智、体等方面全面发展的社会主义事业建设者和接班人。2016 年 1 月 5 日，中华人民共和国教育部制定的《幼儿园工作规程》明确指出："幼儿园是对 3 周岁以上学龄前幼儿实施保育和教育的机构。幼儿园教育是基础教育的重要组成部分，是学校教育制度的基础阶段。"幼儿园的任务是："贯彻国家的教育方针，按照保育与教育相结合的原则，遵循幼儿身心发展特点和规律，实施德、智、体、美等方面全面发展的教育，促进幼儿身心和谐发展。幼儿园同时面向幼儿家长提供科学育儿指导。"

规程对幼儿园性质、任务、人才培养等的规定体现了我国社会主义的办园目的，双重任务是幼教机构的工作方向。简言之，教育好幼儿是为未来的社会主义建设作准备，服务好家长则是为当前的社会主义建设服务，二者均服务于社会主义建设的总目标。方向性原则的作用是指导人们端正办园的思想和方向。

2. 整体性原则

整体性原则是指幼儿园管理要依照幼儿教育自身规律，坚持以保教工作为中心，整体安排、全面规划，使幼儿园管理的各个要素、各个部门、各项工作协调配合、有序运行。

幼儿园是社会系统中的一部分，幼儿园本身也是一个组织系统。在幼儿园管理中要坚持贯彻整体性原则，以保教工作为中心，正确处理管理工作中整体利益与局部利益、主要矛盾与次要矛盾、中心工作与其他工作、教育与管理等多种错综复杂的关系。

知识链接

幼儿园应注意的实践要求

第一，促进全面发展，培养复合型人才。幼儿园教师要全面提升自身的保教能力，保护幼儿的身心健康，发展幼儿的智力和语言能力，培养幼儿的积极情感和个性品质，使幼儿形成良好的社会适应性，促进幼儿全面和谐发展，培养高素质复合型人才。

第二，整体考虑，统筹兼顾。幼儿园由保教、后勤、行政、党务等职能部门组成，培养幼儿和服务家长是幼儿园的双重任务。因此，幼儿园各项管理工作要正确处理部门目标与全园目标之间的关系，要明确分工并加强协作，要从整体着眼做好各部门之间的沟通，充分发挥幼儿园的组织功能。

第三，保教为主，全面安排。保教工作是幼儿园的中心工作，保证保教活动顺利开展是幼儿园管理的核心任务。但应注意，幼儿园是由多部门构成的一个有机系统，离开了其他部门的支持，保教工作无法顺利实施。因此，在坚持保教为主的前提下，还需要科学合理地安排园内的其他各类活动，从而保障全园活动协调开展，高质量地完成保教任务。

3. 民主性原则

民主性原则是指幼儿园管理要坚持“以人为本”的理念，充分发扬民主，帮助幼儿园教师树立主人翁意识，尊重他们参与管理的各项权利，建立幼儿园民主管理机制，充分调动每个人的积极性，促进幼儿园办园目标顺利实现。

幼儿园的教职工既是管理的对象，也是管理的主体。幼儿园管理者要充分尊重、信任、依靠教职工出谋划策；要广开言路，集思广益，随时听取他们的意见和建议。贯彻民主性原则，幼儿园管理者应注意以下几点：第一，健全教职工民主监督制度，完善教职工大会、教代会、工会制度；第二，保障教职工享有知情权、评议权、监督权，实行园务公开制度；第三，管理工作要坚持群众路线，可以通过多种形式鼓励教职工出主意、提建议。例如，采用召开民主会议、设立意见箱等形式鼓励教职工参与管理工作。幼儿园管理的民主化是幼儿园管理科学化的保障。

4. 有效性原则

有效性原则是指幼儿园管理工作在正确的目标指导下，管理者充分发挥管理的职能，通过科学管理，合理组织和利用幼儿园的人、财、物等资源，高质量、高效益地实现管理目标。

管理的根本目的在于提高效率，即以最小的投入创造最大的社会效益和经济效益。贯彻有效性原则，幼儿园管理者应注意以下几点：第一，树立正确的质量效益观。幼儿园作为教育机构，应该以“育人”为根本目的，因此要树立正确的幼儿发展观、教育质量观，要关注社会发展对未来人才规格的要求，要树立社会效益与经济效益相统一的观念。第二，完善管理机制与制度。规范高效的管理机制和制度是提升管理质量的保障，幼儿园应建立合理的组织机构，明确幼儿园的目标任务，建立健全各层级的管理制度，保障组织管理的规范性。第三，追求办园效益的最优化。幼儿园为了更好地生存和发展，尽量争取以最少的成本投入获取尽可能多的收益。管理者要有优化经营意识，知人善任、人尽其才，充分利用财物资源，合理统筹工作时间。

5. 协调性原则

协调性原则是指幼儿园管理要注重幼儿园与社会环境的联系，加强幼儿园与家庭的联系，通过内外协调，实现双向互动，不断提高保教工作质量和管理水平。

幼儿园不是一个封闭的组织，而是社会的组成部分，它的发展与社会各方面因素紧密联系。贯彻协调性原则，幼儿园管理者应注意以下几点：第一，幼儿园必须面向社会、开拓发展，搞好公共关系；第二，对内要处理好各部门、各类人员及各项工作之间的关系，使教育管理有序开展；第三，要注重家长工作，密切关注家长与园所的联系和沟通，提供帮助和指导；第四，注重与社区的互动，充分开发和利用幼儿园周边环境中的有利条件，同时也要发挥幼儿园的优势，做好社会公众的科学育儿宣传，发挥文化辐射的作用，实现双向互动与促进。

综上所述，幼儿园管理的五项原则之间既紧密联系又相互制约，是不可分割的整体，共同作用于幼儿园的管理过程。管理者要在实践中加深对这五项原则的理解，并将这五项原则作为完整的体系，综合运用，以取得良好的工作效果。

第四节　我国学前教育发展现状

中国共产党第十七次全国代表大会将“重视学前教育”写入报告，意味着学前教育发展已开始成为党和国家的重要任务；党的十八大报告中进一步提出要“办好学前教育”，意味着学前教育不仅要大力推进、积极发展，还要办出质量和成效，真正促进学前儿童身心和谐发展。

2010 年 7 月《国家中长期教育改革和发展规划纲要》（2010—2020 年）颁布，2010 年 11 月《国务院关于当前发展学前教育的若干意见》发布，对学前教育的发展目标、任务和实施作了明确规定。随着教育部等部门两期学前教育三年行动计划的实施，我国学前教育迎来了前所未有的跨越式发展。2016 年，全国幼儿园达到 24 万所，比 2012 年增加了 5.9 万所，增长 32.6%；全国在园幼儿数达 4413.9 万人，比 2012 年增加 728.1 万人，增长 19.8%。学前三年毛入园率达到 77.4%，5 年提高 12.9 个百分点，提前完成了教育规划纲要规定的基本普及目标，也超过了中高收入国家 73.7% 的平均水平。

党的十九大报告将“幼有所育”作为七项民生与社会事业之首，强调要“不断取得新进展”。“幼有所育”是党的十九大报告的新提法。“幼有所育”，即让所有 0 ～ 6 岁的适龄儿童得到更好的养育、教育，将早期教育和学前教育统一起来。办好学前教育、实现幼有所育，是党的十九大作出的关于学前教育的重大决策部署。

党的二十大报告指出，教育是国之大计、党之大计。党的二十大报告首次将“实施科教兴国战略，强化现代化建设人才支撑”作为一个单独部分，充分体现了教育的基础性、战略性地位和作用，并对“加快建设教育强国、科技强国、人才强国”作出全面而系统的部署，为到 2035 年建成教育强国指明了新的前进方向。2022 年教育部发布《幼儿园保育教育质量评估指南》，聚焦幼儿园保育教育过程及影响保育教育质量的关键因素，加快建立健全教育评价制度，促进学前教育高质量发展。

知识链接

2022 年，学前教育毛入园率约为 89.7%，比上年提高 1.6 个百分点。全国共有幼儿园 28.92 万所。其中，普惠性幼儿园 24.57 万所，普惠性幼儿园占全国幼儿园的比例为 84.96%。全国共有学前教育在园幼儿 4627.55 万人。其中，普惠性幼儿园在园幼儿 4144.05 万人，占全国在园幼儿的比例为 89.55%，比上年增长 1.77 个百分点。全国共有学前教育专任教师 324.42 万人，比上年增长 1.67%；专任教师学历合格率 99.39%；专任教师中专科及以上学历比例为 90.30%。

第五节　中国主要管理理论及思想概述

中国管理思想的主要来源是中国传统文化。中国传统文化是一个博大精深的人类文化宝库，她影响着东方乃至整个世界。如果对中国传统文化进行较为深入的剖析，我们可以发现其由三个层次组成，如图 1–3 所示。

中国的传统文化是以儒、道、释为中心，以法、墨、农、名、兵、纵横、阴阳为副线，形成的一个多元文化体系。最外层的表现为形成中华民族特色的文化。这里除了释（佛教）来源于印度，其他都产生于中国古代的春秋战国时期。也就是说，中国原有的九派再加上外来的释家，一共是十个文化流派，它们是中华文化的核心，对中国历史的发展起着重要作用，对东方管理思想的影响起着决定性的作用。可以这么说，中国发展至今，甚至今后的发展轨迹，都取决于它们。

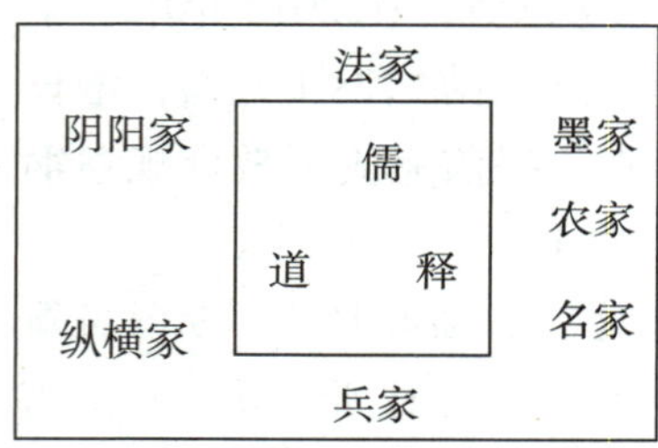

图 1–3　中国传统文化构成

一、儒家的管理思想

（一）管理思想的核心是“治人”

儒家十分重视人在管理中的地位，可以说人的管理和施行管理的人是儒家理论的核心。有了人才有管理。既然是管理人，那么就要对人进行分析。首先是对人性的假设。性善论是孟子的主张，从人的本性看，人可以成为善良的人，至于人的不善则不能归于他的本性，这是由于后天的各种原因使他善良的天性被遮盖了。另外，他认为恻隐之心人皆有之，并且一个人对于善，求则得之，舍则失之。也就是说，如果一个人不去追求善，则善就丢掉了，而表现出来的是恶。至于恶的产生有两种情况，一种是来源于耳濡目染，另一种则来源于追求感官刺激的结果。如果人能把握产生恶的两个来源，那么人通过自我追求就能够达到善的目的。

儒家的另一位代表人物荀子则主张“性恶论”，他认为人的本性是恶的：“人之性恶，其善者伪也。”自然形成的东西叫作“性”。换句话说，由于人的本性是相调和而产生的，由于人和外界事物相接触而反应，进而经过后天的努力或者社会教化自然而然形成的，因此叫作“性”。荀子的性恶论是直接为儒家的“礼”而服务的，也就是说，荀子不是和孟子进行争论，而同样是为实现国家的管理活动提供必要的理论依据。因为人性是恶的。因此，管理者们必须对老百姓进行正确的引导、教化和管理，这样才能使之从善，才能把国家管理好。

儒家在对人性的假设方面和对人性的改造方面提出了相当多的见解。他们认为人性和改造主要是通过自身的修养来完成，儒家提倡“天人合一”。他们认为一个人最高的奋斗目标是做圣人，并提出向此目标奋斗的途径。尤其是孟子提出的“天将降大任于是人也，必先苦其心志，劳其筋骨，饿其体肤，空乏其身”和“穷则独善其身，达则兼济天下”，对后人的影响非常大。

（二）儒家对组织的独到认识

儒家在回答了管理的对象是“治人”的基础上，进一步回答了由谁来管的问题。劳心者治人，劳心者通过什么来管理呢？荀子认为，就人类而言，论力气比不上牛，论行走比不上马，但牛和马都为人所役使，这是为什么呢？他的回答是：“人能群，彼不能群，人何以能群？曰：分。分何以能行？曰：义。”几千年前的儒家学说的奠基者就明白了整体大于部分之和，人和动物的根本区别是人能群、分、义。群是建立组织结构，分是实行分工，而人之所以能建立组织结构和实行分工合作的原因，是人与人之间存在着“义”。

儒家在管理上偏重于礼和义，认为这是达到管理目的的重要手段。对于礼和义，儒家学说都有较多论述，当群建立起来后利用分来进行分工，再用礼来规范，用义来和谐，使之达到良好的组织运行状态。

荀子认为，人生来就有无穷的要求和欲望，有欲望而不能满足，则不能不去追求，追求而没有一定的限度，则不能不引起争夺，一有争夺就会造成混乱，一有混乱就会导致天下贫穷，国家的管理者为了制止这种混乱的局面，就要制定礼和义，划分等级，以调节人们的欲望，满足人们的要求，从而使人们的欲望不至于因为物资的不足而得不到满足，物资也不至于因为人们的欲望而用尽。这就是儒家对于由谁来管理和通过什么管理的要旨。

（三）儒家的“为政以德”和“仁政思想”

对怎样管理的问题，儒家作出的回答是“仁”、“德”和“礼”。

仁是儒家理论的核心，儒家的仁的管理方法：一是以身作则，以自己的行动来带动其他人；二是无论是管理者还是被管理者，都必须有一种爱心，而且还要知道干什么事都会遇到困难，克服了困难，然后才会有收获。更为重要的是人在一个集体中活动，具有一种集体主义的精神才是一种真正的仁。在孟子看来，实行“王道”和推行“仁政”是一种理想的社会。他认为，凡事以民生安定为第一位，这是实行王道政治的第一步，只有人民生活安定了，社会才能稳定。王道是在位者本身具备“德”，再将“德”推广，教导每个老百姓的方式，也就是说，这是一种与国民“有福同享，有难同当”的管理模式。

儒家管理思想的另一个重要的部分是“德”。“为政以德”是儒家重要的管理思想。在孔子看来，管理者要讲求道德，并以其作为自己的治国方针，这样就可以取得无为而治的效果。这就像将“德”放在北极星的位置上，其他人都是围绕着它而运转的。因此，在儒家看来，要治理一个国家，主要应集中精力制定并带头实行好的道德规范，这样就足以把国家治理好了。在这方面最有名的例子是唐朝的魏征提出的作为领导者的道德修养必须考虑的十个方面，即《十思疏》，全面提出了领导者必须具备的基本素质。这对以后儒家“德”的管理思想起着重大作用。儒家的管理思想就是通过德治的力量使人心悦诚服，这样，天下无不心服地归顺于王者。从这里我们可以看出，儒家主要是从道德教化的角度出发进行管理的。这就要求管理者通过自身的模范行为，把一定的价值观念灌输到组织成员的头脑中去，使之转化为一种发自内心的自觉的行为，不是通过外在的而是通过内在的力量把人性中最积极的东西调动起来，实行内在的自我控制管理，来达到管理的目标。

但是，儒家并不是不讲外在的管理规则，他们用的是“礼”，即所谓“齐之以礼”。所谓“礼”就是先王秉承上天的意志而制定，目的是治理人间的事情。因此，礼一定是来源于天，见效于地，贡献于鬼神，而表现在丧、祭、射、御、冠、婚姻、朝见、聘问等各种礼仪中。圣人按照礼来行事，天下国家就可以得到治理。这里我们可以看出，“礼”实际上是社会各种活动的规则，是社会的一种控制手段，其本质是规范各种各样的社会关系，使整个社会按照一定的规划联系在一起，这样才有利于统治者的管理。这是一种外在的控制。但是儒家礼的外在控制和西方的管理控制是不同的。

总之，儒家管理思想以治国平天下为其管理的终极目标，以管理者的自我修养为管理的前提条件，以强化对人的内外控制、教之以德为使之转化为诚服的臣民为主要管理手段，是极具东方特色的管理思想。综观儒家的理论体系无不体现了如何成为管理者（统治者），如何当管理者，管理者又应如何管理等一系列管理理论始终面对的问题，这是一个十足的为官从政的理论体系。它为封建统治者的统治确实提供了有力的管理思想武器，但作为一个国家的主导文化理论，它确实也带来了一定的负面性后果。试想所有的国民都向仕途这条路上挤，而大多数的知识分子因为找不到出路，其结果必然会形成一种中国特有的国民性，即长期以“官本位”思想评判人生的成败。另外，儒家学说很少提到效率和发展生产，这也给中国几千年的生产力发展带来了巨大影响。作为一个主导的文化体系却忽视提高生产力，这不能不说是儒学家的一个失误。

二、道家的管理思想及发展

道家学说以道为中心和纲领，从道出发，然后根据具体的实际情况因时、因地、因人、因势、因需要，向四面八方扩展开来。这从矛盾的对立统一规律来看，是有道理的，即世界上的一切事物的发展都是在矛盾的对立统一规律的支配下运行和发展的。谁掌握了这一事物发展的规律，谁就成为事物发展的真正主宰。道家思想中包含的管理规律如下。

（一）循环律

世间的阴阳转化是在不断地进行的，周期性的循环是一个普遍存在的规律，尽管完成一个循环的时间结果因各种情况不同而不同，但是宇宙一直在不断地循环向前发展。作为管理者必须充分考虑计划和行动的后果。如果不考虑后果，一味向前，其后果往往是不堪设想的。企业的循环、生态的循环、大气的循环等，任何一个事物都是整个大系统中的一个小系统，因此，在管理过程中要注意循环的关系。

（二）成长律

在宇宙的万事万物中，由于矛盾的存在、阴阳的存在，万事万物必须经历诞生、发展、成熟、直到转化到相反的状态这样一个过程。而且转化的速度和成长的速度是成正比的，即转化越快，死亡也越快。明白了这个规律，就能在实际工作中灵活地运用，当事态处于关键的发展时期时，经营决策者就能更好地把握事物的发展方向，实现最有利于长远发展的转化。

（三）得失律

由于阴中有阳，阳中有阴，阴可以转变为阳，阳也可以转变为阴，这样来看，得和失都不是绝对的。在表面上得到的东西很可能在实际中已失去了，而在表面上失去的东西很可能在实际中却得到了。管理者应该明白这个道理，因为事物是不能仅从表面上来判断的。“塞翁失马，焉知非福”，就是这个道理。聪明的管理者在得与失的问题上，应充分发挥智慧，应站得更高，看得更远。

（四）时间律

时间对阴和阳的转化是至关重要的，但是，人是无法控制时间的。时间作为自然规律一年四季周而复始地运转着，每一季完成了自己的历史使命就自动地退让给下一个季节。一位伟大的领导者，同样也应该懂得，自己的历史使命是什么，在什么时间应该前进，在什么时候应该功成身退。否则，他的成功就有可能贬值。这种时机的把握无法用定式化的语言来表述，全靠管理者在具体的时机面前“运用之妙，存乎一心”。

（五）调节律

尽管阴阳的转变是一个不可抗拒的必然规律，在人类没有出现之前，大自然就以此规律来运行，但是，只有人类才可以按照自己的意志和才能来对阴阳进行调节，因为人类本身也可以分成为阴阳两个部分。一个懂得阴阳规律并且善用阴阳规律的管理者往往是成功者，因为他们懂得按照这个规律进行自我调节，这就像一个人十分懂得天气变化，这样他就知道自己什么时候按照天气情况该做什么事情，这也是人生的一门艺术。越是有能力进行自我调节的人，成功的希望和取得的成就会越大。

（六）容忍律

在这个世界上没有百分之百完美的事物，最多也只能是近乎完美。在我们生活的空间里，要求任何事都达到尽善尽美是不现实的。即使是一件不如意的事情，从另外一个角度看，可能依然有可取之处。因此，在任何时候、任何地方，我们都要持有容忍的态度来看待事物的变化。

（七）水式管理

老子是道家的创始人。他认为天地万物的根源都遵循一个永恒不变的原理。道是万物的根源，在深刻地体悟到道以后，一个人才能学会道中所蕴藏的“德”。其“德”的核心是无心、无欲、柔软、谦虚、柔弱、质朴、节制。只要能这样持之以恒地修炼，那么在任何艰难困苦的条件下，人都能坚强地活下去。

老子着力提倡的是水的模式，认为水具有柔软性，自己没有固定的形状，能适应一切的环境，能够视对方的强弱来对自身作适当的调整。他对水有着相当高的评价：“上善若水，水善利万物而不争，处众人之所恶，故几于道，居善地，心善渊，与善仁，言善信，正善治，事善能，动善时。夫唯不争，故无尤。”这句话的意义是，最为理想的生活应该像水一样，滋养万物，却不与万物相争，而甘愿处于别人所感到厌恶的地方。做人应和水一样，处处谦让别人，博施而不图报答，说话以诚待人，处事有条不紊，行动时能很好地把握时机。

（八）无为而治

道学中最为精练的也是最为重要的是“无为”。在《老子》中就有十多处提到了无为。道家的无为而治是管理上的一个至高境界。存乎一心，无为而治。老子的无为是一种积极的，为了要去“为”的“无为”，是动态的。可以把这一原理根据辩证法分成为三个阶段：有为—无为—无不为。

无为是道学方法论中最特殊、最智慧也是最有效率的技术。没有高度的认识和智慧，也就根本不会应用；反过来，凡是管理者与领导者能认识到并能运用的，必定是个伟大的成功者。

老子提出了“四不”来保证管理者、领导者的永久成功。“四不”是不自见、不自是、不自伐和不自矜。不自见，就是不自己去显明自己；不自是就是不自己去肯定自己；不自伐，就是不自己夸奖自己；不自矜，就是不自己以为了不起。不自是，故彰；不自伐，故有功；不自矜，故长。

三、佛学和管理

佛教的理论是一个非常玄妙又无法完全捉摸透的东西，佛学本身也是一个相当丰富而且深奥的理论。其主要观点如下。

（一）因果关系

宇宙是怎么被我们感知的呢？因缘。之所以存在这个被感知的世界，都是源于缘故，没有因就不会有果，今天的结果是昨天的缘故，今天的缘故将得到明天的结果。它的理论根据是，世界上一切事情都不是孤立的，都是由当时的各种条件所决定的。然而，随着时间的推移，这些条件都发生了变化。因此，由当时的条件所决定的事情对现在来说就不存在了，现在的条件决定现在的事情，而当你要决定现在的事情的时候，现在就已经成为过去。这一观点告诉我们要在管理中因时、因地、因条件地处理问题。

（二）色空关系

如果说佛学理论最主要的是什么，那就是色和空。佛学中“色”指的是整个物质世界；“空”是一个比较复杂的概念，即什么都没有的意思，亦即虚无的意思，同时又有广大的意思和具有无穷的物质在内的含义，可能还有意识的意思，总之是个非常难理解的概念。

这一理论对于普通的老百姓来说，具有一定的解脱作用。对我们的思维和减轻心理压力方面也起着相当大的作用。企业管理者一般都处在相当大的压力下，人在经受大的压力时容易犯错误，而在处理小问题时是不太容易犯错误的，如果把大问题看成小问题，就会显得相当的明智，也容易处理。关于这个问题的解决，佛学的理论提供了很好的依据，如果什么事情都是空的，那就不必要为此而承受这样大的压力了。

另外，人一生的许多时间和精力都是被人与人之间的情感所牵连的，尤其是男女之间。如果认识了色空的关系，并对此问题有了一个透彻的认识，管理中的许多问题都易于解决。

四、东方管理思想与西方管理思想的相互影响

以儒家文化为核心的东方人的思维方式和西方人的思维方式是不同的。西方文化是以现代科学的理性精神作为主要的思维基础，它是沿着教育的途径，以潜移默化的方式，引发公众对理性的自觉追求，从而确认科学中普遍盛行的经验的校准性、数量的精确性、实验的判决性和理性的权威性，以科学的原则为社会的生活原则，并以此作为调节人际关系的准则。而东方文化是以儒家思想为核心，主要表现为以伦理思维为主的灵性思维方式，是一种偏重情感的思维方式。它是沿着传统的途径，以伦理关系的方式，对自我的道德意识进行自律。它主要依据传统的权威性、宗族的依赖性、标准的模糊性和情感的主导性来调节人际关系。东方的管理思想对西方管理思想的影响是多方面的。

首先，从指导思想上对当今西方管理思想产生影响。资本主义的发展史，实质上是一部对外掠夺的历史，恃强凌弱，强权逻辑至今仍在深深影响着西方世界。而东方的智慧告诉人们，和谐是取得最大利益的最好方法。因为在大家具有相当实力的情况下，和谐是最有效的方法。因此，中国东方的智慧所形成的管理思想，在今后组织团体间的交往中将显示出越来越重要的作用。西方世界在事实面前将不得不改变他们习惯性的思维，以接受东方的智慧。

其次，在行为方面，西方管理思想主要将重心放在对物的管理和对组织的研究上，尽管也对人进行了研究，但主要偏重于对人的行为的研究。西方管理思想对人的行为研究主要从理性思维出发，认为人应该是怎样的，而不考虑人为什么会这样。东方的管理智慧告诉我们，人是属于社会的，尤其在中国，人人都是属于家庭的，人在许多时候和许多方面，不是规章、理智而是道德告诉他怎样做人的道德观念，人在其人生的长河中所树立起来的道德信仰，在对人的行为、思想和态度的形成过程中起着极其重要的作用，有时甚至起着决定性的作用，而且东方文化对道德的塑造有着特殊的功效。在未来历史发展进程中，建立一套全球公认的规范的道德标准和价值观乃是人类共同的奋斗目标。

最后，在对工作方面，西方偏重于工作职责的管理。一个企业或一个组织如果不能职责分明，没有明确的分工，就不能实现其应有的组织效能。这是西方管理思想对人类的贡献，同样也是人类文明的结晶。但是在新的环境下，人的欲求随着生产力发展，随着生活水平的提高，随着社会总体的发展而发展变化，并不是停留在一个水平线上一成不变的。人们更加强调人与人之间的交往，而且越来越注重其心理的内在需要，中国传统文化则为这种需要提供了一个很好的实现途径。同时，中国传统文化强调人与人之间“义”的作用，这种义是一种心理上的信赖关系，是一种心理的寄托，是人们在紧张的竞争生活中最需要的东西。因此，中国传统文化提倡在人与人之间、人与工作之间形成一种新的关系，这种关系将是在原来关系上的一个大飞跃。这是人类进步的结果，也是人类文明成就发展到一定程度的必然结果。

我们从上面的分析中可以发现，西方和东方的管理思想各有千秋，它们都是人类文明的结晶，都曾经对人类社会的发展起到过积极的作用。它们从不同的角度揭示了人类社会发展过程中的管理规律。它们是互补的、兼容的，只有将它们相互结合起来，才能更好地从事管理活动。人类不仅需要西方刚性的思维模式，也同样需要东方柔性的思维模式、理性或刚性的思维模式把人类带进了科学化，而偏重情感却给人类的生活增添了更加丰富的营养，使生活更加丰富多彩。

思政之窗

要充分认识到幼儿园管理工作的重要性，能够从当前管理工作中的问题出发，从管理模式、管理目标以及管理体制等方面着手，采取有效的改进与创新手段，不断提升幼儿园管理工作质量，为幼儿提供一个积极良好的学习环境条件，促进我国幼儿园教育事业的长远、健康、可持续发展。

练习思考

一、单选题

1. （　　）认为，管理就是确切地了解你要别人干些什么，然后设法使他们用最好的方法完成它。

A．法约尔　　B．韦伯　　C．泰勒　　D．德鲁克

2. 高层管理者应具备的基本技能中，哪个技能应更多一些？（　　）

A．技术技能　　B．人际技能　　C．沟通技能　　D．概念技能

3. 传统管理方式上，（　　）主张“以和为贵”，通过“礼”与“德”两种手段，实现人性化管理。

A．儒家　　B．道家　　C．墨家　　D．法家

二、多选题

1. 管理的职能包括（　　）。

A．计划　　B．组织　　C．领导　　D．控制

2. 法约尔一般管理理论的主要内容包括（　　）。

A．区别经营和管理　　B．明确管理的职能

C．提出学习型组织　　D．提出管理的 14 项原则

第二章 幼儿园创设和管理体制

学习目标

知识目标

◎ 了解创设幼儿园的基本条件。

◎ 了解举办幼儿园的审批手续及主体资格要求。

◎ 了解幼儿园的管理体制和园长负责制的有关内容。

能力目标

◎ 掌握各时期管理理论的特点和观点。

◎ 能够将幼儿园班级管理特点与班级管理的实践相结合。

素质目标

◎ 遵守国家教育法律法规，自觉维护幼儿与自身的合法权益。

◎ 具备敬业精神与不畏艰苦的品质。

思政目标

践行社会主义核心价值观，强化依法办教意识，落实依法治教责任感。能够结合学前教育改革动态和发展情况，制订未来职业生涯发展规划。

第一节 幼儿园的创设

一、新建幼儿园选址的原则和要求

幼儿园的选址是规划设计的首要问题，正确的选址是成功开办幼儿园的重要因素。

（一）选址原则和要求

拥有良好的办园环境是成功开办幼儿园的前提条件。因为大多数家长在选择幼儿园时都会到幼儿园进行实地考察，把周边环境情况、交通情况、居住情况等因素作为选择入园与否的首要因素。而幼儿园的周边环境在确定园址后短期内很难发生改变，良好的周边环境有利于幼儿的身心健康。因此，在进行幼儿园建设时，要把园址的选择作为规划设计的首要因素。四个班以上的幼儿园应有独立的建筑基地，并应根据城镇及工矿区的建设规划合理安排布点。幼儿园的规模在三个班以下时，也可设于居住建筑物的底层，但应有独立的出入口和相应的室外游戏场地及安全防护设施。因此，幼儿园的选址（图 2–1）要遵从一要远离、二要靠近的原则，具体要求如下。

图 2–1 幼儿园选址

（1）应远离各种污染源，并满足有关卫生防护标准的要求。

（2）方便家长接送，避免交通干扰。

（3）日照充足，场地干燥，排水通畅，环境优美或接近城市绿化地带。

（4）能为建筑功能分区、出入口、室外游戏场地的布置提供必要条件。

新建的幼儿园园址要远离集贸市场、公共娱乐场所、医院、垃圾及污水处理站等污染源、河道的地段，要避开交通干道、高层建筑的阴影区及高压输变电线路等。

新建的幼儿园园址要靠近在空气流通、日照充足、排水通畅、场地平整和居住小区的绿化地带。

（二）周围环境的选择要注意的问题

1. 绿化问题

幼儿园周边绿化工程做得好，也会使孩子们在身心舒畅的氛围里学习和玩耍，绿色环境能为孩子们营造一个更为自然的活动和视野空间，有助于孩子身心的发育，使孩子们能够健康成长。

2. 空气问题

孩子们抵抗力较差，容易患呼吸道感染等疾病，幼儿园周围不能存在有害气体，不能在排放大量有害污染气体的工厂附近，要远离污染源。幼儿园也要保持空气流通，孩子所处房间的空气应该保持新鲜，没有室内装修等异味。

3. 噪声问题

工地施工，大型娱乐场所附近，机场周边等，孩子的耳朵会无休止地受到嘈杂的噪声的伤害，无论其他条件多么诱人，家长们都会毫不犹豫地选择放弃。

4. 采光问题

幼儿园所在地的采光问题也是不容忽视的。昏暗的光线会影响到孩子的学习和活动，幼儿园周围的建筑物会不会影响孩子活动室、睡眠室的采光，都是家长比较关心的问题。一般来说，周围布满高层建筑的地方不适宜建幼儿园，除了影响采光，四周的建筑物容易使幼儿产生紧张感和压迫感。

5. 安全问题

幼儿园的安全是管理方需要高度重视的问题，幼儿园的安全在很大程度上取决于周围环境的安全性。因此，在选址之前要设法详尽了解所要建设地址的安全性，幼儿园附近不能有生产储藏易燃易爆物品的车间库房，与城镇干道或公路间的距离不应少于 80 米，园门不宜直接开向城镇干道或机动车流量超过每小时 300 辆的道路，园门前庭应留出一定的缓冲距离（以 80 ～ 100 米为宜）。园区内不得有架空的高压输电线穿越。

6. 公共交通问题

便利的交通，可以为家长接送孩子带来很大的方便，如果道路不畅，交通不便，孩子往返幼儿园十分麻烦，容易影响孩子们学习和玩耍的情绪，同时影响孩子们的身心健康。交通的优势也能够赢得家长们更多的青睐，从而扩大了幼儿园的经营实力和优势。

7. 停车问题

能否在园区周边短时停车和停车车位的多少以及停车费的收取、费用的高低也会影响园区招生和日常工作的进行，这也是选址时应该加以考虑的重要因素。

8. 人口问题

人口越集中，其出生率相对较高，对幼儿园的需求也就较大，幼儿园的生源在一定程度上就有了相对的保障。尤其是新建小区，年轻人相对较多，孩子出生率较大，生源有保证，对日后的园区管理也有较大的益处。因此，幼儿园在选址时最好选在住宅小区，特别是周边有较多的新建小区附近。

二、创办幼儿园的实体要件

根据我国相关法规、条例的规定，在我国创办幼儿园必须具备四个实体要件。

（一）必须有组织机构和章程

组织机构是指依法设立的机关、事业单位、企业、社团及其他依法成立的单位。组织机构的合理设置，能保证整个组织分工明确，职责清晰，保证每一个部门工作的正常运行，同时保证整个组织管理的畅通。幼儿园组织机构的具体内容将在第三章重点介绍。

章程与各类学校机构的性质、宗旨、地位、方向、管理、发展、正常运行及各种教育法律关系主体的权利和义务密切相关。只有通过章程明确规定学校的一切重大事项，才能保证各类学校机构的正常运行和健康发展。

幼儿园是我国基础教育体系的重要组织，必须有健全的组织机构和章程，使幼儿园的工作运行得到保障。幼儿园的组织机构一般包括园长室、保教室、办公室、财会室等。幼儿园章程是幼儿园自主管理的基本依据，应明确本园的名称、办园宗旨、保育保教的主要任务、机构内部管理体制、教职工民主参与管理与监督制度、财务管理制度、人事管理制度、举办者的权利与职责及章程修改程序等重大、基本的问题。

（二）必须有合格的教师、保育人员、医务人员和其他工作人员

发展学前教育的关键在于幼儿教师，幼儿教师是保教质量的核心保障。幼儿园的师资队伍包括幼儿教师、保育人员、医务人员和其他人员，每一位教师的素质关系到整个幼教队伍的整体素质，幼教队伍的整体素质决定了幼儿园的教育水平。每一位幼教工作者都应该认识到自身的言行举止潜移默化地影响着幼儿，甚至对幼儿的一生都有深远影响。

为严把教师关，国家不断完善教师资格证制度，加强考核监督，重视幼儿园教师职前、职后培训与终身发展。

1989 年 8 月 20 日国务院批准的《幼儿园管理条例》明确规定，举办幼儿园应当具有符合下列条件的保育人员、幼儿教师、医务人员和其他工作人员：

（1）幼儿园园长、教师应当具有幼儿师范学校（包括职业学校幼儿教育专业）毕业程度，或者经教育行政部门考核合格；

（2）医师应当具有医学院校毕业程度，医生和护士应当具有中等卫生学校毕业程度，或者取得卫生行政部门的资格认可；

（3）保健员应当具有高中毕业程度，并受过幼儿保健培训；

（4）保育员应当具有初中毕业程度，并受过幼儿保育职业培训。慢性传染病、精神病患者，不得在幼儿园工作。

2013 年，教育部印发《幼儿园教职工配备标准（暂行）》，不同服务类型的幼儿园各年龄班和混龄班班级规模、专任教师和保育员的配备标准见表 2-1。幼儿园其他人员，如卫生保健、炊事、财会、安保等岗位的人员，根据国家和地方的相关规定配备，积极实行一岗多责制，提高用人效益。

表 2-1　幼儿园班级规模及专任教师和保育员配备标准

年龄班	班级规模 / 人	全日制		半日制	
		专任教师 / 人	保育员 / 人	专任教师 / 人	保育员 / 人
小班（3～4）	20～25	2	1	2	有条件的应配备 1 名保育员
中班（4～5）	25～30	2	1	2	
大班（5～6）	30～35	2	1	2	
混龄班	<30	2	1	2～3	

（三）必须有符合规定的教学场所及设施、设备等

幼儿园是促进幼儿身心发展的重要场所，对于 3～6 岁的幼儿来说具有特殊的意义。幼儿园必须具备基本的物质条件、完善的软件条件和硬件条件才能保证幼儿的健康成长，保证幼儿园各项工作的顺利进行。其中物质条件主要包括园舍建设、基本环境、安置环境及设施等。

《中华人民共和国教育法》（以下简称《教育法》）明确规定，申请设立学校及其他教育机构，根据其性质、层次和规模的不同要求，必须具备相应的园舍、场地、教学仪器设备等。同时，《幼儿园管理条例》《幼儿园工作规程》《中华人民共和国民办教育促进法》等法律法规都对举办幼儿园必须具有与保育、教育要求相适应的园舍和设施等做了相应规定，具体内容在“幼儿园总务管理”章节介绍。

（四）必须有必备的办园资金和稳定的经费来源

必备的办园资金和稳定的经费来源是幼儿园维持正常教育教学活动的基本保障，也是举办幼儿园应有的物质基础。《幼儿园工作规程》指出：“幼儿园的经费由举办者依法筹措，保障有必备的办园资金和稳定的经费来源。”《幼儿园管理条例》第十条明确规定：“举办幼儿园的单位或个人必须具有进行保育、教育及维修或扩建、改建幼儿园的园舍与设施的经费来源。”我国公办幼儿园的经费主要来源于国家、政府或单位拨款，家长交纳的保教费和伙食费，社会捐助及幼儿园的自创收入等。民办幼儿园和企事业单位幼儿园的经费则主要来源于举办者投入、家长交纳的保教费和伙食费、社会捐助及幼儿园的自创收入等。举办幼儿园的单位或个人必须确保有一定的经费用于幼儿园的保育和教育，幼儿园园舍和设施的维修和扩建、改建以及幼儿园设施的改进和添加等。特别要指出，通过贷款、借款筹集资金开办幼儿园，然后以幼儿园向学生收取的学费来偿还贷款、借款的做法是不符合教育法规定的。

以上四大实体要件是法律规定的创办幼儿园的基础条件，不满足条件则无法在相关行政部门办理审核、注册，也无法取得办园许可证。

第二节　幼儿园的申办程序

一、登记注册

（一）登记注册制度

《幼儿园管理条例》规定：“国家实行幼儿园登记注册制度，未经登记注册，任何单位和个人不得举办幼儿园。”

在教育法中，通常认为登记注册制度是指主管部门对申请者提交的申请设立教育机构的报告进行审核，如未发现违背法律法规规定的情形，只要拟办的教育机构符合设置标准，都必须予以登记注册，使其取得合法地位；对不符合设置标准的，予以拒绝，并通知申请者。注册的实质是确认申请者所办教育机构的法律地位或事实。政府和教育主管部门对各级各类幼儿园的举办有严格的审批程序，符合办园条件和要求的幼儿园才能登记注册，否则不能登记注册。

（二）登记注册程序

《幼儿园管理条例》规定：“城市幼儿园的举办、停办，由所在区、不设区的市的人民政府教育行政部门登记注册。农村幼儿园的举办、停办，由所在乡、镇人民政府登记注册，并报县人民政府教育行政部门备案。”民办教育促进法规定了社会力量举办民办幼儿园的登记注册程序。依照民办教育促进法，民办幼儿园的设立程序分为两个环节：申请筹设和申请正式设立。

1. 举办者向审批机关提交材料，申请筹设

申请筹设民办幼儿园，举办者应当向审批机关提交下列材料。

（1）申办报告，内容主要包括举办者、培养目标、办学规模、办学层次、办学形式、办学条件、内部管理体制、经费筹措与管理使用等。

（2）举办者的姓名、住址或名称、地址。

（3）资产来源、资金数额及有效证明文件，并载明产权。

（4）属捐赠性质的校产须提交捐赠协议，载明捐赠人的姓名，所捐资产的数额、用途和管理方法及相关有效证明文件。

审批机关应当自受理筹设民办幼儿园的申请之日起 30 日内以书面形式作出是否同意的决定。同意筹设的，发给筹设批准书；不同意筹设的，应当说明理由。筹设期不得超过三年。超过三年的，举办者应当重新申报。

2. 办学条件成熟，申请正式设立

申请正式设立民办幼儿园，举办者应当向审批机关提交下列材料。

（1）筹设批准书。

（2）筹设情况报告。

（3）幼儿园章程，首届幼儿园理事会、董事会或其他决策机构组成人员名单。

（4）幼儿园资产的有效证明文件。

（5）园长、教师、财会人员的资格证明文件。

申请正式设立民办幼儿园，审批机关应当自受理之日起 3 个月内以书面形式作出是否批准的决定，并送达申请人。审批机关对批准正式设立的民办幼儿园发给办学许可证。审批机关对不批准正式设立的，应当说明理由。

二、审批程序

申请正式开办幼儿园，如上文所述，举办者提出申请，向有关部门递交相应的文件和证明，教育行政机关进行审核并在三个月内答复。申请举办幼儿园的单位和个人，应遵循以下申请审批程序。

（一）提交申办材料

在城市举办幼儿园，申请人应向幼儿园所在区（不设区的市）的人民政府教育行政部门提交幼儿园园舍和设施符合国家卫生标准和安全标准的证明材料，幼儿园园长、教师、医师、保健员、保育员等人员符合国家标准的材料。农村幼儿园的举办，申请人应向幼儿园所在乡、镇人民政府提交上述材料。对应教育行政部门应当及时审查提交的申报材料，符合要求的应给予筹设许可。举办者在获得筹设批准书之日起三年内完成筹设的，可以提出正式设立申请。

（二）审核

申请正式设立实施学前教育民办幼儿园的，审批机关受理申请后，应当组织专家委员会评议，由专家委员会提出咨询意见。审核合格的，将审核结果以书面形式通知申请人。审核不合格的，申请人可在筹建期间进行第二次办学登记申请。

第二次办学登记申请经审核仍不合格的，取消原筹建资格，三年内不得再次申请。

（三）通报审核结果

对批准正式设立的民办幼儿园，审批机关应当颁发办学许可证，并将批准正式设立的民办幼儿园及其章程向社会公告。农村乡、镇人民政府还应将登记注册的幼儿园报本县人民政府教育行政部门备案。

（四）开办幼儿园

办学机构取得办学许可证后，要到民政部门办理民办非企业单位登记，并到物价部门申领收费许可证，方可招生办学。招生广告、简章须经审批部门审核后方可做招生宣传。

三、举办幼儿园的主体资格

举办幼儿园的主体资格是指组织和公民可以举办幼儿园的能力限定。教育法规定："国家鼓励企业事业组织、社会团体、其他社会组织及公民个人依法举办学校及其他教育机构。"民办教育促进法规定："举办民办学校的社会组织，应当具有法人资格。举办民办学校的个人，应当具有政治权利和完全民事行为能力。"上述规定在法律上明确了各级政府、企事业单位、社会团体和个人都可以成为举办幼儿园的主体，确立了我国多渠道办学方式和不同主体共同参与促进我国幼儿教育事业发展的合法权利，同时也规定了这些办学主体必须符合法律法规所规定的条件。

根据我国相关法律规定，下列组织和个人不得举办幼儿园。

（一）没有法人资格的社会组织

法人成立必须同时具备以下四个条件，且缺一不可：依法成立；有必要的财产和经费；有自己的名称、组织机构和场所；能够独立承担民事责任。幼儿园是实施保育、教育活动的社会组织，只有取得了法人地位，才具有法人相应的民事权利能力和民事行为能力，才能行使权利和承担义务，否则不能举办幼儿园。

（二）限制民事行为能力或无民事行为能力者

民事行为能力简称"行为能力"，是指能够以自己的行为依法行使权利和承担义务，从而使法律关系发生、变更或消灭的资格。自然人的行为能力分三种：完全民事行为能力、限制民事行为能力、无民事行为能力。法人的行为能力由法人的机关或代表行使。限制民事行为能力者和无民事行为能力者主要包括未成年人、精神病人和间歇性精神病人等自己不能独立行使民事权利、承担民事义务的人，二者都不能举办幼儿园。

（三）被剥夺政治权利者

《中华人民共和国刑法》规定，被剥夺政治权利的公民不能担任国家机关职务，不能担任企事业单位和人民团体的领导职务。剥夺政治权利是指剥夺犯罪分子参与国家管理和政治活动的权利，包括言论、出版、集会、结社、游行等。举办幼儿园就是"结社"的一种具体行为。不过需要注意的是，剥夺政治权利的期限届满，公民可以恢复行使自身的各项政治权利时，即可举办幼儿园。

第三节　幼儿园的管理体制

知识链接

幼儿园的产生及不同分类

世界上第一个学前教育机构由空想社会主义者欧文开办。1816 年，他在苏格兰创办了一个实验自己社会改革理想的纺织厂，同时为工厂中 1 ～ 6 岁的孩子开办了“性格形成新学园”，新学园类似现代的托儿所、幼儿园和游戏场。但是创办儿童学校并定名为“幼儿园”的是德国教育家福禄培尔。1837 年，福禄培尔在德国勃兰根堡创办了一所游戏活动机构，当时并没有“幼儿园”这个名称。1840 年的某一天，福禄培尔在树林里散步时，忽然想到儿童多么像树林中茁壮成长的幼苗，需要园丁的培养和护理，而学前教育机构好比花园，于是他便给自己的机构起名为 kindergarten，意为孩子的乐园，即“幼儿园”。之后这个专有名词在德国传播开来，并逐步在世界各地被认可和使用。

我国学前教育机构是近代工业化的产物。1904 年，清政府颁布了《奏定蒙养院章程及家庭教育法章程》，明文规定“以蒙养院辅助家庭教育”，标志着中国官方开始创办幼稚园制度。我国最早的学前教育机构是武昌蒙养院。1912 年，民国时期南京临时政府教育部颁布《学校系统百度百科令》，将学前教育机构命名为“蒙养园”。1922 年 11 月，北洋政府教育部颁布《学校系统改革令》，又称“新学制”，确立了“幼稚园”制度。1953 年，教育部委托北京师范大学编写《幼儿园教育工作指南》，从此我国绝大多数“幼稚园”都改名为“幼儿园”，并一直沿用至今。

根据办园主体划分，一般认为我国幼儿园分为四种：公办幼儿园、民办幼儿园、集体办幼儿园、其他部门办幼儿园。其中，最主要的是公办幼儿园和民办幼儿园。

图 2–2　幼儿园

一、幼儿园管理体制的含义

作为一种社会组织——幼儿园（图 2–2），依法设立只是办园路上的第一步，其良好有效的运转离不开科学有效的管理。科学健全的幼儿园管理体制，是对幼儿园管理具有决定性意义的结构体系，对办园方向和具体工作具有全局性的影响。

管理体制是指管理系统的结构和组成方式，即采用怎样的组织形式及如何将这些组织形式结合成为一个合理的有机系统，并以怎样的手段、方法来实现管理的任务和目的。幼儿园的管理体制是指不同办园主体结合自身特性，采用相应的组织形式并将这些组织形式结合成为一个合理的有机系统。

二、幼儿园的领导体制

幼儿园的领导体制是幼儿园管理体制的核心，是幼儿园管理的根本组织制度，是进行决策、指挥、监督等领导活动的具体制度或体系。它决定幼儿园的工作由谁决策、由谁指挥，规定幼儿园领导的产生、职责、权力、地位和作用等问题。

我国幼儿园的领导体制是园长负责制。《幼儿园管理条例》《幼儿园工作规程》明确规定“幼儿园实行园长负责制”。社会力量举办的幼儿园可以实行董事会领导下的园长负责制。园长负责制是幼儿园在上级主管部门的统一领导下，以园长全面负责为核心，与党支部保证监督、教职工民主管理有机结合，为实现幼儿园工作目标，充分发挥领导“三位一体”职能的幼儿园领导体制。幼儿园园长负责制是我国幼儿园的基本领导体制，具体可以从以下三个方面理解园长负责制的领导关系和结构方式。

（一）确立园长的中心地位

实行园长负责制的目的是增强幼儿园的办园自主权，使幼儿园成为独立的办园实体。园长是一园之长，作为幼儿园的法定代表人，对外代表幼儿园，对内统一指挥和领导幼儿园工作，承担着幼儿园管理的全部责任。园长要遵循有关法规，服从上级教育行政部门和直接隶属行政部门的领导，接受幼儿园党组织和教代会的监督，充分调动全园教职工的积极性，努力办好幼儿园。园长负责制明确了园长对幼儿园工作有最高行政权，在幼儿园组织机构中处于中心地位，园长有指挥决策权、人事管理权、财务管理权。

（二）幼儿园党组织发挥监督保障作用

幼儿园的党组织应发挥监督保障作用。《幼儿园工作规程》规定：“幼儿园应当加强党组织建设，充分发挥党组织政治核心作用、战斗堡垒作用。幼儿园应当为工会、共青团等其他组织开展工作创造有利条件，充分发挥其在幼儿园工作中的作用。”幼儿园党的基层组织即党支部的领导作用是政治领导、思想领导和组织领导三者的有机结合，主要体现在以下三个方面。

1. 发挥监督保证作用

在办园方向上，在幼儿园发展规划及干部与教职工任免等重大问题上参与决策；负责监督园长与行政部门贯彻执行党的路线、方针、政策的情况。

2. 协助行政工作

支持园长与行政部门行使职权和履行职责，协助行政领导听取各方面意见，与园长一起共同保证幼儿园各项任务的完成。

3. 做好思想政治工作

教育激励群众，调动群众的积极性。要加强党的思想建设与组织建设，充分发挥党组织的先锋模范作用，带领职工完成幼儿园任务。组织和领导教代会、工会、共青团等群众组织的工作，发挥其在组织、团结、教育群众中的纽带和助手作用。

（三）幼儿园教职工民主管理制度

园长负责制是一种民主集中制的管理制度。《幼儿园工作规程》规定：“幼儿园应当建立教职工大会制度或教职工代表大会制度，依法加强民主管理和监督。”幼儿园通过建立教代会和园务委员会等制度，形成了相应的民主管理和监督机制。教代会和园务委员会是广大教职工对幼儿园工作进行民主管理和民主监督的组织形式。

1. 教代会

教代会的主要职责是维护教职工民主管理的权益，可建立定期会议制度。教代会的职责、工作内容具体包括以下几个方面。

（1）听取园长的工作报告，审议办园方针、发展规划、教育改革方案、管理制度及经费使用等有关幼儿园建设和改革的重大问题，提出意见和建议。

（2）团结教育广大教职工，支持园长正确行使职权。

（3）关心教职工生活，决定有关教职工生活福利的重要事项。

（4）监督评议园长和其他幼儿园管理人员的工作和业绩。

随着幼儿园体制改革的深入，教职工代表大会应有权依照教育行政部门所规定的园长任职条件，推举或建议深受广大教职工拥戴的幼儿园园长人选。

2. 园务委员会

园务委员会是园长决策的咨询审议机构。《幼儿园工作规程》指出：“幼儿园应当建立园务委员会。园务委员会由园长、副园长、党组织负责人和保教、卫生保健、财会等方面工作人员的代表及幼儿家长代表组成。园长任园务委员会主任。”园长定期召开园务会议，遇重大问题可临时召集，对规章制度的建立、修改、废除，全园工作计划，工作总结，人员奖惩，财务预算和决算方案，以及其他涉及全园工作的重要问题进行审议，从而提高决策的科学性。园务委员会要建立定期或不定期召开会议的工作制度，由园长主持园务工作，不设园务委员会的幼儿园，遇到上述重大事项时由园长召集全体教职工商议。

幼儿园实行园长负责制，园长的办园自主权得以扩大，因此对园长的选任也提出了更高的要求。根据《幼儿园管理条例》《幼儿园保育教育质量评估指南》等法规和文件要求，通过一定的程序把好园长的选拔任用关，确保园长具有全面、高水平的专业素质。

三、不同类型幼儿园的管理体制

由于幼儿园举办主体、投资方式和发展历史的不同，我国形成了不同性质和类型的幼儿园，一般包括公办幼儿园、民办幼儿园、转制幼儿园、连锁幼儿园、集团化幼儿园等。各类幼儿园也形成了不同的管理体制。

（一）公办幼儿园及其管理特点

公办幼儿园是服务于社会公众的公益性组织，是国家机构利用国家财政性教育经费开办的对儿童实施保育和教育的公办机构。其资产属于国有资产，建设经费、办公经费等均为财政性拨付。

公办幼儿园可细分为教办园、集体园、部门园三类。

教办园是指由教育部门开办的幼儿园，其一切资产归属教育部门，园长由教育局任命，各类经费由教育局拨付。

集体园是指由乡镇、街道、村、社区开办的幼儿园，其一切资产归集体所有，各类经费由主办单位拨付。

部门园是指由政府某个机关部门、国有企业或部队院校等开办的幼儿园，其一切资产归主办单位所有，人、财、物归主办单位管理。

公办幼儿园实行园长负责制。园长是幼儿园的法定代表人，全面负责幼儿园的行政工作。其主要职责有：贯彻执行国家有关法律、法规、政策和上级主管部门的规定；领导教育、卫生保健、安全保卫工作；组织制订并实施幼儿园的发展规划；负责建立并执行各种规章制度；负责聘任、调配工作人员；指导、检查和评估教师及其他工作人员的工作，并给予奖惩；组织管理园舍、设备和经费；组织和指导家长工作；等等。

幼儿园在园长领导下成立园务委员会，下设年级组、教研组、后勤组等职能部门，分别承担相应的管理职能。各机构组成幼儿园管理网络，各司其职、分工合作，确保政令畅通，圆满地完成各项任务。

（二）民办幼儿园及其管理特点

民办幼儿园是指除国家机构以外的组织机构或个人利用非国家财政经费开办的幼儿园。民办幼儿园可分为独资幼儿园和合资幼儿园，也可分为投资者和管理者合一的幼儿园，以及投资者和管理者分离的幼儿园。

民办幼儿园的机构设置相对公办幼儿园具有一定自由度，但也必须符合国家的相关规定。幼儿园的机构设置，首先要依据国家和相关管理部门的规定，其次必须依据幼儿园自身的实际情况，如幼儿园的规模、类型、组织机构等。不同类型及规模的幼儿园机构设置是不同的。民办幼儿园实行园长负责制，各项工作紧紧围绕幼儿园的教学和保育工作展开。

现代民办幼儿园基本都是自主经营、自负盈亏，与企业有一定相似性。很多民办幼儿园在人事制度和劳动分配制度上实行企业化管理。民办幼儿园在经费自筹和与公立幼儿园竞争的强大压力下，为寻求发展，纷纷引进企业管理的先进理念，建立高效的管理团队，真正实行科学管理，确保幼儿园可持续发展。需要注意的是，很多民办幼儿园坚持“以市场为导向”的经营理念，过度迎合市场和家长的需求，忽视教育规律，从而使幼儿园“小学化”，这不利于民办幼儿园的良性可持续发展。

（三）转制幼儿园及其管理特点

在计划经济体制背景下，幼儿园基本上由教育部门、集体和国有企事业单位创办。这种由国家包办的办园体制使幼儿园办学整齐划一，缺乏特色。随着国家行政机关和国有企事业单位的改革，1995 年我国开始将国有企业开办的托儿所移交给社会，由此启动了幼儿园的转制改革。公办幼儿园的转制本质上是政府责任向市场的转移，即通过引入多个投资与办学主体，将原本完全由政府承担的投入和办学职责部分转移给市场，通过一定程度上的自负盈亏来激活幼儿园的办学活力。这一改革对幼儿园的产权进行了分解与重组，形成了国家、开办者共同享有产权的架构。

1. 差额拨款制公办园

差额拨款制转制园的公办园属性没有发生根本改变，在改革后依旧从属于教育部门、集体或国有企事业单位，其场地设施、基本运营经费和教师基本工资等仍由所属机关提供，教师的福利及学校发展基金则需要通过办学活动自行筹措。差额拨款制公办园的办学在一定程度上实现了自负盈亏，教职工的紧迫感较强。这种体制有助于激发教职工的动力，提高幼儿园的办学效益，同时可以减轻国家的经济负担，因此，在实践中得到了广泛应用。

2. 委托代理制公办园

委托代理制转制园的公办园属性也没有发生根本改变，在改革后依旧从属于教育部门、集体或国有企事业单位，其场地设施及办学经费仍由所属机关提供，但其办学活动“承包”给了个人或组织。幼儿园所属部门与承包者对办园的收益分配进行约定，在年度结算时，办学收益中需把用作幼儿园运营或发展经费的部分返还给幼儿园，利润结余部分归承包者所有。委托代理制在确保了转制园公办属性的前提下，打破了原有体制中“铁饭碗”的局面，使办学者有权获得幼儿园收入的盈余部分，激发了其办学积极性。同时，委托代理制公办园赋予了办学者较强的办学自主权，这也有助于优化资源配置，提升幼儿园办学特色。

3. 国有民办幼儿园

国有民办转制园属于按民办园机制运营的混合制幼儿园，其典型模式是转制后的街道幼儿园及新建小区的配套幼儿园。这类幼儿园由教育部门、集体或国有企事业单位提供场地和校舍，幼儿园的运营完全独立，一般注册为独立的民办园。国有民办幼儿园具有的优势有：一方面，按民办园的办园机制运作，通过自负盈亏来激发办学活力；另一方面，与纯粹的民办园相比，国有民办幼儿园享用国家提供的场地和设施，办学成本较低，办学活力较强。

4. 股份制幼儿园

股份制幼儿园指公办园经过转制成为股份制民办园，这类幼儿园是完全的民办园。在这类幼儿园的转制过程中，首先解除了幼儿园职工的国家编制，同时将幼儿园的资产转化为职工的股份作为补偿，使职工成为幼儿园的股东。股份制幼儿园的优势在于幼儿园职工在失去国家编制的同时成为幼儿园的股东，这种补偿方式为员工日后的生活提供了保障，保证了国有企事业单位改革的顺利推行。

（四）连锁幼儿园及其管理特点

连锁经营最初是运用于传统零售业、餐饮行业等商业领域的一种经营方式，随着我国市场经济体制的不断完善，连锁经营的范围发生了多元的变化，并延伸至教育行业。教育连锁，即在同一个教育品牌领导下，由若干学校或教育分支机构加盟，构成相对统一的联合体，在不同的地点和区域内提供同一品牌的教育教学服务。目前我国主要有三种教育连锁模式：正规连锁、特许经营、自愿加盟。

连锁幼儿园大体分为总园与分园两个层次（有的还设立地区总部）。从职能分工上看，总部的职能是规划设计，分园的职能是组织实施。总部的使命除了确定发展目标、选择实施路径和统一品牌经营外，还有一个重要职责，即研究管理技巧以指导各分园的管理和业务工作。连锁总园对分园的管理控制主要表现在经营管理模式的贯彻和对信息流的把握两个方面。总园要制定具体制度，确保统一规范能在所有分园充分实施。分园的运营要在总园严格的监控下进行。总园要加强调度中心的建设和监理，积极采用销售时点管理系统、条形码管理系统、库存自动化管理系统、自动记账系统等，有条件的幼儿园还应建立自己的网络信息系统，使总园在必要时能够实现对所有分园的即时动态管理，从而实现规范统一和规模效益。

（五）集团化幼儿园及其管理特点

集团化幼儿园属于新型的学前教育组织机构，要弄清楚何为集团化幼儿园，还需追溯其上位概念——教育集团。在我国，教育集团是在社会转型与社会主义市场经济体制建立健全时期形成与发展起来的。相比于传统的教育教学机构，教育集团是一种新生事物。综合目前业界观点，本书中的集团化幼儿园是指由三个或三个以上的幼儿园经营实体，以产权关系或契约关系为联结纽带所组成的学前教育机构联合体。该联合体中的各组织机构，均在整体规划下按统一管理及协同运作来实施教育活动。

集团化幼儿园的总园长在行政、人事、财务、后勤、业务、考核上统一管理，保证各分园园长全身心地做好本园的工作。集团幼儿园中各分园园长比非集团幼儿园园长多一项职责，即执行总园长的决策并与其他分园进行协调沟通。集团幼儿园的组织机构建设遵循了组织设计原则，考虑到了幼儿园的内外环境、条件，有利于幼儿园管理职能的发挥，更有利于全园的高效运作。在实践中，有的集团化幼儿园开始向其他教育学段拓展业务，如开办了小学、中学，也有的开办了幼儿师范学校，还有的发展成了上市公司。

想一想

普惠性幼儿园

普惠性幼儿园是一个新生概念，是指以政府指导价收取保育费和住宿费的幼儿园，包括教育部门办园、其他部门举办的公办性质幼儿园、普惠性民办幼儿园三类。

普惠性幼儿园是公益的、有质量的幼儿园，其收费将不高于同类公办幼儿园的收费标准。普惠性幼儿园具有以下特征：一是达到市教委规定的办园基本标准；二是面向社会大众招生；三是收费实行政府定价或接受政府指导价。普惠性幼儿园实行园长负责制，教职工聘任制。

根据 2020 年全国教育事业统计主要结果，2020 年，全国共有幼儿园 29.17 万所，在园幼儿 4818.26 万人。其中，普惠性幼儿园在园幼儿 4082.83 万人，普惠性幼儿园覆盖率达到 84.74%。幼儿园共有专任教师 291.34 万人，学前教育毛入学率达到 85.2%。

请分析：

普惠性幼儿园可以申请认定和申请退出吗?

思政之窗

建设和发展学前儿童教育事业是构建和谐社会非常重要的一部分。要让学前儿童教育事业得到更好、更长远的发展，建设更完善的幼儿园系统是非常必要的。学前儿童是家庭的成员，他们是否能健康成长关系着家庭是否和谐稳定，只有加强幼儿园的系统建设，学前儿童健康成长才有更可靠的保障。

练习思考

一、单选题

1．幼儿园的创办运营取决于园所的经营策略和管理、教职工的教育服务水平、园所位置等诸多方面，其中创办的首要工作是（　　）。

A．办园理念　　B．办园经费　　C．幼儿园选址　　D．教职工配备

2．根据相关规定，幼儿园每班幼儿人数为（　　）。

A．小班（3～4 岁）20 人；中班（4～5 岁）30 人；大班（5～6 岁）35 人

B．小班（3～4 岁）25 人；中班（4～5 岁）35 人；大班（5～6 岁）40 人

C．小班（3～4 岁）25 人；中班（4～5 岁）30 人；大班（5～6 岁）35 人

D．小班（3～4 岁）15 人；中班（4～5 岁）25 人；大班（5～6 岁）35 人

3．我国幼儿园领导体制是（　　）。

A．党组织领导制　　B．园长负责制　　C．民主管理制　　D．园务委员会制

二、多选题

1．根据我国法律的相关规定，在我国创办幼儿园须具备的四个实体要件是（　　）。

A．必须有组织机构和章程

B．必须有合格的教师、保育人员、医务人员和其他工作人员

C．必须有符合规定的教学场所及设施、设备等

D．必须有必备的办园资金和稳定的经费来源

2．随着国家行政机关和国有企事业单位的改革，我国转制幼儿园包括（　　）。

A．差额拨款制幼儿园　　B．委托代理制幼儿园

C．连锁幼儿园　　D．国有民办幼儿园

第三章 幼儿园的组织职能

学习目标

知识目标

◎ 了解组织结构、组织文化、规章制度。

◎ 了解设计幼儿园组织结构的原则。

◎ 了解幼儿园组织文化内涵及其建设要点。

◎ 了解幼儿园规章制度制定和实施的要求。

能力目标

◎ 分析幼儿园组织文化建设案例，说明幼儿园组织文化建设的意义。

◎ 对于一个新的幼儿园，试分析在设计其结构形态时要考虑哪些要素。

素质目标

◎ 树立服务意识，素质教育创新。

◎ 具备团队协作能力。

思政目标

让幼儿园形成一种平等宽松的管理氛围，追求一种具有人性化的管理模式，充分突出教师的主体地位，让教师参与到管理中来，用赏识的眼光看待每一位教师，使他们充满自信，形成积极向上的氛围。

第一节　幼儿园组织结构设置

一、幼儿园组织结构形态

美国当代著名管理学家德鲁克曾说："没有机构就没有管理，没有管理就没有机构。"幼儿园组织是教育幼儿的社会活动的载体，是发挥管理职能，实现管理目标的工具。由此，组织工作是幼儿园管理的一项重要职能。

（一）组织结构的含义及意义

1．组织结构的含义

组织结构是组织中划分、组合和协调人们的活动和任务的一种正式的框架。组织结构体现了组织各部分的排列顺序、空间位置、聚集状态、联系方式和相互关系。组织中的各要素经过排列组合，可以形成各种有序而稳定的结构，以发挥各个因素的效能。

无论是自然界还是社会领域，事物的结构一定程度上决定了其功能。石墨和金刚石是碳元素的两种结构不同的单质，亦即金刚石和石墨的化学成分都是碳，称为"同素异形体"，它们虽具有相同的"质"，但"形"或"性"有天壤之别，金刚石是目前最硬的物质，而石墨却是最软的物质之一，两者功能的不同就是缘于两者结构的差异。

为确保幼儿园组织达成目标，就需按照特定原则对幼儿园组织加以设计，使相关资源有机组合，以特定组织结构运行和管理。

2．设置幼儿园组织结构的意义

幼儿园是为达到一定的育人目标而共同活动的社会组织。幼儿园组织结构是指为了实现既定的教育目标，按一定的规则和程序而设置的多层次岗位及其有相应人员隶属关系的权责角色结构。

幼儿园组织结构设置是否合理，对于其生存与发展起着至关重要的作用。其一，幼儿园组织结构的设置形成有机结合的活动功能系统，既能维系这种人群集合体的内部关系，又与外部特定机构与社会系统相连接。其二，合理设置幼儿园组织结构为教职员工创造一种默契配合的工作环境，保证成员之间分工明确、职责清晰，分工协作地进行有效的工作，减少矛盾与摩擦，避免无休止的协调，保证保育、教育、总务、外联等各部门工作的正常运转。其三，幼儿园组织结构设置要动态反映时代、社会环境等变化对学前教育提出的新要求，创设合理灵活的组织结构，有效集聚人力、物力、财力等资源，协调好组织各部门之间、成员之间、工作之间的关系，保障组织管理过程的通畅进行，提高工作效能，顺利实现教育目标。

（二）幼儿园常见组织结构

社会组织的功能不同，结构形态也相异，会逐渐形成一些较典型的组织结构形式。

幼儿园的组织结构形态会因幼儿园的不同类型（公办、民办）、规模（大型、中型、小型）等因素而异。大型、中型和小型幼儿园的划分标准是相对的，无绝对标准。一般来说，幼儿园班级在5个班以下者（含5个班）视为小型幼儿园；有6～11个班的为中型幼儿园；班级在12个班以上者，即小、中、大各年龄班平均为4个班的为大型幼儿园。

1. 大型幼儿园的组织结构形式（如图3-1所示）

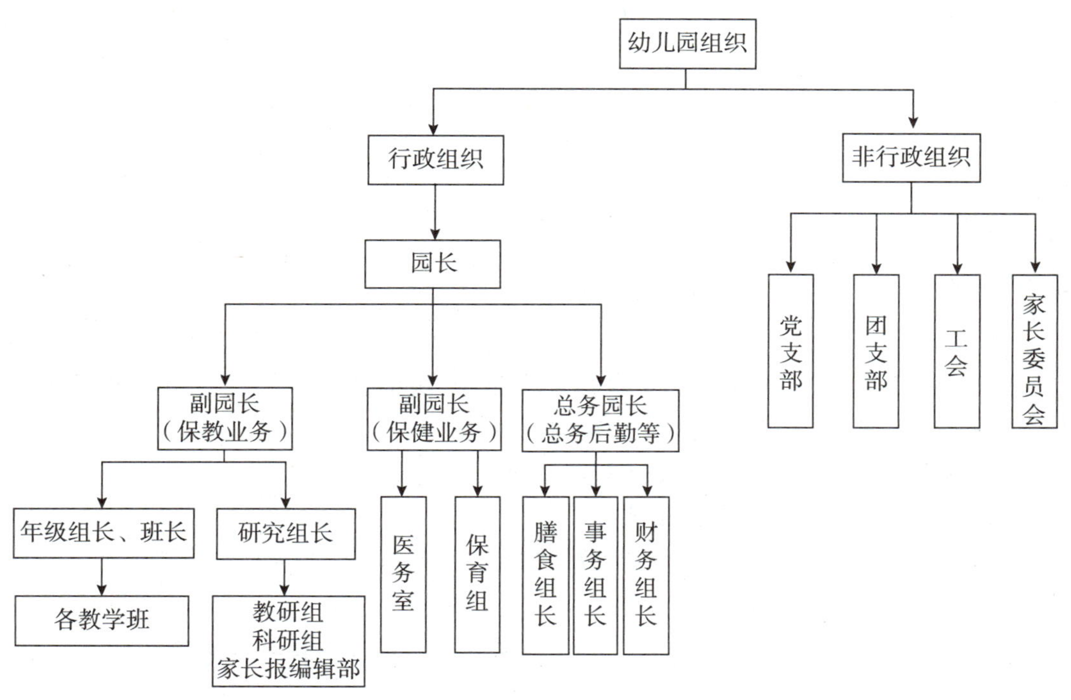

图3-1 大型公办幼儿园的组织结构形式图

（1）大型公办幼儿园的组织结构形式

一般来说，大型公办幼儿园的组织可以分出行政组织与非行政组织两类，两者有一定联系。

行政组织的核心人物是园长，由其主持园务委员会，讨论如何贯彻有关教育方针政策，坚持社会主义办园方向，研究决定机构重大问题，是决策指挥层。依托其工作性质和职能分工，幼儿园一般下设保健组、保教组、总务组来贯彻指挥层的决策，从各方面开展保教工作。幼儿园最基层的单位是班级，班级教师在相应管理部门领导下承担具体工作职责，落实保教任务，完成工作目标。

非行政组织即党团基层组织和群众组织。党团基层组织要教育成员发挥其先进模范作用，团结全员职工努力实现工作任务。群众组织包括工会、教代会等，对行政工作起着监督作用，并积极配合行政组织开展各项活动，发挥民主管理、民主监督和信息反馈作用。

（2）大型民办幼儿园的组织形式（如图 3–2 所示）

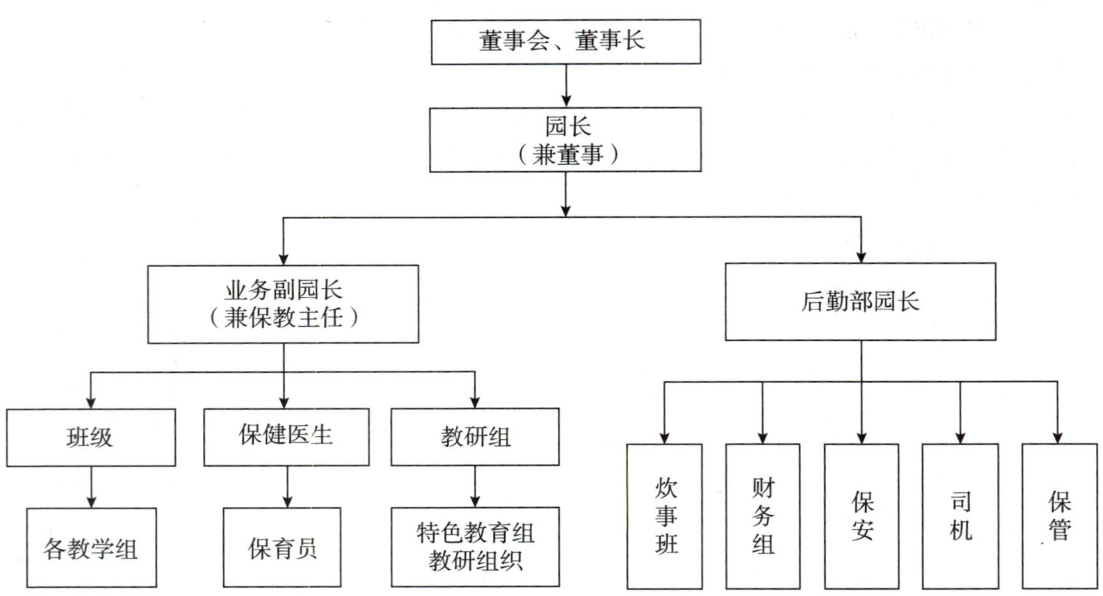

图 3–2　大型民办幼儿园的组织结构形式图

大型民办幼儿园中，一方面，董事会为最高领导决策层，另一方面，也需根据保障幼儿园保教工作的需要，设置相应的组织结构。

2. 中型幼儿园的组织结构形式（如图 3–3 所示）

（1）中型公办幼儿园的组织形式

中型公办幼儿园的组织也可以设行政组织与非行政组织，与大型幼儿园相比，三个层次相同，只是岗位要少一些。

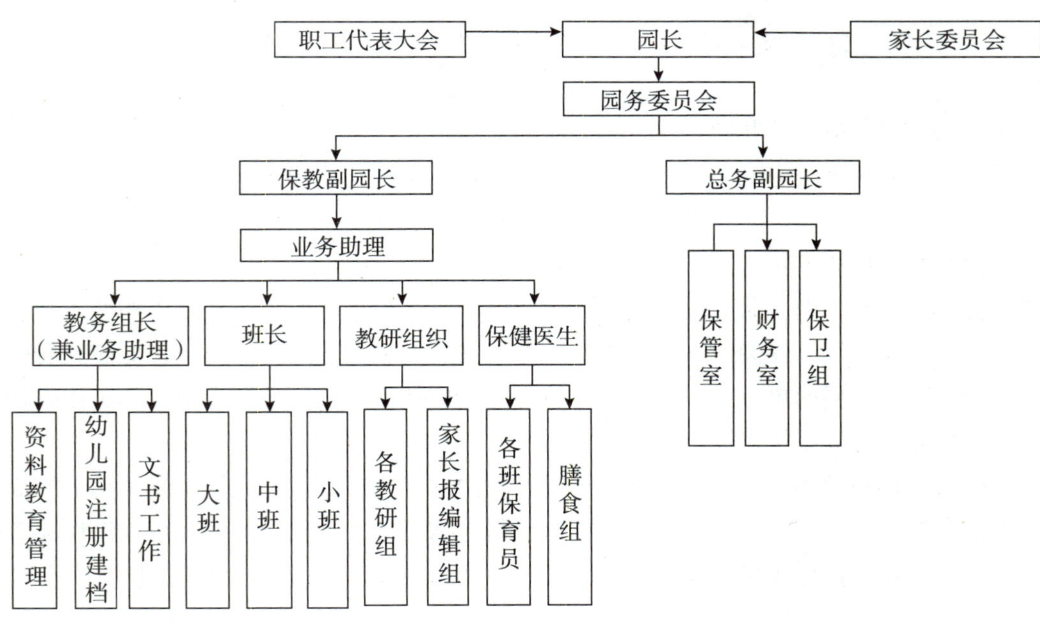

图 3–3　中型公办幼儿园的组织结构形式图

（2）中型民办幼儿园的组织结构形式（如图 3–4 所示）

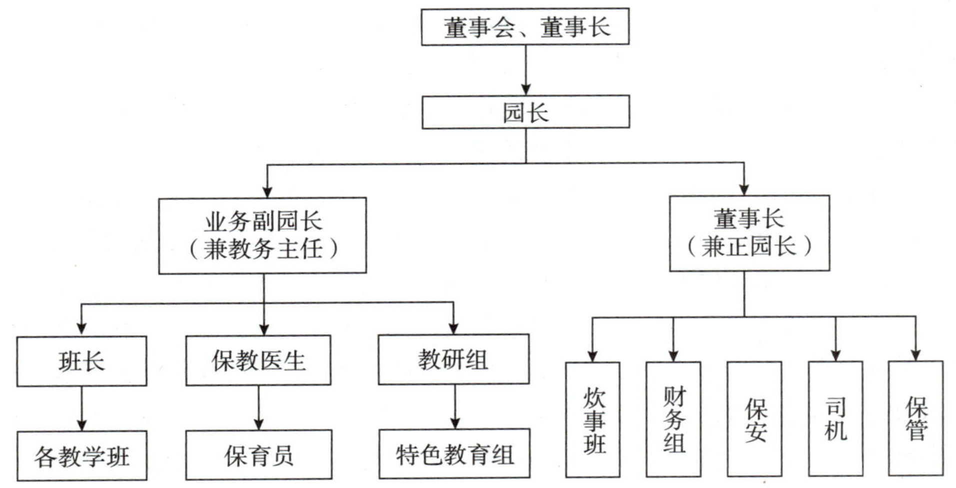

图 3–4　中型民办幼儿园的组织结构形式图

3. 小型幼儿园的组织结构形式（如图 3–5 所示）

小型幼儿园区别于中大型幼儿园的显著特点是：机构设置简单化、人员兼职化和精简化。管理比较灵活，但有时不够专业化和规范化。

（1）小型公办幼儿园的组织结构形式

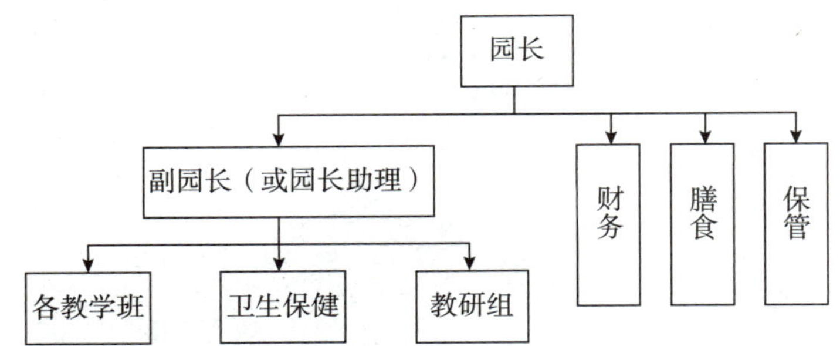

图 3–5　小型公办幼儿园的组织结构形式图

（2）小型民办幼儿园的组织结构形式（如图 3–6 所示）

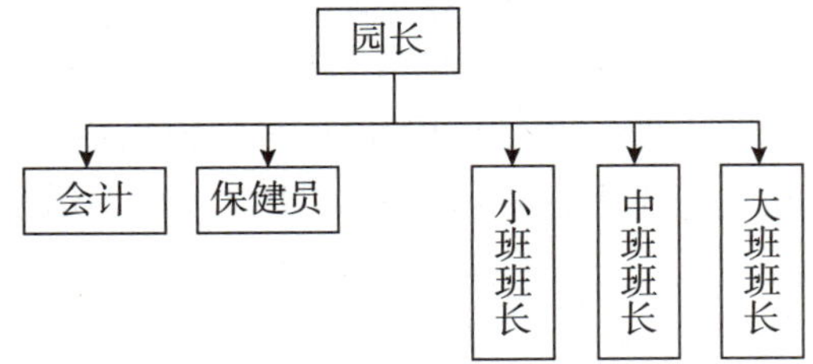

图 3–6　小型民办幼儿园的组织结构形式图

小型民办幼儿园组织形式简单，一些幼儿园有家族化的特点，人员兼职较多，管理水平有限。

二、幼儿园工作人员的任用和配备

幼儿园工作人员的任用和配备是组织建设的重要内容，安排合理不仅能强化每个人的职责意识，还能调动教职工的积极性。幼儿园的每一项任务都应由专人来承担，每项工作都由专人来负责，每个班级要配教师和保育员（生活教师）负责班级的教育和保育工作，现在越来越多的幼儿园在班里不配备专职的保育员，而是由教师轮流做保育工作，这样可以更好地实施保教结合，同时，也有利于培养孩子热爱劳动的意识。这种配班方法越来越受到幼儿园的欢迎和肯定，在规模大小不同的幼儿园都适用。保教工作是幼儿园的主要工作，应保证把幼儿园最精锐的力量安排在保教第一线，每班一般设班长一人，由骨干教师担任。为了不断提高教学质量，各年龄班或各学科设教研组，开展教研工作，教研组长一般由骨干教师兼任。保健室（图 3–7）要配医生、护士和保健员，小型幼儿园也可以由懂得医学的教师或园领导兼任。总务组设会计负责财务工作，设保管员负责幼儿园财产设备等，炊事员组则设采购员负责采买食堂的材料，其余是负责做饭。勤杂组人员负责卫生、水电、门卫等杂务工作，寄宿制幼儿园要配夜班的保育员、洗衣员及保安等工作人员。人员配备应该按照劳动人事部和教育部关于颁发《全日制、寄宿制幼儿园编制标准（试行）》的通知，结合幼儿园的实际来确定。

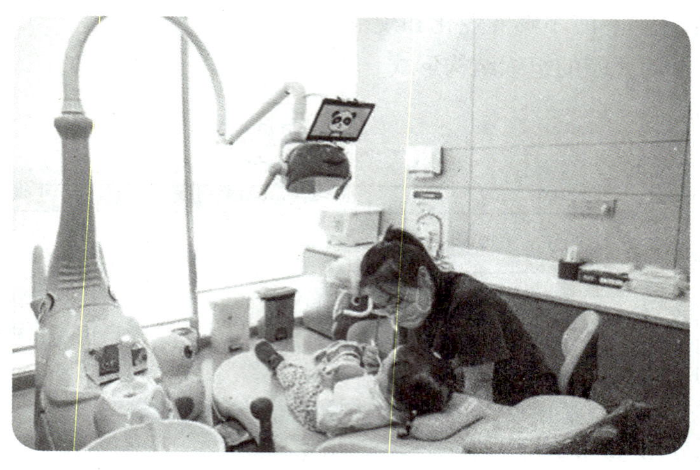

图 3–7　幼儿园保健室

幼儿园人员的安排要本着保证重点、全面安排的原则，保教工作是幼儿园的主要工作，保教第一线要保证人员齐备，而非一线工作应在保证工作的前提下力求精简，一些职位和岗位可兼任，合理统筹，从实际出发，不可强求一律，“一刀切”。可通过兼任岗位，精简机构，减少开支。

知识链接

学前教育机构教职工编制标准及班额

教育部关于印发《幼儿园教职工配备标准（暂行）》的通知，对学前教育机构的名称、班额等基本条件进行了界定。

园长：三个班以下学前教育机构设一人，四个班以上的学前教育机构设两人；10个班以上的学前教育机构设三人。寄宿制学前教育机构适当增加。

教师：城市全日制学前教育机构每班配备2～3名专职教师，教师与幼儿比为1:10～1:15;农村全日制学前教育机构每班配备1.5～2名教师，教师与幼儿比为1:15～1:20。寄宿制学前教育机构适当增加。

保育员：全日制学前教育机构三岁以上班平均每班配备1人，三岁以下班平均每班配备2人。寄宿制学前教育机构适当增加。

炊事员：每日三餐一点的学前教育机构按1:45的比例配备，少于三餐一点的学前教育机构人数酌减。

保健人员：全日制学前教育机构一般配备1人，超过200名幼儿的增加1人；寄宿制学前教育机构一般配备两人，超过200名幼儿的增加1人。

财会人员：三个班以上的设专职会计1人；出纳员视学前教育机构规模大小设专职或兼职1人。

其他人员可酌情安排。

严格控制班额，家庭托幼机构、亲子园每班不得超过10人；幼儿园小班25人，中班30人，大班35人，学前班不超过40人。

三、幼儿园组织结构的设计依据与原则

（一）组织设计的任务

一个组织内，其矛盾就在于管理对象的复杂性与个人能力的有限性，加之外部环境复杂多变、内部事物纷繁复杂，因此，就需要一群人来管理，明确分工、责任、权力等关系。组织设计是对一个组织的结构及其内部关系进行创构的系统设计。

组织设计的基本任务就是“理事安人”，最大化地发挥管理者群体作用，有效地管理复杂多变的对象。

1. 组织设计的具体任务

（1）工作划分

落实组织目标规定的任务，明确所需要的活动并加以分类。

（2）建立部门

在组织职能中，管理者应对实现组织目标所必需的职能和活动进行分组，这个过程被称为部门化。部门是组织设计的直接结果，是组织内主管人员为完成规定的任务有权管理的一个特殊的领域，是同类职位的集合。在幼儿园，为实现保教活动目标，就需要将单一幼儿园分成保教工作、总务工作等；集团化的幼儿园采取董事会管理，下设总园长、监事会、家委会等。

（3）决定管理跨度

管理跨度是领导者直接指挥下级的数目。影响管理跨度的因素有领导者的管理能力、员工素质、任务类型等。

（4）确定职权关系

授予各级管理者完成任务所需的职务、权力和责任，即授权。因为名不正，则言不顺；言不顺，则事难成。

（5）通过组织的运行不断修改和完善组织结构

明确组织中的纵横职权关系，包括直线部门和参谋部门之间的横向职权关系、上下级间的纵向职权关系，为组织结构中的纵横协调制定有关的规定，不断加以磨合。

2. 幼儿园组织的任务

幼儿园组织如同其他社会组织一样，也是按一定目的和程序而组成的较稳定的体系，其要完成的组织设计任务一般包括以下内容。

（1）确立组织的共同目标

幼儿园是对 3 ～ 6 岁幼儿实施保育和教育的机构，其机构设置，以及所有组织人员的工作均应以幼儿健康成长这一组织目标为基准。

（2）划分纵向的等级系统

幼儿园应确定幼儿园中指挥权、人事权、财权等权力的层级、职位，划分对应的责任。一般来说，幼儿园会设置园长、副园长、部门主任、班组长以及每个岗位的职工，建立较严密的上下级关系，上级管理指导下级、下级服从接受上级的管理。

（3）划分横向的部门班级

幼儿园常见的组织中，横向的部门有教研组、各年级组、总务组、保健组等，各部门之间是平行地按专业部门划分的，它们的工作各有侧重，又彼此关联，通过分工协作，完成保教任务。

（4）设置明确的活动规则

为保证各层级、各部门人员的高效互动，幼儿园组织需有明确的活动规则，包括规章制度、权力的运用和监督、沟通网络与相关程序等，它们是支撑幼儿园组织的核心部分，决定着幼儿园组织功能的发挥程度。

幼儿园组织设计的结果体现在组织结构图（部门）、部门职能说明书、岗位结构图、岗位职责说明书、岗位工作标准、业务流程、管理标准等方面。

（二）幼儿园组织结构的设计依据

1. 教育法规和政策依据

幼儿园在组织设计时，需要“依法治教”。也就是说要按照国家颁布的有关学前教育的法律法规执行。幼儿园需遵循的相关教育法规和政策主要有《中华人民共和国教育法》《中人民共和国教师法》《幼儿园工作规程》《幼儿园保育教育质量评估指南》《幼儿园园长专业标准》《幼儿园教职工配备标准（暂行）》《托儿所幼儿园卫生保健管理办法》等。

在幼儿园组织设计中，需考虑以下方面。

（1）幼儿园规模和班级设置

我国大多数幼儿园按照年龄编班，即小、中、大班，同年龄并列的几个教学班设年级组。《幼儿园工作规程》第十一条规定：幼儿园规模应当有利于幼儿身心健康，便于管理，一般不超过 360 人。幼儿园每班幼儿人数一般为：小班（3 周岁至 4 周岁）25 人，中班（4 周岁至 5 周岁）30 人，大班（5 周岁至 6 周岁）35 人，混合班 30 人；寄宿制幼儿园每班人数酌减。

（2）教职工配备要求

《幼儿园教职工配备标准（暂行）》，提出全日制幼儿园每班配备 2 名专任教师和 1 名保育员，或配备 3 名专任教师，全园保教人员与幼儿比为 1∶7 ～ 1∶9；半日制幼儿园每班配备 2 名专任教师，有条件的可配备 1 名保育员，全园保教人员与幼儿比为 1∶11 ～ 1∶13；寄宿制幼儿园至少应在全日制幼儿园基础上每班增配 1 名专任教师和 1 名保育员；招收特殊需要儿童的幼儿园应根据特殊需要儿童的数量、类型及残疾程度，配备相应的特殊教育教师，并增加保教人员的配备数量。

园长：6 个班以下的幼儿园设 1 名，6 ～ 9 个班的幼儿园不超过 2 名，10 个班级以上的幼儿园可设 3 名。

卫生保健人员：根据卫生部印发的《托儿所幼儿园卫生保健工作规范》配备要求，按照收托 150 名儿童至少设 1 名专职卫生保健人员的比例配备卫生保健人员，收托 150 名以下儿童的可配备兼职卫生保健人员。

炊事人员：幼儿园应根据餐点提供的实际需要和就餐幼儿人数配备适宜的炊事人员。每日三餐一点的幼儿园每 40 ～ 45 名幼儿配 1 名；少于三餐一点的幼儿园酌减；在园幼儿人数少于 40 名的供餐幼儿园（班）应配备 1 名专职炊事员。

（3）行政与非行政组织设计要求

《幼儿园工作规程》明确提出，幼儿园应当建立园务委员会。园务委员会由园长、副园长、党组织负责人和保教、卫生保健、财会等方面工作人员的代表以及幼儿家长代表组成。园长任园务委员会主任。

《幼儿园保育教育质量评估指南》中，首个评估关键指标就是党建工作。幼儿园要健全党组织对幼儿园工作领导的制度机制，落实幼儿园党的组织和党的工作全覆盖。幼儿园应当为工会、共青团等其他组织开展工作创造有利条件，充分发挥其在幼儿园工作中的作用。幼儿园应当建立教职工大会制度或者教职工代表大会制度，依法加强民主管理和监督。

幼儿园应当成立家长委员会。

2. 幼儿园自身实际

幼儿园组织结构设计要考虑园所内部环境和工作需要。例如，要从园所规模大小、服务时间长短等组织任务目标情况来确定机构的设置，同时还要从幼儿园所处环境位置、自然地理条件以及园所拥有的物质、资金、人员状况等方面的具体条件出发，考虑机构的设置与建设。幼儿园所有制性质、开设类型、开设地域、人员素质等状况的不同都有可能导致幼儿园组织结构的差异。

（1）机构性质

一些小型的私立幼儿园受制于各种因素，其层级及人员设置比较简化，甚至会有园长兼任某班教师、会计兼任保健医等情况；一些集团化的民办幼儿园注重外在宣传、招生工作，专门设置外宣、企划、招生等部门；一些有品质的公办幼儿园，注重教育科研、师资培训等工作，专门设置教科研室、师训室等管理部门。

（2）幼儿园服务的内容及时间

全日制与寄宿制幼儿园的人员配备有所不同，有的园所仅为半日活动的形式，在人员配备上又有不同，在提供餐点等服务方面各园所需人员各异。

（3）园所定位

一般性幼儿园与示范性或实验性幼儿园通常在人员需求方面是不同的。

幼儿园组织机构的设置和建立需要最大限度地发挥人力资源作用，提高组织的效能。要根据幼儿园担负的任务目标，因园制宜，精兵简政，还要随社会生活条件的变化和对幼儿教育需要与要求的不同情况，对组织机构做出相应调整，使之趋于完善，并不断发展。

3. 处理好几方面关系

（1）管理幅度与管理层次

①管理层次。管理层次是指组织内部从最高一级管理组织到最低一级管理组织的组织等级。一个组织由最高层到基层工作人员间的管理层次越多，越倾向于高耸型，管理层次较少的组织相对是扁平型的。

马克斯·韦伯认为："组织是一个经过理性设计的科层结构。"在这一结构中每一个职位的权力和责任是预先设计好的，个体一旦被安排到某个职位，就能拥其权、履其责。各种职务之间是自上而下的命令关系和自下而上的服从关系。其提出的科层制是社会组织中最常见的、最基本的结构模式，又被称为锥型、高耸型组织结构，如图 3–8 所示。其优点是结构简单、权力集中、指挥统一、等级严格、责任明确。其缺点是：过于理性化、等级森严、沟通不畅；没有充分考虑组织的复杂性、多样性，缺乏弹性；过于强化分工，不利于取得整体利益。

一般来说，幼儿园常见的组织设计就是根据个人能力的大小安排其地位和任务，建立一套合理的层级，做到才职相称，以发挥各层级的能量，保证结构的稳定性和管理的有效性。

扁平式组织就是改变组织自下而上、高耸垂直的结构，减少管理层次，增加管理幅度而建立起的一种紧凑的横向组织，从而使组织变得灵活、敏捷，富有柔性、创造性。其优点是：由于管理层级较少，信息的沟通和传递速度较快，信息的失真度比较低；上级对下级的控制不太呆板，有利于发挥下属的积极性和创造性。其缺点是：过大的管理幅度增加了主管对下属的监督和协调控制难度，下属也缺少更多提升的机会。

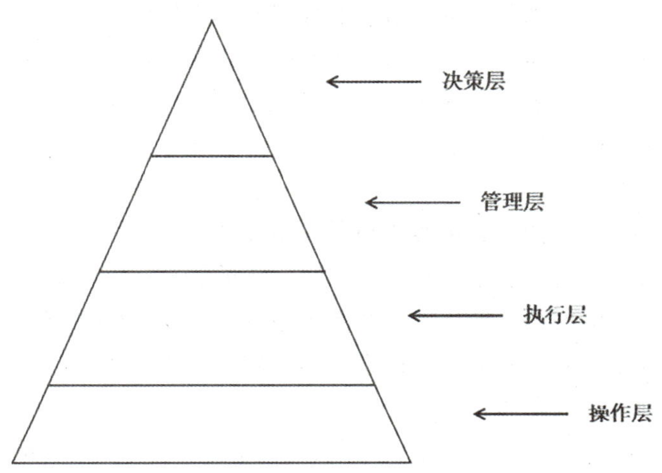

图 3–8　高耸型组织结构示意图

②管理幅度。管理幅度是指一个领导者直接指挥下级的数目。当直接指挥的下级数目呈算术级数增长时，主管领导人需要协调的关系呈几何级数增长。

③组织规模、管理幅度与管理层次之间的关系。在管理幅度给定的条件下，管理层次与组织规模大小成正比；在组织规模给定的条件下，管理层次与管理幅度成反比。管理幅度不是越大越好，也不是越小越好。一般来讲，上层管理幅度 4 ～ 8 人为宜，下层管理幅度 8 ～ 15 人为宜。

（2）正式组织与非正式组织

正式组织具有目的性、正规性、稳定性的基本特征，是根据一定社会组织的目标和章程而建立起来的目标系统，它是实现组织目标的载体。正式组织有明确的上下级关系，对成员有强制性和权威性，成员间也有协作关系。

非正式组织具有自发性、内聚性、不稳定性的基本特征。非正式组织是指在一般的正式组织内部，由于部分成员的性格相投，爱好兴趣相近，在交往过程中形成比一般同事更密切的朋友关系，并形成特别的小团体。小团体内有自然而然形成的权威或核心人物，也有一些约定俗成的共性行为方式。

对于非正式组织，管理者不能采取简单的禁止或取缔态度。一方面，必须正视非正式组织存在的客观必然性和必要性，允许乃至鼓励非正式组织的存在，为非正式组织的形成提供条件，并努力使之与正式组织相吻合；另一方面，需要通过建立、宣传正确的组织文化，以影响与改变非正式组织的行为规范，引导非正式组织作出积极的贡献。

（三）幼儿园组织结构的设计原则

结合幼儿园的实际，幼儿园组织结构的设计一般遵循以下基本原则。

1. 围绕目标、因事设岗原则

设计幼儿园组织结构是为了实现一定的保教任务目标。因此，在进行组织设计时，首先必须满足实现组织的任务目标的要求，要具体分析为达成组织目标，幼儿园应办的“事”是什么、有多少，将组织的任务目标分解为具体目标和工作内容，由此决定组织机构的设置、职务与人员的安排。要坚持以“事”为中心，因“事”设职、设岗，围绕幼儿园的目标和任务进行组织建设，“事事有人做”，并保证让有能力的人有机会去做他们真正胜任的工作，以提高组织效能。

2. 合理结构原则

一个管理者直接指挥和协调的下级人员是有限度的，超过一定的数量，就不可能进行有效的管理，就必然要求划分管理层次，减少每一级的管理跨度和宽度。但管理层次的增多，也会造成人力物力的增加，产生上下联系渠道延长及信息传递复杂化并降低速度的问题。因此，组织设计要建立适宜的结构体系，达到宽度适当、层次合理，设岗要实、用人要精，从而做到指挥灵、信息通，提高管理效率。

具体到幼儿园，在设置岗位时要根据幼儿园的规模、性质、实际需要，确定适当的管理层级和跨度，选择合适的人才，机构精简、人员精干，以较少的人员、较少的层次、较少的时间达到管理的高效率。比如，一个幼儿园有 20 个班级，其日常的业务管理仅有一位副园长负责，但其教育活动计划的检查工作量就是每周几十份，那么，其管理必定是粗放、笼统的，难以奏效。这样，就需增设副园长助理，提高其工作实效。

同时，还要求每个人都必须明确其岗位、任务、职责、权限，上下级关系明确，工作的程序和渠道通畅。为此，幼儿园可以明确岗位说明书，包括位置、岗位性质、职责要求、任职资格等，为员工选聘、培训、考核、制定薪酬提供依据。

3. 分工协作原则

在把握总体目标任务的基础上，需要按照分工协作的要求设置必要的各个工作部门，安排各项工作。各级各类部门与人员既有各自的任务目标，担负相应的职责，又要明了相互间的关系，相互协调配合，共同实现组织的总目标。

据此，幼儿园需做到分工协作。幼儿园的教育、总务、行政等各部门是在整体规划下的分工与协作。分工的目的是提高专业化程度和工作效率，协作的目的是解决冲突、实现组织目标。分工与协作是相辅相成的。从幼儿园一日生活作息制度的安排来讲，不能凭教师个人意愿，要符合幼儿的年龄特点、幼儿园保教任务等，需教师、保育员、炊事人员分工协作，保证一日活动计划的落实。

4. 责任权力一致原则

责权关系的设计和实施是发挥组织职能的关键。要从提高效率出发，定岗、定员、定编，并确定职责，使组织中各部门、各岗位职责清楚，责任分明。权力是完成工作任务的保障。为了真正负起责任，组织应赋予各部门、各岗位相应的权力和利益，做到在一定的职务或岗位上，有一定的权力，负一定的责任，并得到一定的利益，权责对等，相对稳定，做到职责权力有机统一。因此，领导要勇于将部分事情的决定权由高层转移到较低的层级。领导＝决策＋授权，指的就是领导要善于决策，善于授权。领导管理的艺术就在于如何选好授权者，提高员工的自主性、积极性和能动性。

具体到幼儿园，管理者要委以责任，分权给各责任层级。各岗位的确定和任务的分配要符合满负荷要求，要明确各自的责任和应尽的义务。同时，还要适当授权，授权实际上是授“责”，权力必须与责任相适应，体现责权一致原则。幼儿园园长要赋予各部门、各岗位以相应的权限，确保每个岗位层次的人都能各尽其责，使他们有条件对自己所做的事负责，杜绝有责无权，或有权无责现象，前者使责任形同虚设，束缚管理人员的积极性；后者会导致滥用权力。并且授权要保持相对稳定性，不要因人而异。

5. 统一指挥、统一意志原则

法约尔管理的 14 项原则中，提出一个下级只能有一个直接上级；一个下级只能接受一个上级指挥，即强调统一领导、统一指挥原则。一个组织应既做到分级负责、分层管理，又要做到只有一个指挥中心，能集中一致，服从指挥和调度，协调步调，使组织整体的战斗力增强。这种可以避免多头领导，“政出多门”，否则必然造成命令混乱，使组织产生内耗，甚至瓦解。

幼儿园应通过建立良好的指挥系统和适宜的运行机制，使组织严密合理，指挥线路清晰，联系渠道畅通，做到既分工负责、分层管理，又集中统一指挥、统一意志，从容调度、协调步调，使组织成为战斗力强的有机整体，通过集体的协调努力，优质高效地实现组织的预定目标。

第二节　幼儿园组织文化建设

一、幼儿园组织文化的含义及功能

文化是一个组织的灵魂，对组织的生存与发展起着至关重要的作用。因此，组织文化建设是组织职能的重要工作之一。

（一）组织文化与幼儿园组织文化

1. 组织文化

关于组织文化的定义，可谓众说纷纭，一般认为，组织文化是组织在一定的社会政治、经济、文化背景条件下，在生产与工作实践过程中创造或逐步形成的，为组织成员普遍认可和遵守的具有本组织特色的价值观念、行为准则、团体意识、工作态度和思维模式的总和。

人们对组织文化存在一些共同的认识，即组织文化是一种客观存在，是一种历史现象；其核心是组织的价值观；组织文化以人为本，是一种软性文化；组织文化是一种管理文化，也是一种全新的管理模式。

2. 幼儿园组织文化

幼儿园是社会组织中的一部分，具备一般社会组织的特征，但由于幼儿园是以育人为本的社会组织，它又区别于其他生产性或事业性的社会组织，构成了具有独特内涵、特征、功能的幼儿园组织文化（如图 3–9 所示）。

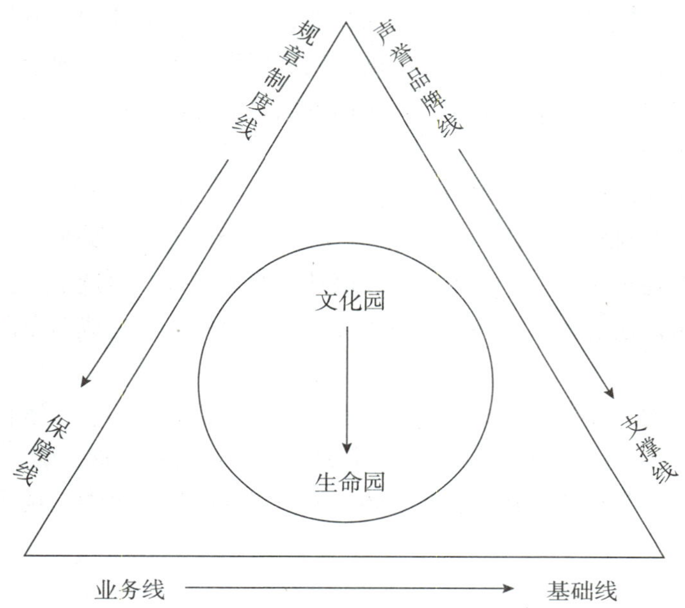

图 3–9 幼儿园组织文化示意图

幼儿园组织文化是一所幼儿园在长期的办园过程中积淀的并为其全体成员所认同和遵循的价值观念体系、行为规范和物化环境风貌的整合和结晶。

（二）幼儿园组织文化的特征

1. 人文性

组织文化是以人为本的文化，要把组织的成长发展与个人的成长发展结合起来，着力于以文化因素挖掘教职员工的潜力，尊重和重视教职员工，提供实现个人价值的机会。

2. 独特性

每个组织都在特定的环境中生存与发展，所面临的历史阶段、发展程度，以及本身固有的文件积淀都不相同，因此，幼儿园应该因地制宜，构建适合自己管理的组织文化，不能简单照搬。

3. 教育性

幼儿园作为教育机构，其组织文化应体现教育性。即以正确的教育思想为指导，形成积极向上的教育氛围和求真务实的教育态度，促进幼儿健康发展，积极发挥对社区的教育辐射作用。

4. 动态性

组织文化一旦形成，具有在一定时期内的相对稳定性，但还要随着组织发展以及生存环境的变化而改变，表现出强大的吸收力、包容力、消化力，形成动态开放的系统，推动组织螺旋式上升。

5. 历史性

幼儿园是在一定的时空条件下产生、生存与发展的，幼儿园组织文化是历史的产物，是一定时代下社会政治、经济、文化的折射，必定带有历史的烙印。同时，幼儿园组织文化形成之后，也在改造着所处的环境与文化。

（三）幼儿园组织文化的功能

1. 导向功能（导向力）

通过组织文化对个人和组织的行为和活动起到引导作用。幼儿园组织文化的导向作用主要体现在以下两个方面。

（1）教育哲学和价值观念的指导

教育哲学决定了幼儿园的思维方式和处理问题的法则，指导幼儿园管理者进行正确的决策；幼儿园共同的价值观念决定了幼儿园的价值取向，使员工形成共识，并为他们所认定的价值目标去行动。

（2）幼儿园目标的指引

幼儿园的目标代表着幼儿园发展的方向，指引员工从事教育活动。

2. 凝聚功能（凝聚力）

幼儿园组织文化以人为本，尊重人的感情，能够在幼儿园中形成团结友爱、相互信任的和睦气氛，强化团体意识，形成强大的凝聚力和向心力。共同的价值观念形成了共同的目标和理想，教职员工把幼儿园看成一个命运共同体，“园兴我荣、园衰我耻”成为每个教职员工的发自内心的真挚感情，“爱园如家”也会变成他们的实际行动。

3. 约束功能（约束力）

幼儿园组织文化的约束力主要是通过完善管理制度和道德规范来实现的。制度是幼儿园的内部法规，幼儿园全体成员都需遵守和执行，从而形成约束力。同时，幼儿园组织文化会使幼儿园形成一定的道德规范，若违背，就会受到舆论的谴责，这种约束力产生于员工的内心，具有非强迫性。

4. 激励功能（激励力）

自我价值的实现是人的最高精神需求，如果每个幼儿园形成共同的价值观念，每个员工就会感到自己存在和行为的价值，这种满足必将形成强大的激励。另外，幼儿园的精神和形象对教职员工也具有较大的鼓舞作用，特别是幼儿园的组织文化在社会上产生影响时，会使员工产生强烈的自豪感和荣誉感。

5. 辐射功能（辐射力）

幼儿园组织文化不仅在本园发挥作用，也能通过各种渠道，如传播媒体、家长、公共关系活动对社会和其他幼儿园有辐射作用。

二、幼儿园组织文化的结构要素

知识链接

关于组织文化要素的不同学说

三因素说，如图 3–10 所示。从系统论观点看，组织文化层次结构有三层：表层文化、中介文化和深层文化。

四因素说，如图 3–11 所示。组织文化包括从物质文化层（表层）到行为文化层（浅层）、制度文化层（中层）最后再到精神文化层（深层）的完整体系。

五因素说：《企业文化》一书的作者迪尔和肯尼迪，把企业文化整个理论系统概述为 5 个要素，即企业环境、价值观、英雄人物、习俗礼仪和文化网络。此理论对于幼儿园组织文化建设也有一定借鉴作用。

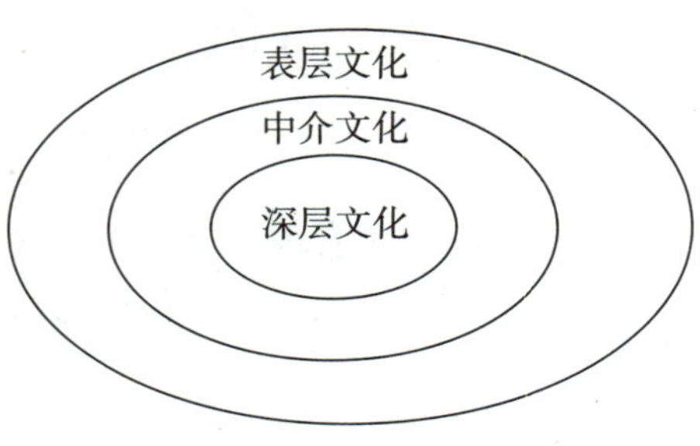

图 3–10　组织文化三因素说示意图

七因素说：托马斯·彼得斯和罗伯特·沃特曼在《追求卓越》一书中指出组织文化至少包括 7 种要素，即经营战略、组织结构、管理体制、工作作风、工作人员、技术能力和共同价值。这 7 种要素称为“麦肯锡 7S 模型”（如图 3–12 所示）。

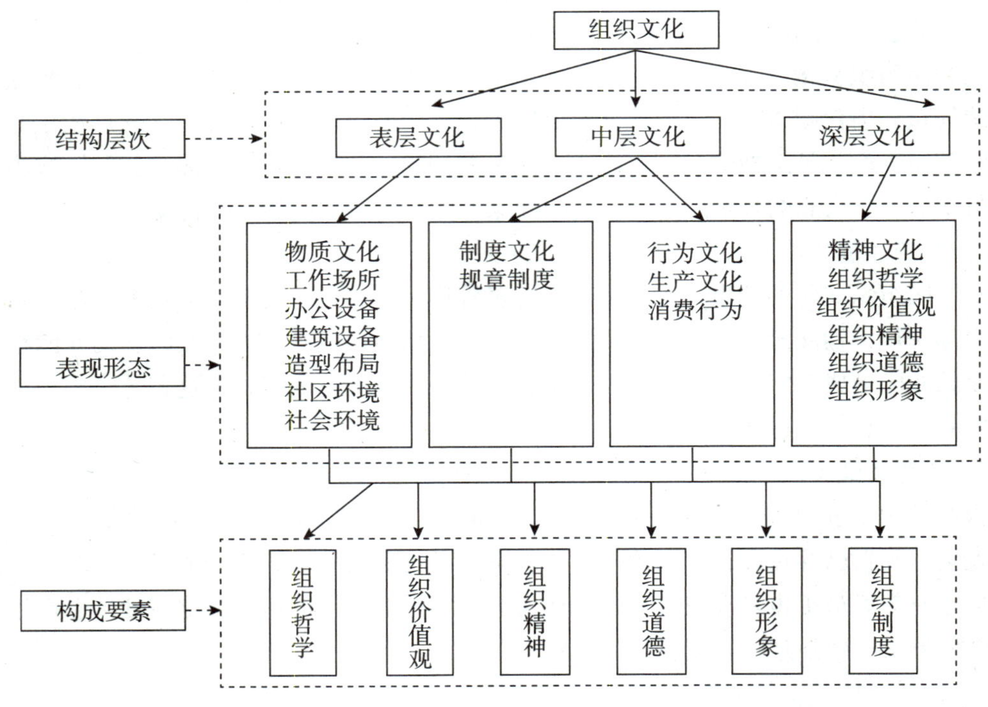

图 3–11　组织文化四因素说示意图

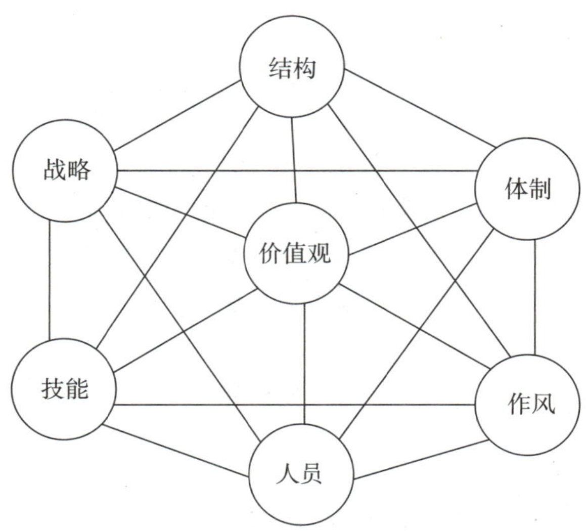

图 3-12　麦肯锡 7S 模型示意图

依据上述关于组织文化要素的理论，结合幼儿园实际，一般认为幼儿园组织文化由物质文化、行为文化、制度文化和精神文化等要素构成。其结构如图 3-13 所示。

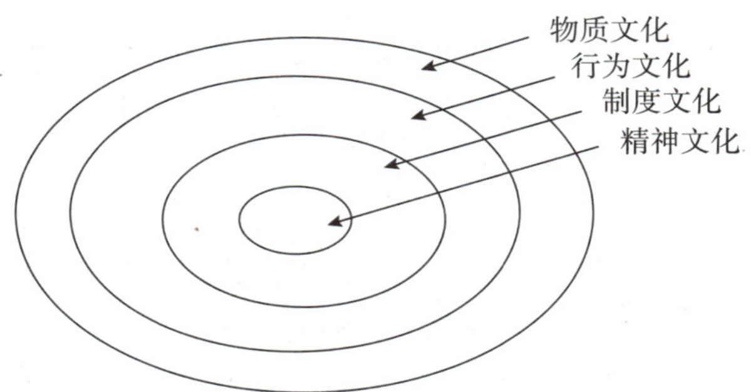

图 3-13　幼儿园组织文化结构示意图

（一）幼儿园物质文化

幼儿园物质文化是幼儿园组织文化抽象内容的外在物质显现，是人们最先能接触到的、最直观的文化体现，包括幼儿园的文化设备、设施等。

1. 幼儿园标志

幼儿园标志是代表幼儿园形象的具体器物，能直接使人联想到幼儿园，是形成组织文化的载体。幼儿园要根据自身的特点，设计园名、园徽、园歌、园服等，他们可以直接向公众和社会传达幼儿园的办园宗旨和价值追求，形成直观的印象，也可以让幼儿园的全体教职工及幼儿通过拥有共同的名字、标志、服装而进一步形成共同的价值观和组织精神。

2. 幼儿园物质环境

幼儿园物质环境包括活泼、富有童趣的建筑风格，整洁、明亮、舒适的室内外环境，适合幼儿探索的区角设置和玩教具，配置先进、适用的设施设备等。

（二）幼儿园行为文化

幼儿园行为文化是幼儿园组织文化在教职员工行为中的显现，也是人们可以直接感受到的，包括幼儿园全体成员的管理行为、教育行为、激励机制、交往行为等，这些行为会造成幼儿园的社会形象和声誉。具体体现在以下方面。

1. 管理行为

管理者尊重员工，科学分工及合理的工资、福利待遇，鼓励员工在自己的岗位上发挥积极作用。

2. 教育行为

教职员工有正确的教育理念和教育行为，高超的专业能力，很好地完成本职工作，促进幼儿健康成长，并为家长和社会提供服务。

3. 激励机制

幼儿园经常组织或鼓励教师参加各类培训和学历提升，组织参加园内外业务交流、教学技能竞赛、文体活动等。

4. 交往行为

幼儿园仪式是行为文化的载体。幼儿园组织文化可以结合幼儿园实际，组织各种仪式纪念活动，如升旗、毕业、表彰、体育节、游艺活动、节庆活动等，传递幼儿园的组织精神和价值观念，让教职员工、幼儿和家长受到文化的熏陶和感染。

（三）幼儿园制度文化

幼儿园制度文化是由幼儿园所制定的制度，即由此形成的组织形态和员工的行为模式构成的外显文化。它是体现组织文化特色的各种规章制度、道德规范和员工行为准则的综合，主要包括分工协作关系的组织结构、管理制度、工作制度、分配制度等。

制度或规范是对于组织内的人或事进行管理的有效方式，它能使每个环节相互配合，使整个组织处于一种有序、和谐的运作状态，使组织效率最大化。合理的制度会使幼儿园各部门、各层次、各方面人员做到有章可循、有法可依，逐步形成明确的工作职责和良好的行为习惯，形成良好的人际关系和组织氛围，乃至形成正确的幼儿园管理观念和价值观念。

幼儿园制度文化体现在以下几个方面。

1. 员工对待制度的态度

好的制度文化下的员工会将制度管理看作能提高工作效率的有效途径，而不是当作限制员工行为的枷锁。

2. 科学严谨地制定制度

员工应参与制度的制定，要全面、科学、切实可操作。

3. 有效地执行制度

制度的效力最终体现在制度的执行上，要公正、合理地运用和执行制度，注意把制度这种“硬性管理”方式和其他“软性管理”方式有机地结合起来，通过精神和文化的力量，从深层次规范组织行为。

（四）幼儿园精神文化

幼儿园精神文化是组织文化的核心，是幼儿园在长期的工作实践中形成的一种组织意识和文化观念，它是幼儿园发展的推动力，激励幼儿园全体成员为实现幼儿园的发展目标而努力，从而形成凝聚力。幼儿园精神文化包括全体成员认同的管理哲学、价值观念、组织精神和道德观念等，具体体现在以下几个方面。

1. 一致的管理哲学

幼儿园管理哲学是幼儿园教育和管理活动的方法论原则，其根本问题是幼儿园中人与物、人与人、人与教育规律的关系等问题，能够帮助幼儿园管理者和全体员工形成正确的工作理念，开展适宜的管理和教育活动。

2. 共同的价值观念

组织价值观是组织判断事物并指导行为的基本信念、总体观点。包括组织存在的意义和目的、组织中规章制度的必要性、组织中各层级和各部门以及成员的关系等。组织价值观有不同层次，优秀的组织往往会不断更新组织信念，追求更崇高的目标、更高尚的社会责任和更卓越的目标。幼儿园的价值观是幼儿园全体成员应共同具有的价值准则，只有建立正确的价值观，才有正确的教育目标和行为。

案例分享

上海青浦区佳佳幼儿园“三实”文化

上海青浦区佳佳幼儿园“三实”文化，成为全体员工建立正确教育目标和规范自己行为的标准。

朴实：教育的本质理应是朴实无华的、有一定规律的。

真实：教育实践来自生活，回归真实才是最有生命力的，幼儿需要在真实的体验中学习成长。

扎实：教育工作所追求的应是扎扎实实的日积月累，以实实在在的生活和教育行为促进幼儿成长。

3. 独特的组织精神

组织精神是幼儿园的灵魂，一般是通过精心培植并逐渐形成的全体成员共同的思想境界、价值取向和主导意识。它蕴含着对本组织形象、地位、风气的理解，折射出组织的整体素质和精神风貌，凝聚组织成员共同信念和精神源泉。幼儿园的组织精神通常用一些既富于哲理，又简洁明快的语言予以表达，便于员工铭记在心，时刻激励自己，也便于对外宣传，容易在人们脑海里留下印象，在社会上形成个性鲜明的组织形象。例如，北京北海幼儿园的组织精神：“倾心于孩子的今天，着眼于孩子的明天；一切为了孩子，为了孩子的一切。”

4. 普遍的道德约束

幼儿园的组织道德是约束员工行为的重要手段，它包括教师职业道德和幼儿园具体的道德标准。幼儿园可以结合实际，建立本园特有的行为规范，包括对待幼儿——教育对象的规范；对待家长——服务对象的规范；对待教师集体的规范、对待自己的规范。

三、幼儿园组织文化的构建

（一）幼儿园组织文化构建的影响因素

1. 影响幼儿园组织文化构建的内部因素

（1）创始人

幼儿园组织文化的形成常常与创始人的价值观、人格特质、经营哲学、领导方式等有着直接的关系。

（2）园长

园长的领导风格会对组织文化产生非常大的影响。

（3）幼儿园教职工

每个人在成为幼儿园的一员以前，大多形成了自己的人生观、价值观、教育观，个人的观念与组织的核心精神是否一致相融，直接影响到教职工能否形成统一的组织精神。另外，教职工在幼儿园中的地位以及与上下左右之间的关系也是重要的影响因素。那些认同幼儿园组织文化的员工，如果其影响力大、人际关系好，就可以带动一批员工形成共同的组织精神。

（4）幼儿园的特征

幼儿园的规模和复杂性会直接影响组织文化。另外，将报酬和绩效直接挂钩的幼儿园容易形成追求成功的幼儿园；开放和自由的组织容易形成参与和创造性的文化。

2. 影响幼儿园组织文化构建的外部因素

（1）政治法律环境

国家制定的有关法规和政策通常都包含教育和文化事业方面的规定，对于幼儿园组织文化的建设有促进或制约作用。比如，对留守儿童、流动儿童的关注，使一些幼儿园提出“平民教育”的组织文化。

（2）经济环境

幼儿园需要及时了解国家及当地的经济发展速度、经济结构、人民收入水平及增长、市场体制及市场需求等，在定位自己幼儿园和建设组织文化时顺应经济发展的现状和趋势。如农村幼儿园的组织文化就要立足于乡土文化资源利用、乡土课程开发、利用废旧物品自制玩具等。

（3）民族文化

民族文化是一个国家在长期历史发展过程中逐步形成的，有强大的渗透力。幼儿园组织文化植根于民族文化的土壤中，其经营哲学、价值观念、行为规范，无不打上民族文化的烙印，如孝亲文化的传承、礼仪教育等。

（4）行业特征

每个行业的社会导向、竞争环境、市场需求、社会期望等特征对组织文化的建设都有影响作用。幼儿园要充分认识到，最具有市场竞争力的要素是人才培养和保教质量，这样才能建设成功的组织文化，形成良好的社会声誉和形象，进而推动整个幼教行业的发展。

（二）幼儿园组织文化构建的步骤

1. 创建阶段

幼儿园的创始人根据幼儿园的形成和运作提出一些基本构想，主要包括：建立一所什么样的幼儿园；幼儿园的目标和发展蓝图是什么；幼儿园对教职员工的要求是什么；宏观的管理制度怎样制定；如何甄选员工，组成教学、管理团队等。

2. 群体认同阶段

在组织文化运作一段时间后，组织内成员逐渐接受并自觉将组织的各种理念付诸实践的过程。管理者要了解成员的原有价值观、工作动机和工作态度，帮助每一个成员适应新的组织及文化，逐步认同组织的价值和精神，积极将组织文化内化表现为组织行为。

3. 共同价值观形成和普遍化阶段

幼儿园成员在对组织精神和价值观有了初步认同后，管理者要通过制度管理、在职培训、各种集体活动、升职加薪、表彰、奖励等办法鼓励员工融入幼儿园集体，使他们从内心认同幼儿园的组织精神和价值观，并在改造自己原有价值观和精神的基础上，形成与幼儿园一致的共同价值观和精神。

幼儿园文化建设是一项复杂的系统工程，是推进幼儿园基业长青、生生不息的底蕴。

（三）幼儿园组织文化构建的策略

1. 树立园长威信

园长是幼儿园组织文化建设的灵魂，其价值观、人格特征、品德修养、行为方式和习惯对全体教职员工产生很大的影响，对建设组织文化有至关重要的作用。

树立园长威信直接关系到幼儿园组织文化建设，是每个园长重要的管理行为。拥有幼儿园的最高权力本身就会对员工有“威力”，但威信不仅出于员工对权力的尊敬与服从，更在于园长的学识、道德品质、人格魅力等非权力性因素。因此，园长应树立正确的价值观和教育观，时刻展现出对幼教事业的热爱之情和对科学育儿的严谨、执着的态度，创造宽容、和谐、开放的管理氛围，潜移默化地感染员工、家长和幼儿。

2. 设立愿景

愿景是人们为之奋斗所向往的、最终希望达到的图景，愿景概括了未来目标、使命及核心价值，是企业文化中最核心的内容。愿景由组织内部的成员所制定，借由团队讨论，获得组织一致的共识，形成大家愿意全力以赴的未来方向。

某一幼儿园的愿景是幼儿园直观的发展蓝图，反映了全体教职员工的共同愿望。愿景的建立，可以使员工明确自己工作的使命与目标，增强责任感，将个人发展与集体发展结合起来，把幼儿园的职业生涯作为设计自己人生的重要内容。愿景在员工中能建立起一种荣辱与共的普遍情感，有利于建立团队意识，形成更富有支持性的人际关系。

园长可以组织全体员工，共同参与制定幼儿园愿景，并分解阶段目标，有计划、有步骤地实现愿景。

3. 通过各种活动建设骨干队伍

幼儿园组织文化的建设是一个连续的自组织过程，需要以一批有理想、有能力的人为基础，通过他们的倡导和力行，影响其他人的行为，从而形成巩固的组织文化。因此，幼儿园构建组织文化需要一支能起到榜样示范作用的骨干队伍，调动全体员工的积极性。这支骨干队伍应形成梯队，并覆盖保教、后勤、管理等不同部门，还要建立普通员工晋升为骨干员工的规则和通道，充分发挥骨干队伍的辐射和吸引作用。

4. 营造良好的心理氛围，鼓励教职工参与组织文化的建设中来

组织文化建设不是领导和个别骨干教师的事情，是幼儿园所有教职员工、幼儿和家长共同营造的。园长应创造和谐的人际关系氛围，最大限度地促进每一个教职工的个人成长与发展，形成有凝聚力的集体。同时，鼓励员工、幼儿和家长积极参与幼儿园组织文化建设，如参与设计幼儿园园名、园训、园徽、园服、园歌的征集活动，参与幼儿园制度建设和执行，提炼幼儿园的组织精神等。

总之，构建幼儿园组织文化是一个系统工程，从外到内需要建立物质环境、制定完善和执行制度，形成统一的组织精神和价值观，并且需要全园每一个人将组织的建设和价值观内化到日常的工作生活中。幼儿园组织文化建设是一项艰巨的工程，需要长期的磨合、推进、调整，甚至需要几代幼儿园园长和教职工持之以恒的努力。

第三节　幼儿园规章制度建设

一、制定幼儿园规章制度的意义及要求

（一）制定规章制度的意义

规章制度是一个组织为了共同的目标，要求他的成员共同遵守的规则和法规，是组织正常运转的保障，它具有一定的约束力和强制性。幼儿园规章制度是科学管理幼儿园的重要保障，是幼儿园的“法”。幼儿园规章制度是为实现幼儿园丁，制定目标，对幼儿园各项工作和各类人员要求加以条理化、系统化，规定工作人员必须遵守的行为准则和工作规程。这是幼儿园在党和国家方针、政策指导下，按照保教工作规律和幼儿园实际情况，采用条文的形式，对教职员工提出的具有约束力和强制性的保证幼儿园的正常运转所必须遵守的行为准则和工作规范。幼儿园虽小，但五脏俱全，各项工作繁杂而且细致，幼儿园规章制度建立执行，使管理工作程序化、规范化、科学化。但是，如果没有规章制度的约束，

就有可能出现各种问题或工作事故，对幼儿造成不必要的伤害，影响幼儿的健康成长。

1. 保证幼儿园正常工作秩序，提高工作效率和工作质量

幼儿园与大企业相比，规模较小，但组织系统并不简单。整个幼儿园的工作种类繁多，涉及教养儿童的方方面面，而且关联性强，教育工作的周期比较长，要使各项工作都有秩序地协调运转，就必须建立各项规章制度，做到事事有章可循，人人明确职责，使各项工作常规化、制度化，有利于建立稳定的工作秩序和教育秩序，从而促进工作效率和教育质量的提高。

2. 减少工作失误和人事冲突，提高管理成效

规章制度的目的就是将幼儿园的各项工作及对各类人员的要求加以系统化、条理化，规定必须遵守的条文。幼儿园规章制度是全园教职工必须遵守的行为准则和工作规程，具有约束力和规范力。通过各项规章制度的建立和学习，使教职工知道何时该做何事，怎样做，什么行为是禁止的，什么行为是被提倡的。对于遵守规章制度的行为可以根据规章制度予以表扬，对于违反规章制度的行为予以批评和处分，使之纠正错误，使工作保持正常、有序的状态。

3. 有助于增强教职工的责任意识，建立良好的园风

贯彻规章制度的过程就是对教职工教育和训练的过程，这种外部的规范制约能逐步内化为个人自觉的意识，自觉地执行。从而形成良好的工作作风，建立良好健康的园风。合理的规章制度对建立优良组织文化具有意义，既为教育提供良好条件，本身也有教育感染作用。

（二）制定规章制度的基本要求

规章制度是指令性文件，其制定和贯彻都是一件严肃而细致的工作，不能主观臆断或草率行事，幼儿园规章制度的制定既要依据国家有关法规和政策及职能部门包括上级教育行政部门的有关规定，又必须符合以下基本要求。

1. 规章制度要具有可达性

制定规章制度，要考虑幼儿园的实际，要考虑本园的人力、物力等条件，幼儿园的背景和发展状况，制度的要求要适合现状又要略高出一步，但不能脱离幼儿园的实际，教职工经过努力能够达到，过高过低都不能发挥应有的作用。只有要求和措施恰如其分，才能切实得到贯彻执行，并行之有效。脱离实际、行之不通的规章制度，会变成一纸空文。

2. 规章制度的制定要内容明确具体，便于执行

制度是行动的准则，也是教育的手段。在制定规章制度的过程中，应明确制度的制定目的和内容要求，制度的内容要精练扼要，条文言简意赅，内涵明白准确，便于理解和记忆，便于执行，同时也便于管理者的指导工作和督促检查。

3. 规章制度的制定要有科学性

幼儿园规章制度必须是科学规范的，要体现幼儿教育工作的特点，符合教育和管理规律，规章制度要求标准要符合幼儿教师的劳动特点，符合幼儿身心发展特点，幼儿园管理者要以科学的态度制定规章制度、检验规章制度实施情况和效果。

4. 规章制度的制定要有相对的稳定性

规章制度颁布后，要保持其相对稳定，并持之以恒地坚决贯彻。要不断引导工作人员自觉遵守，养成习惯，形成传统，使之成为管理的有效手段。幼儿园规章制度不能朝令夕改，这样会使规章制度失去严肃性和约束力。当然，保证制度执行的严肃性，并不意味着规章制度一成不变，随着幼儿园的发展变化，要定期对制度进行修改完善，从而增强管理功能。

5. 规章制度的制定要有群众性

幼儿园规章制度的制定要动员全园教职工参与，让大家充分讨论，发扬民主，这样制定出的制度才符合广大教职工的利益，具有可行性。同时，通过制定过程，激发全员的积极性，增强主人翁责任感，提高执行的自觉性，实现自我管理和控制，使制度发挥教育大家的积极作用。

二、幼儿园规章制度的内容、类别及作用

（一）规章制度的内容与类别

幼儿园规章制度可分两类：一类是由国家教育行政部门制定的法规和规章制度，如《中华人民共和国教育法》《中华人民共和国教师法》《幼儿园教育指导纲要》《幼儿园管理条例》《幼儿园工作规程》以及地方部门制定的行政法规、规章各级政府宏观管理幼教机构的法令法规，是国家管理幼儿园的根本依据，对幼儿园工作起指导作用；另一类是幼儿园结合本园实际自行制定的规章制度，主要包括全园性制度、部门性制度、幼儿园各类岗位责任制度、考核奖励制度等。我们重点谈幼儿园自定的规章制度。

1. 全园性规章制度

这是幼儿园各类人员都必须遵守的规章制度，可以发挥组织指导集体活动，统一各类人员行为的作用。包括教职工考勤制度、监督制度、交接班制度、值班制度、学习制度、档案管理制度、收托幼儿制度、接送幼儿制度、安全制度、家长联系制度等，是全体教职工必须遵守的制度。

2. 部门性规章制度

这是明确各部门工作任务和职责的制度，对幼儿园的科学管理起重要作用。

（1）保教部门的教研制度

保教部门的教研制度主要是规范幼儿园的教学和科研工作，教研制度应该包括教研工作的组织结构及活动规定。具体内容应包括保教质量检查制度、教学研究活动制度、备课制度、教学计划和记录制度、生活常规检查制度、幼儿园课外活动制度等。

（2）卫生保健部门的制度

卫生保健部门的制度包括幼儿的生活作息制度、体格锻炼制度、健康检查制度、卫生防疫制度、伙食营养制度、卫生保健登记制度。

（3）总务部门的规章制度

总务部门的规章制度包括财务制度、财产管理制度、物资采购与验收制度、伙食管理制度、门卫制度等。

3. 岗位责任制

岗位责任制是幼儿园各项规章制度的核心。岗位责任制通过明确的规定，使每个工作岗位上的人员的职责明晰化，并将它落实到具体的负责人的一种制度，应包括工作任务、内容、方法和质量要求。幼儿园岗位责任制明确规定各类人员的职责范围和质量要求。岗位责任制起着明确职责，调整和处理岗位之间的职务、责任、权利等关系的作用，建立岗位责任制的目的是使教职工能够在其位、行其事、尽其责。例如，园长职责、保教主任职责、教师职责、保育员职责、保健员、炊事员、财会人员、总务人员、门卫等各类人员的职责。岗位责任制的建立和执行使幼儿园工作纳入规范科学管理轨道，提高工作效率。

4. 考核与奖惩制度

幼儿园要定期对全园工作人员进行考核，并依据考核结果给予奖惩。考核和奖惩要形成制度，以保证其他规章制度的贯彻执行，防止规章制度流于形式，奖惩制度与岗位责任制密切相关，也可将奖惩制度与工资福利挂钩，以体现制度的严肃性和有效性，同时激励工作人员努力工作。

（二）规章制度的作用

幼儿园规章制度是科学管理幼儿园的重要保证。具体来说，规章制度的作用体现在以下四个方面。

一是对教职员工的行为起到制约作用。规章制度是管理的关键环节，保证正常的保教工作秩序，通过规章制度的建立和执行，可以使每名教职员工明确什么时间做什么，哪些事情该做，哪些事情是不该做的，做到有章可循、有法可依，各类人员各负其责，各司其职。

二是对统一教职员工的思想认识，培养其组织纪律性、养成良好行为习惯和形成道德风尚，形成良好的园风、园纪有积极的保障作用，也有助于增强教职工的责任感，培养良好的工作作风。合理的规章制度对于建立优良的幼儿园文化具有重要的意义。

三是有利于将教职工的积极性纳入科学的管理轨道，使幼儿园工作正常运转，提高管理成效，保证完成保教任务。

四是对幼儿园的管理起到依法治园的作用，幼儿园的规章制度属于法制范畴，是更具体的行为规范。

小提示

制度是行为和活动的准则，要使制度具有实际意义，真正成为有效的管理手段，就要重视制度的执行，在执行制度时要注意以下问题。

（一）反复、广泛宣传制度，使制度深入人心

幼儿园要采用多种形式、多种渠道向全园教职工进行规章制度的宣传教育，使全院教职工理解和掌握各项工作的内容要求，同时反复讲解引导教职工是非观念和自我调控能力，在幼儿园形成一定的舆论，提高教师的认识水平和遵照执行责任感，切不可流于形式。

例如，在幼儿园开学和学期结束时，幼儿园组织教职员工学习规章制度，奖励遵守规章制度的优秀员工，使大家形成遵守规章制度的习惯，以保证幼儿园的管理工作的进展。

（二）严格要求、督促检查，注意制度执行的严肃性

要使规章制度真正体现其约束力和强制性，必须注意执行制度的严肃性，要严格要求，认真督促检查，要将检查和奖惩结合起来，可以定期或不定期依据制度逐项检查，表扬执行制度好的方面和人，批评和处罚执行制度不力及违反制度的人和事。做到赏罚分明，奖优罚劣，建立良好的工作秩序，不断提高工作效果和保教质量。

（三）制度面前人人平等

园领导必须以身作则，带头严格执行制度，为教职工起到榜样和示范作用，作出表率，发挥人格的影响作用。要坚持执行制度的一贯性、一致性，做到有章可循，避免因人而异，前紧后松，制度面前人人平等，这是执行制度的关键。

（资料来源：https://www.12371.cn/2019/12/12/ARTI1576100719577696.shtml）

思政之窗

幼儿园是学前儿童学习生活的摇篮，我们要想学前儿童事业能得到更好、更长远的发展，就必须加强幼儿园的建设，这是经济发展、社会需要和谐稳定发展的需求，也是保障学前儿童自身能健康成长的需求。有需要、有需求就要有发展、有改变，我们在探索如何加强幼儿园建设的时候必须注意提高幼儿教师的自身专业技术水平和综合实践能力，重视师幼的关系和谐，注重优化办学环境。

练习思考

一、单选题

1. 幼儿园教育管理工作是整个管理的核心，其最大的特点是（　　）。

A. 保教结合　　B. 以人为本

C. 幼儿教育和为家长服务　　D. 保护幼儿的权利

2. 具有复杂多样性特点的幼儿园管理方法是（　　）。

A. 行政方法　　B. 经济方法

C. 思想政治教育方法　　D. 法律方法

3. 热爱幼教事业，热爱孩子，有耐心，是幼儿园教师必须具备的（　　）。

A. 政治素质　　B. 道德素质　　C. 业务素质　　D. 身体素质

二、多选题

1. 幼儿园的人、财、物是幼儿园的物质资源，这是管理的基本要素，是有形的管理对象。除了以上三种资源，还包括（　　）资源。

A. 人力　　B. 财力　　C. 时间　　D. 信息

2. 小型幼儿园区别于中大型幼儿园的显著特点是（　　）。

A. 机构设置简单化　　B. 机构设置复杂化

C. 人员兼职化　　D. 精简化

第四章 控制职能与幼儿园管理评价

学习目标

知识目标

◎ 了解控制职能、控制、幼儿园管理评价的概念。
◎ 了解控制要达成什么目标，有何类型。
◎ 了解幼儿园管理评价的类型。
◎ 了解幼儿园管理评价的功能。

能力目标

◎ 举例说明幼儿园管理评价应遵从哪些原则。
◎ 结合幼儿园某一管理工作举例说明评价的方法和步骤。

素质目标

◎ 激发对幼儿园管理的兴趣与求知欲。
◎ 具备管理职能，能够遵守规章制度。

思政目标

幼儿园教学评价可以帮助教育机构及教师发现自身的不足之处，从而采取措施进行改进。教师需要加强自身职业素养，能够认真地参与幼儿教育工作。

第一节　控制职能的概述

一、控制的含义、目标与类型

（一）控制的含义

“控制”一词最初来源于希腊语“掌舵术”，意指领航者通过发号施令将偏离航线的船只拉回到正常的轨道上来。由此说明维持朝向目的地的航向，或者维持达成目标的正确行动路线，是控制概念的最核心含义。

在管理过程中，控制是指按照既定目标和标准，对组织活动进行监督、测量，发现偏差并分析原因，采取措施使组织活动符合既定要求的过程。

把握控制的概念，必须注意以下问题：

（1）控制是一项有目的的管理活动，即防止问题的发生，确保计划的执行和组织目标的达成。

（2）控制是通过“监督”和“纠偏”来实现的。

（3）控制是一个过程，即发现问题、分析问题和解决问题的过程。

（二）控制的目标

1. 限制偏差的累积，“维持现状”

通过控制工作，随时将计划的执行结果与标准进行比较，若发现有超过计划允许范围的偏差时，则及时采取必要的纠正措施，以实现组织的既定目标。

2. 适应环境的变化，“打破现状”

通过控制工作，及时根据内外部环境变化对组织提出新的要求、新的计划和目标。

通过控制，所要达成的目标可见图 4–1。

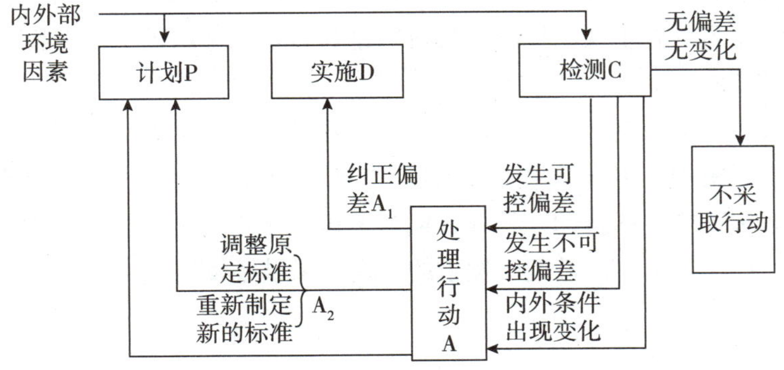

图 4–1　控制目标示意图

管理控制通过其“纠偏”功能（A_1），使计划执行中的偏差得以防止或缩小，从而确保组织的稳定运行。

通过其“调适”功能（A_2），积极调整原定标准或重新制定新的标准，以确保组织对内外运行环境的适应性。

（三）控制的类型

1. 按控制信息获取的时间进行分类

根据控制信息获取的方式和时间不同可将管理控制划分为三种类型：

前馈控制（预先控制、事先控制）；现场控制（同期控制、过程控制）；反馈控制（事后控制、成果控制），见图 4-2。

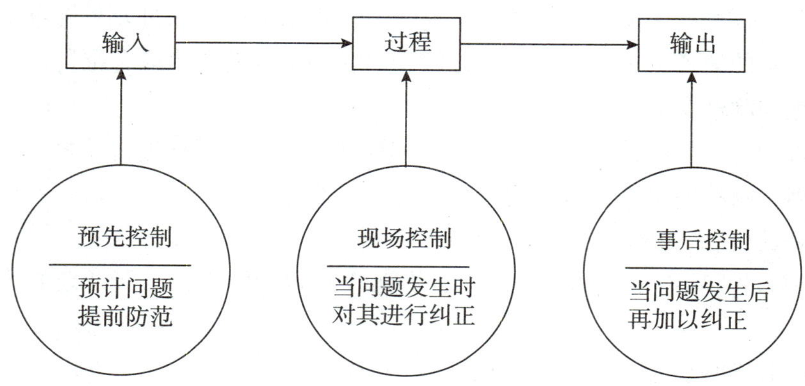

图 4-2　预先控制、现场控制与事后控制

（1）预先控制

预先控制又称前馈控制或事前控制、事先控制，它是在某项工作开始之前进行的控制，即根据以前的经验教训或科学分析，在工作开始之前，对工作中可能产生的偏差进行预测和估计并采取防范措施，以保证计划和目标的实现。例如，入学教育、岗前培训等属于预先控制。其目的是防患于未然，将可能的事故消灭于产生之前。

（2）现场控制

现场控制又称同期控制或事中控制、过程控制、即时控制，它是管理者对正在进行的活动给予指导与监督，以保证活动按规定的政策、程序和方法进行。例如，现场巡视、巡检、抽查、课堂点名等属于现场控制。其目的是及时发现并纠正工作中出现的问题。

（3）事后控制

事后控制又称反馈控制、成果控制，是在工作结束或行为发生之后进行的控制。事后控制把注意力主要集中在工作结果上，通过对工作结果进行测量比较和分析，查明原因，采取措施，进而矫正今后的行动。例如，期末考试、年终考评、违纪处理等均属于事后控制。其目的是“亡羊补牢”，避免已发生的不良后果继续发展或防止其再度发生。

案例分享

扁鹊答魏文王

魏文王问名医扁鹊："你们家兄弟三人，都精于医术，到底哪一位医术最好呢？"扁鹊回答说："大哥最好，二哥次之，我最差。"文王再问："那么为什么你最出名呢？"扁鹊答说："我大哥治病，是治病于病情发作之前。由于一般人不知道他事先能解决病因，所以他的名气无法传出去，只有我们家里的人才知道。我二哥治病，是治病于病情刚刚发作之时。一般人以为他只能治轻微的小病，所以他只在我们的村子里才小有名气。而我治病，是治病于病情严重之时。一般人看见的都是我在经脉上穿针管来放血、在皮肤上敷药等大手术，所以他们以为我的医术最高明，因此名气响遍全国。"文王连连点头称道："你说得好极了。"

启示：事后控制不如事中控制，事中控制不如事前控制。可惜大多数管理者未能体会到这一点，等到错误的决策造成了重大的损失时才寻求弥补，常常是亡羊补牢，为时已晚。

2. 按控制的目的进行分类

（1）负馈控制

传统意义上的控制概念，是按照计划标准衡量所取得的成果，并纠正所发生的偏差，以确保计划目标的实现。这种旨在纠正偏差的控制，简称为"纠偏"。

（2）正馈控制

指根据情况变化对原定的控制标准和目标做适当的调整和修改，以便把不符合客观需要的活动拉回到正确的轨道上来。这种引致控制标准和目标发生调整的行动，简称"调适"。

完整的控制包括"纠偏"和"调适"两个方面。

3. 按控制力量的来源进行分类

（1）外在控制

外在控制是指一个单位或个人的工作目标和标准的制定，以及为了保证目标和标准的顺利实现而开展的控制工作，是由其他单位或个人来承担，自己只负责检测、发现问题和报告偏差。例如，上级主管的行政命令监督、组织程序规则的制约等，都是外在强加的控制。

（2）内在控制

不是"他人"控制，既不是来自上级主管的"人治"，也不是来自程序规则的"法治"，而是一种自动控制或自我控制，即"自治"。自我控制的单位或个人，不仅能自己检测、发现问题，还能自己定标准并采取行动纠正偏差。

4. 按控制方式进行分类

（1）直接控制

直接控制是指把控制的注意力放在工作人员上。它基于这样的假设：计划实施的结果取决于执行计划的人，因此注重通过提高人员素质来确保计划目标的实现。

（2）间接控制

间接控制是把控制的着眼点从“人”转到“事”上。通常倡导的“对事不对人”原则，就是强调要更多地使用间接控制方式。

二、控制的作用和特点

管理工作为什么需要控制？主要是因为如下因素：环境的变化、管理权力的分散和教职员工工作能力的差异。如果不加以控制，就有可能出现以下情况：1%的错误导致100%的失败，“差一点，差很多”。即所谓“千里之堤，溃于蚁穴”，细节决定成败。

（一）控制的作用

任何组织、任何活动都需要进行控制。控制工作与其他三个职能紧密地结合在一起，控制可以说既是一个管理工作过程的终结，又是一个新的管理工作过程的开始。其作用体现在以下两个方面。

一是控制工作起着执行和完成计划的保障作用以及在管理控制中产生新的计划、新的目标和新的控制标准的作用。没有控制，计划没有保证；没有计划，控制没有标准。

二是减轻环境不确定性对组织活动的影响，使复杂的组织活动能够协调一致地运作，避免和减少管理失误造成的损失。

（二）控制的基本特点

1. 目的性

控制无论是着眼于纠正执行中的偏差还是适应环境的变化，都是紧紧地围绕组织的目标进行的。与其他管理工作一样，控制工作也具有明确的目的性特征。

2. 整体性

控制的整体性特点体现控制的对象覆盖组织活动的各个方面，包括人、财、物、时间、信息资源等。

3. 动态性

组织的外部环境和内部条件随时都在发生着变化，从而决定了控制标准和方法不可能固定不变。

4. 人本性

控制本质上是由人来执行而且主要是对人的行为的一种控制。管理控制应该成为提高教职员工工作能力的工具，控制不仅仅是监督，更重要的是指导和帮助。

三、控制过程

不管何种类型的控制，一般都包括三个基本步骤：确定控制标准—对照标准衡量实际工作成效—纠正偏差。管理控制过程可见图4-3。

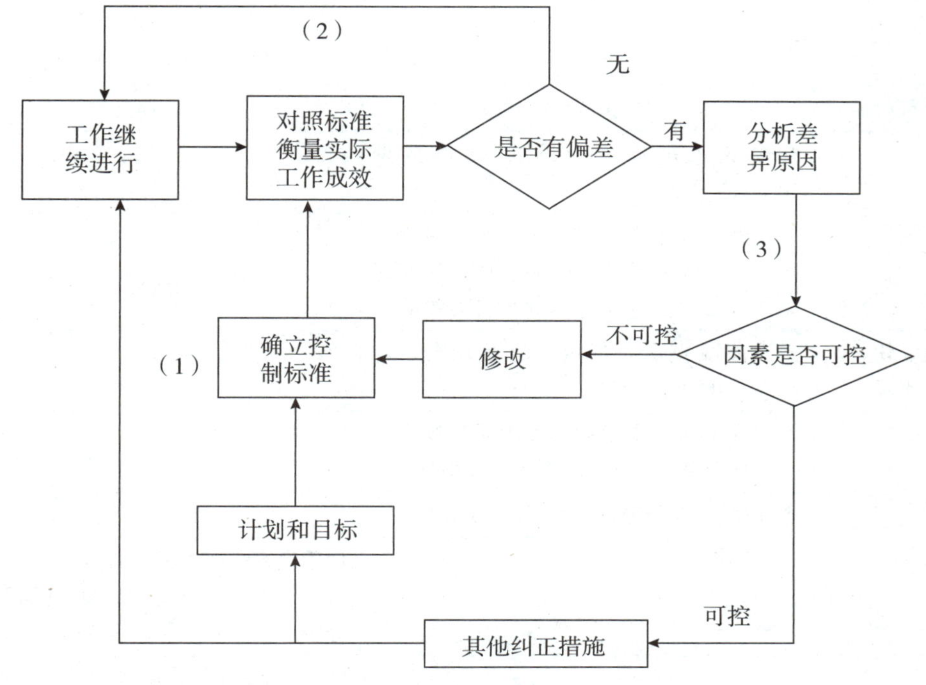

图 4-3　管理控制过程示意图

（一）确定控制标准

1. 确定控制对象，选择控制重点（关键控制点）

标准的具体内容涉及需要控制的对象。我们没有必要对所有活动进行控制，只能选择若干关键环节作为重点控制对象。关键控制点的“关键性”在于该因素对整个运作过程及其结果的影响大小。

2. 制定控制标准

标准是衡量实际工作或预期工作成果的尺度。计划和目标是控制的总标准。标准有定量标准（数字化）和定性标准（描述性）两类。确定标准的要求如下。

（1）明确性：如使用数值，允许偏差等。

（2）适用性：标准的水平高低恰当。

（3）稳定性：标准持续较长时期。

（4）参与性：调动下级员工积极参与。

（5）可操作性：具有可考核性。

案例分享

在幼儿园保教工作中，消毒工作标准的制定是幼儿园管理控制标准的典型体现，是规范幼儿园保育工作的依据。2012 年，卫计委印发的《托儿所幼儿园卫生保健工作规范》据此作出明确要求。见表 4-1。

表 4-1 托幼机构环境和物品预防性消毒方法

消毒对象	物理消毒方法	化学消毒方法
空气	开窗通风每日至少 2 次，每次至少 10 ～ 15 分钟	
	采用紫外线杀菌灯进行照射消毒每日 1 次，每次持续照射时间 60 分钟，按照每立方米 1.5 瓦计算紫外线杀菌灯需要量	
餐具、炊具、水杯	煮沸消毒 15 分钟或蒸汽消毒 10 分钟，水沸后开始计算时间	
毛巾类织物	用洗涤剂清洗干净后，置阳光直接照射下暴晒干燥，暴晒时间不低于 6 小时	
	煮沸消毒 15 分钟或蒸汽消毒 10 分钟	
		使用次氯酸钠类消毒剂消毒，浓度为有效氯 250 ～ 400mg/L，浸泡消毒 20 分钟
抹布	煮沸消毒 15 分钟或蒸汽消毒 10 分钟	使用次氯酸钠类消毒剂消毒，浓度为有效氯 400mg/L，浸泡消毒 20 分钟
餐桌、床围栏、门把手、水龙头等物体表面		使用次氯酸钠类消毒剂消毒，浓度为有效氯 100 ～ 250mg/L，浸泡消毒 10 ～ 30 分钟
玩具、图书	每两周至少通风晾晒 1 次，暴晒时间不低于 6 小时	
		使用次氯酸钠类消毒剂消毒，根据污染情况，每周至少消毒 1 次，浓度为有效氯 100 ～ 250mg/L，表面擦拭或浸泡消毒 10 ～ 30 分钟
便盆、坐便器与皮肤接触部位、盛装吐泻物的容器		使用次氯酸钠类消毒剂消毒，浓度为有效氯 400 ～ 700mg/L，浸泡或擦拭消毒 30 分钟
体温计		使用 75%～ 80% 的乙醇溶液、浸泡消毒 3 ～ 5 分钟

（资料来源：https://max.book118.com/html/2018/1102/5341212140001324.shtm）

（二）测定和评价工作成效，对照标准衡量工作成效

对照标准衡量工作成效是指控制过程中将实际工作情况与预先确定好的控制标准进行比较，找出实际业绩与控制标准之间的差异，以便找出组织目标和计划在实施过程中的问题，对实际工作做出正确的评估。具体步骤包括：一是测定或预测实际工作成绩，获取实际工作绩效的信息；二是将实绩与标准进行比较。

1. 获取实际工作绩效的信息

（1）获取实际工作绩效信息的要求

获取有关实际工作绩效的信息需要明确衡量什么、如何衡量、间隔多长时间进行衡量和由谁来衡量等问题。

（2）获得实际工作绩效信息的四种方法

①亲自观察法。通过个人的亲自观察，管理者可亲眼看到保教工作现场的实际情况，还可以与工作人员现场谈话来了解工作进展及存在的问题，进而获得真实而全面的控制信息。

②抽样调查，利用报表、调查问卷等了解保教工作状况。

③口头报告，通过口头汇报、报告等介绍保教工作状况。

④召开会议，在会议中以书面报告等形式汇报保教工作状况。几种方法的优缺点可见表 4–2。

表 4–2　获取信息的方法比较分析表

途径	优点	缺点
个人观察	获得第一手资料；信息没有过滤；工作活动的范围集中	受个人偏见影响；浪费时间；影响别人的工作
统计报告	直观化；有效地显示数据间的关系	提供的信息有限；忽略了主观方面的因素
口头报告	获得信息快捷；了解深层次的原因	信息被过滤；信息不能存档
书面报告	全面正式；易于存档和查找	需要更多的准备时间

2. 将实绩与标准进行比较，对实际工作成效进行分析评估

通过各种途径了解实际工作结果后，就可以将之与标准进行比较评估：实际与计划之间有无偏差？偏差的大小？偏差是否超出了允许的范围？并非所有偏离标准的情况均需作为“问题”来处理，应有“容限”，即准许偏差存在的上限与下限范围。比如，某幼儿园对保育员的考勤及其他要求，即有容限要求，在容限范围内，可予以提醒，不处罚（见表 4–3）。

表 4–3　“容限”举例

标准	容限
全勤	每个月准许请假 2 天
上午 8：00 开始工作	迟到不得超过 5 分钟
工作场所表面皆擦拭清洁	显见微疵以 2 个为限

（三）分析原因与采取措施

通过衡量工作成效发现实施过程中出现偏离标准的现象时，要及时分析问题，了解偏差产生的原因，提出解决问题的对策。

1. 对偏差及其原因进行分析

偏差是实际情况与计划或标准之间的差距。一般来说，导致产生偏差的原因不外乎三种：其一是计划或标准本身是基于错误的假设和预测，因而本身就不科学、不合理；其二是组织内部因素的变化，如工作不力、人员工作懈怠等；其三是组织外部环境的变化，如宏观因素的调整变化等。

“鱼骨图”是一种分析偏差产生原因的方法，可见图 4–4。幼儿园管理可借鉴此方法，对保教工作中的偏差原因予以全面分析。

想一想

幼儿园为什么不能充分保障幼儿游戏的机会？

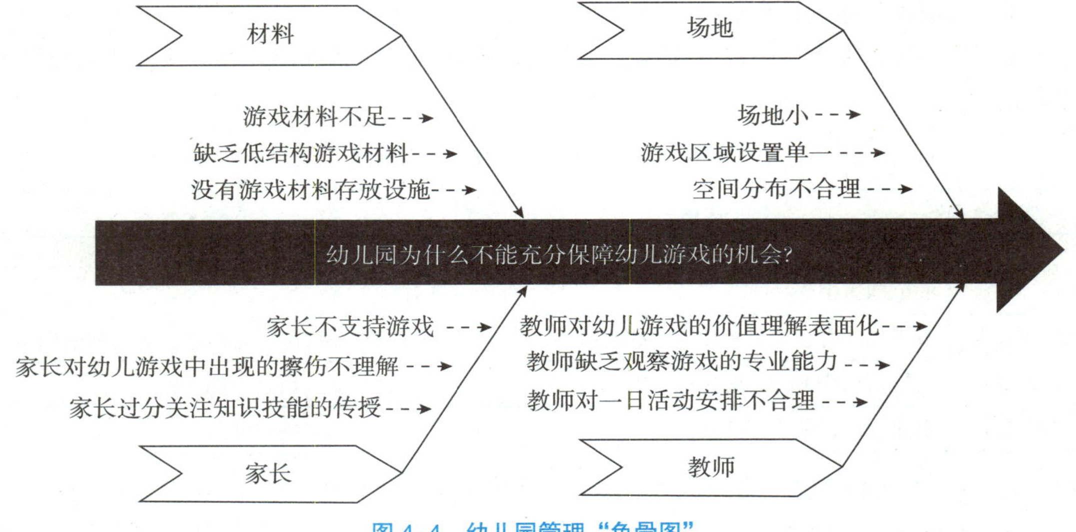

图 4–4　幼儿园管理“鱼骨图”

请分析：

除了上述原因，你认为还有哪些原因?

2. 选择恰当的纠偏措施

针对产生偏差的主要原因，可制订改进工作或调整计划与标准的纠正方案。

（1）改进工作绩效

如果分析表明，偏差是源于实际工作绩效的不足，则管理者就应该采取纠正行动，努力提高工作绩效。

（2）修订标准

工作中的偏差有时也可能源于不切实际的标准。因为标准定得过高或过低，即使其他因素都发挥正常，偏差也难以避免。此时就要修订标准。

3. 纠正偏差过程中应注意的问题

（1）不要轻易地更改计划尤其是降低标准

在修订标准的问题上应该慎之又慎，除非原有计划和控制标准的制定是草率的或是导致偏差的原因是无法控制的，除了修订标准之外别无他法，否则就不要轻易修订标准。

（2）对事不对人

纠偏的目的在于找出原因，解决问题防止再偏。当两个以上不同的人在同一个地方出现同一差错，那一定不是人有问题，而是让他们出差错的“路”有问题。此时，作为问题的管理者，最重要的工作不是管人——要求他们不要重犯错误，而是修“路”。这就是对事不对人。

（3）要有针对性

针对原因纠偏，主要原因要重点对待。一定要在确定偏差产生的真正原因之后再针对原因采取纠偏措施，做到有的放矢、“打蛇打七寸”。

第二节　幼儿园管理评价概要

一、了解幼儿园管理评价

（一）幼儿园管理评价的含义

幼儿园管理评价是教育评价的组成部分，是依据幼儿园管理目标，有目的、有计划、有组织地对幼儿园内各方面工作进行深入调查，在系统描述工作现状基础上作出价值判断的过程。评价是学前教育的有机组成部分，也是幼儿园管理的重要内容和手段。

（二）幼儿园管理评价的特点

1. 过程性

幼儿园管理评价不是一蹴而就的一个瞬间，而是一系列活动的过程。包含目标或标准的确定、资料信息的收集、分析资料、形成判断、指导行动等环节。

2. 科学性

幼儿园管理评价的活动过程不是盲目的，而是在明确目的和详尽计划指导下逐步展开的。

3. 价值性

幼儿园管理评价关键在于作出价值判断，而不能评而不断。因此，应通过调查研究收集工作状态的信息，并在此基础上作出价值判断：评价＝事实判断＋价值判断。

4. 统一性

评价者和被评价者不是相互对立、相互分离的，而是统一体。在实际工作中，很多情况下，被评价者就是评价者自身。

二、幼儿园管理评价的作用及类型

（一）管理评价作用

客观有效的评价是改进幼儿园各项工作的客观依据，也是衡量幼儿园改革成果的重要指标，对于维持幼儿园正常运转，提高管理效率，提高保教质量起着举足轻重的作用。如果不能评价，就不能控制；如果不能控制，就不能管理；如果不能管理，就意味着提高成为泡影。

1. 鉴定作用

鉴定作用是指评价在认定和判断评价对象合格与否、优劣程度、水平高低等实际价值的功效和能力，如评优评先、资格审查、区分等级等。“鉴定”首先是“鉴”，通过仔细审查评价对象，才能给出“定”论。比如，在幼儿园示范园等级验收评定中，根据评价结果，公布合格园所的名单，并颁发鉴定合格证书，就是发挥了其鉴定功能。

鉴定功能是幼儿园管理评价的基本功能，其他功能是在科学鉴定的基础上实现的。鉴定只是幼儿园管理评价的功能之一，而不是终极目的。评价的根本目的在于改进和提高学前教育管理工作的质量，而不是单单为了区分出优劣高下，否则只会增加教职员工的工作负担和心理负担，产生消极影响。

2. 导向作用

幼儿园管理评价的导向功能，是指评价本身具有引导工作朝着理想目标前进的功效和能力，这是由评价标准的方向性决定的。幼儿园全部工作都是为了提高保教质量，通过评价的导向作用，可以引导保教活动朝正确的方向发展。例如，在当前幼儿园工作中尚存在重教轻保、重教学轻游戏等片面倾向。这种倾向严重地影响幼儿身心健康和谐发展，也妨碍了教育目标的实现。因此，通过评价标准的引导，可以使学前教育机构管理者和教职工端正办园理念，树立正确的教育价值观，纠正偏差做法，从而克服上述倾向。

3. 激励作用

幼儿园管理评价的激励作用是指合理运用教育评价，能激发和维持教职员工积极工作的内在动力，调动教职员工的内部潜力，提高其工作的积极性和创造性，从而达到教育管理的目的。激励功能是鉴定的必然结果，它也包括对后进单位与个人的督促。这是因为在被评价对象比较多的情况下，这种不同的等级会使个人与个人、单位与单位之间进行不自觉的比较。这对被评价对象来说是一个积极的刺激和有力的推动。

要发挥这种激励作用，应注意评价指标不可过高或过低，过高或过低都不利于积极性的调动，最适宜的指标应定在大多数被评价对象经过努力能够达到的程度，因此必须将结果评价、过程评价和增值评价有机地结合起来。如评价一位原来各方面表现都比较差，经过努力，取得了较大进步的幼儿教师时，应特别注意三者的结合，既要看到她当前的业绩又要看到她初始的基础，还要看到她个人主观努力的过程，应予以较为客观的评价。只有公平、合理、客观、科学的评价，才能真正起到激励作用。

4. 诊断作用

幼儿园管理评价的诊断作用是指评价对工作的成效、矛盾和问题作出判断的能力。科学的评价过程需要评价者利用观察、问卷、测验等手段，收集被评价者的有关资料并进行严格的分析，它能够根据评价标准作出价值判断，分析出或者说出、诊断出教育活动中哪些部分或环节做得好，应加以保持和提高，同时也能指出哪些地方存在问题，找出原因，再针对这些原因提出改进途径和措施的过程。学前教育管理评价过程就如同看病就医一样，只有经过科学的诊断才能“对症下药”。

5. 调节作用

幼儿园管理评价的调节作用是指评价对学前教育各项工作和活动具有调节的功效和能力，为下一步工作提供依据。这种功能表现在两个方面。一是调节目标及进程。例如，通过评价，评价者认为被评价者已达到目标并能达到更高目标时，就会将目标调高，将进程相对调快；认为被评价者几乎没有可能达到目标时，就会将目标调低，将进程相对调慢，使之符合被评价者的实际。总之，让其在不同水平上朝目标前进，以免发生达到目标者停滞不前、达不到目标者沮丧气馁的情况。二是通过评价了解自己的优势和劣势、长处和短处，明确努力方向及改进措施，以实现自我调节。

（二）管理评价类型

根据不同的分类标准，幼儿园管理评价也可以划分为不同的类型。

1. 整体评价与局部评价

按评价内容所涉及的范围可以划分为整体评价和局部评价。

（1）整体评价

整体评价所涉及的现象、事物范围较大，如某省开展省级示范园检查活动，对涉及幼儿园管理的方方面面予以检查评定。

（2）局部评价

局部评价是指对幼儿园内部某个部分进行评价，如某幼儿园卫生保健工作检查评价、总务工作检查评价等。

2. 诊断性评价、形成性评价和终结性评价

根据评价的功能可以划分为诊断性评价、形成性评价和终结性评价。

（1）诊断性评价

诊断性评价指在某项工作开始前进行的摸底评价。此种评价好比医生在开药方之前先要诊断病情，因此具有预测性，主要是了解现状，发现问题，为有针对性地开展具体工作奠定基础，是制定规章制度、确定工作计划的前提。

（2）形成性评价

形成性评价是在工作执行过程中进行的评价，又称为“过程性评价”。根据工作目标

来检验工作绩效，从而了解管理工作的动态发展过程，以便及时调整改进工作状况。

（3）终结性评价

终结性评价是工作进行到一定阶段或完成某一阶段性任务后的评价。此种评价方式需要对工作进行全面了解，对达标情况进行结果性判断，肯定成绩、总结经验、发现问题、明确方向，为下一阶段工作调整和改进提供参考性信息。

3. 相对评价、绝对评价和自身差异评价

按照评价参照体系与评价内容之间的关系，可以将其分为相对评价、绝对评价、自身差异评价。

（1）相对评价

相对评价是在被评价对象的群体中建立某一基准，然后把该群体中的各个对象逐一与基准进行比较，以判断该群体中每一成员的相对优势。比如对某地市的幼儿园进行评价时，将其中某一个省级示范园作为示范基准，其他园逐一与其进行比较，评价每所幼儿园的硬件环境、师资队伍、保教质量、卫生保健、总务后勤等工作绩效，以此来判断哪所幼儿园办园质量最接近示范园水平，哪所幼儿园距离示范园最远。通过相对评价来评比示范园，比简单套用绝对评价指标更具有操作性和实用性，从而更好地发挥示范园的辐射、带动作用。

（2）绝对评价

绝对评价是指以既定指标为参照，判断评价内容是否达标的评价方式，其评价指标比较客观，不受总体水平、因素影响。如省市幼儿园分级分类评价验收工作。

（3）自身差异评价

自身差异评价是指将某一评价内容的现在和过去进行比较，以判断其发展、变化的评价方式。此种评价的参照系不是外在的，而是自身，多用于幼儿园内部自我评价和总结。

4. 自我评价与他人评价

根据评价主体可以划分为自我评价和他人评价。

（1）自我评价

自我评价的评价主体是自身，如教研组进行集体教研，并总结评价本周保教工作开展情况。此种评价较容易展开，评价压力不是很大，因此可以成为常规性管理工作内容之一。

（2）他人评价

他人评价是指除自身之外的组织和个人进行的评价，如督导评价，专家、同行评价，领导视察评价，社会评价等。此种评价专业性相对强一些，更加规范，但组织起来往往较为复杂，耗费资源较多。

总之，每种评价方式都有各自的优缺点，单独使用某一种评价方式有可能造成偏差，因此，应该在尊重客观事实的前提下，注重多种评价方式的结合运用，以期更好地发挥评价的正向功能，从而提高保教质量，提升管理绩效。

第三节　幼儿园管理评价实施

一、幼儿园管理评价的内容与原则

（一）管理评价的内容

保教、总务和卫生保健是幼儿园保教过程的基本工作，为确保幼儿园保教工作质量，需明确其管理评价内容，如图 4–5 所示。

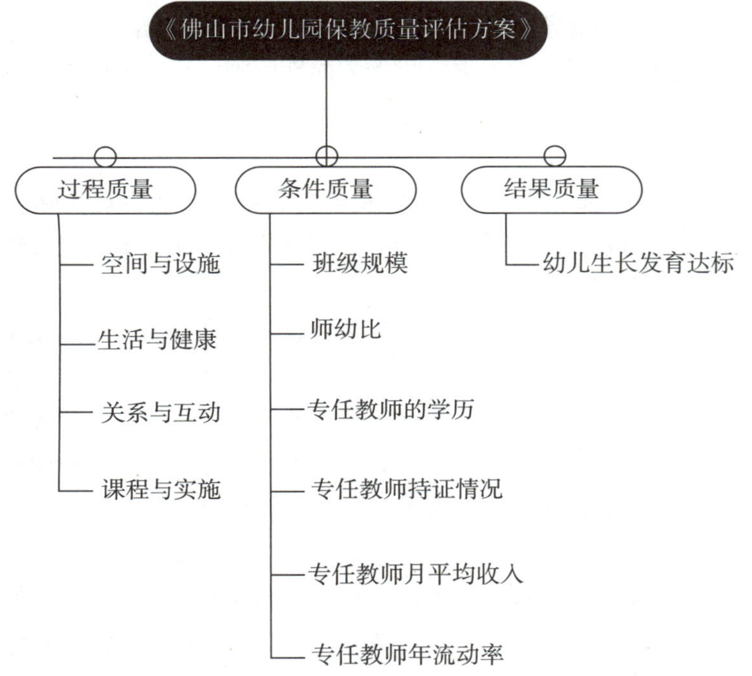

图 4–5　幼儿园保教质量评估体系

1. 保教工作评价

保教工作是幼儿园工作的中心，包括保教管理过程、教养秩序建立、教师一日生活活动组织、环境创设、教学与游戏的开展等。对保教质量的评价也是在对保教人员工作状况的考察与检验，反映出幼儿园保教工作管理的成效。同时，通过对课程的评价，即对课程目标、课程内容和运行过程方法、保教活动等的评价，可以对课程实施进行检核，从而为课程决策提供依据。

2. 总务工作评价

总务工作在学前教育管理工作中属于“杂务”，事无巨细，面广事多，涉及机构内人、财、物的协调搭配，包括物质条件改善、财物财产管理、设备维修保养、档案建设、改善教职工福利等，其任务是为保教工作提供一切保证与服务。

3. 卫生保健工作评价

卫生保健工作对于学前教育来说具有特殊的意义，充分体现幼儿园保教结合的原则和特色。卫生保健工作评价涉及一日生活常规的安排、合理的营养膳食、体检制度的制定与落实、疾病的防控等。

（二）幼儿园管理评价的原则

幼儿园管理评价应遵循科学原则的指导，才能有利于评价正向功能的高效发挥。幼儿园管理评价应遵循以下原则。

1. 方向性原则

评价必须在正确目标指导下去实施，因此要坚持社会主义办园方向，践行为党育人，为国育才使命，树立科学评价导向；要坚持国家的教育方针，满足个体和社会发展的需要，保证各项活动沿着良性、健康方向发展。贯彻方向性原则，最重要的是在确定评价标准和评价目标时，以正确的教育观、价值观、质量观为指导，以相关的教育政策法规为依据。

2. 科学性原则

评价要符合幼儿园管理工作规律，以客观事实为依据，从客观实际出发获取真实信息，并依据科学标准，对各项工作的过程和结果进行分析判断，不能仅凭想象或猜测而主观臆断。

贯彻科学性原则，首先，要求评价指标必须符合评价的目的，如实反映保教质量、幼儿发展、办园效益等本质特征。其次，评价标准要合适，评价者能理解其确切含义，能够克服主观随意性和感情因素的影响，做出准确客观的评价。最后，评价方法应简便易行，切合学前教育的实际，采用多种评价方法，如深入现场、综合采用多种调查手段、个案研究、自我报告等，这样才能使收集的信息更全面，评价结论更可靠。

3. 可行性原则

评价的可行性原则是指在保证正确方向和科学、客观的前提下，尽量使评价过程简便易行。评价过于繁杂，会带来人力物力的浪费和评价对象的负担，从而降低评价的实际功效。因此，应因地、因人、因事制宜，考虑本园工作条件与客观现实，选择适当的评价标准和评价方法。

4. 激励性原则

评价的激励性原则是指评价应促使幼儿园教职员工形成继续努力的工作动机，或在后续工作中克服不足之处，增强提高活动效果的心理状态。贯彻激励性原则，首先，要使教育评价过程及其结果客观、公正、准确。其次，制定评价标准要从工作实际出发，充分考虑评价对象的客观环境和条件，不要过高或过低。最后，要求评价的实施者要密切注意教职员工的心理状态，了解并尊重教职员工的意见，注重评价过程中教职员工的参与性和民主性，以发挥教职工的主观能动性，促进其自我调整与改进，形成自我发展的动力。

5. 实效性原则

评价的实效性原则是指评价要有实际功效，即有指导实际、改进工作的作用。评价作为一种特殊的管理手段，目的主要是改进工作，促进发展，以评促建，而不是为了评价而评价。评价活动如果不能帮助管理者和教职员工找出工作或管理中的问题，并对其改进提出有价值的帮助，那么这种评价就没有实效。因此，要充分发挥评价的引导、诊断、改进和激励功能，注重过程、发展性评估，通过评价和后续的反馈指导，使优者更优，后进者迎头赶上，实现共同进步，才能有效提高园所保教质量，实现幼儿园管理质量呈螺旋式上升。

二、幼儿园管理评价的方法与步骤

幼儿园管理评价方法和步骤是否恰当，对于能否取得真实、可靠的资料，作出客观准确的分析，起着关键作用。

（一）评价的方法

1. 实地观测

实地观测是深入实地和现场，对评价对象进行深入考察的评价方式。通过实地观测，可以观察到现实发生的现象或行为，能够整体把握现状，而且也可以深入了解现场，收集到一些细节性的信息。实地观测包括自然观测和情景观测两种方式。

自然观测是在自然状态下对幼儿园管理水平、保教质量、总务后勤工作等进行观察，了解情况，收集资料和信息的方法。如幼儿园管理者每日的“转班”，事先不通知教师，也不需要其事先作准备，随时了解幼儿园一日保教活动情况。情景观测是在一定情景或条件下进行的观察。如“同行听课”，预先通知教师听课时间，允许教师事先作好准备的一种教学评价方式。

2. 访谈法

访谈法是与相关人员进行访谈，从而获得信息的评价方式。包括结构型访谈和非结构型访谈。前者在程序设计和问题设计方面的要求较为严谨和规范；后者自由度较大，因而对评价主体要求较高。

访谈可以围绕某一重要工作领域或焦点问题进行（重点集中法）；也可以让被访者站在第三者的角度客观地评述（客观陈述法）；还可以召开座谈会，从群体发言中收集资料（团体访谈）。访谈法简便易行，是幼儿园管理评价中最常用的方法之一。

3. 问卷法

问卷是通过发放由一系列问题构成的调查表，来收集资料的评价方式。这种方法能够在较短时间内调查很多人，获得大量资料。同时，该方法还便于量化处理，经济省时。

问卷法可以用于了解教师及家长对园所环境、管理、保教工作的看法和态度，也适宜于征询意见和建议等。

4. 文献资料法

文献资料法是通过查阅文献资料来分析了解情况，收集信息的评价方式。这种方法既可以对全部资料进行收集，也可以针对某一专题，有选择地查阅相关文献资料。这种方法是对既已存在事实的调查，不干扰幼儿园正常保教管理工作的正常秩序。如有的幼儿园定期检查教师的教学档案袋，通过检查和评比，提高教师的自我反思意识，促进教师专业发展。

5. 自我报告法

自我报告法是根据评价目的，针对某一问题或一系列问题，提供有关自己情况报告的评价方法。这种方法的理论假设是：只有自己最了解自己。因此，这种方法不仅可以收集到外显行为的资料，还可以收集到教职员工的工作感受或体悟等主观内隐信息。如许多省市幼儿园在分级分类验收中，都要求园长就本园工作提交自我报告。这种方式可以激发教职员工工作主动性，较为充分地体现出评价的民主参与精神，收集到更加全面的信息和资料。

总之，幼儿园管理评价方法多种多样，在实际运用中要根据评价目的、评价对象有针对性地采取适宜的评价方法，综合运用多种方法和手段，尽可能高效、经济地收集到全面、系统、真实可靠的信息和资料，以便科学分析，促进保教质量的提升。

（二）评价的步骤

1. 建立评价小组

幼儿园管理评价是一项专业性很强的工作，提倡内行评价。在建立考评领导小组时，要注意人员专业经验、专业背景的构成，以保证评价工作的科学性。评价小组成员中既要有熟悉学前教育理论、有一定评价理论的人员参加，又要有熟悉园所工作情况，有幼儿园管理经验的人员参加。

2. 制定评价方案和评价指标

该步骤需要解决四个问题：为什么评？评什么？由谁评？怎样评？在对这四个问题深思熟虑的基础上，广泛征求意见，拟订初稿，并在试行的基础上调整和完善，形成可以付诸实施的评价方案。

评价指标是评价工作科学进行的保障。评价指标的制定要注意以下几点。

（1）使用期限要适当

使用周期太长，指标老化，就失去了评价的意义。

（2）根据岗位职责制定评价标准

评价指标不能“千人一面”，要根据岗位职责来制定。

（3）不要盲目照搬其他幼儿园评价指标

因为每个幼儿园有其自身特点，要从实际出发，制定出一套符合本园特点的评价指标，才能保障评价工作有序、高效进行。

3. 收集信息

收集信息是评价实施关键的一环。在这个环节，评价小组成员应亲临保教管理工作一线，注意观察各个环节，尤其是从工作细节中了解教职员工的工作状态。同时，也要和各方面工作人员进行接触，参加会议，进行访谈，阅读教师教育笔记，检查工作记录等，通过多种方式，最终才能全面客观地考察幼儿园各项工作状况。

4. 分析并反馈结果

信息和资料收集之后，要进行适当处理，对所得结果进行分析和解释，发现工作的成效和存在的问题，并针对问题提出改进建议。分析之后，还应注意反馈评价结果。一般来说，可以采用书面或开会公布的形式进行反馈。对于评价结果好的方面，鼓励教职员工保持优良传统，继续努力；对于评价结果不太好的方面，应帮助其找出差距，查准症结，激励其改进工作，继续前进。总之，该环节并不是简单地对工作优劣进行鉴定和甄别，也不是热热闹闹地歌功颂德一番，关键在于通过该环节，切实帮助每位教职员工了解自己、发现问题，从而帮助他们改进和提高工作质量。

思政之窗

幼儿园属于启蒙教育阶段，对于幼儿的一生发展有着重要的影响。因此，幼儿园管理工作需要从自身内部开始着手，不断加强自身的内部管理，采取科学合理化的管理制度，保证各项工作能够按照既定的计划开展。

练习思考

一、单选题

1. 幼儿园建立规章制度的根本目的是有利于（　　）。

   A. 提高工作效率
   B. 实现教育目标
   C. 协调内外分系
   D. 实现管理目标

2. 管理是（　　）的职能，同人们的日常生活密切相关，决定和影响着人们生活的各个方面。

   A. 政府　　B. 社会组织
   C. 国家　　D. 生产

3. 管理是实现预定目标的行动，管理的核心是（　　）的行为。

   A. 组织　　B. 个人
   C. 组织与个人　　D. 人与人

二、多选题

1. 按照评价参照体系与评价内容之间的关系，可以将其分为（　　）。

　A. 相对评价　　B. 绝对评价

　C. 自身差异评价　　D. 自我评价

2. 根据评价的功能可以划分为（　　）。

　A. 个体内差异评价　　B. 诊断性评价

　C. 形成性评价　　D. 终结性评价

第五章 幼儿园保教工作管理

学习目标

知识目标

◎ 了解幼儿园保教工作的地位。

◎ 了解幼儿园保教结合原则的贯彻和实施。

◎ 了解幼儿园管理评价的类型。

能力目标

◎ 掌握幼儿园保教常规管理。

◎ 熟悉班级管理的方法。

素质目标

◎ 树立保教结合的管理思想。

◎ 坚持培养目标，坚定育人中心，抓住育人的大需求。

思政目标

在组织幼儿洗手的环节，不仅要指导幼儿正确洗手的方式，还要引导幼儿来感知认识水的特性。同时，要在学习活动、游戏活动等教育活动中注重保育。

第一节　幼儿园保教工作管理概述

一、幼儿园保教工作目标

（一）保教目标的分类

1. 依据实现的时间阶段划分

一般可以将保教目标依据其实现的时间阶段与目标具体程度的不同分为三类。

（1）终极目标

终极目标就是教育要达到的总目标，比较概括笼统，较为抽象。如幼儿园教育总目标。

（2）中程目标

中程目标通常是实现总目标的一系列步骤，过程性强，较为具体。如不同年龄阶段的发展目标，不同发展领域的教育目标。

（3）具体目标

具体目标是指短阶段目标或明细目标，较为详细。如幼儿园主题活动单元或某一具体教育活动的目标。

2. 依据我国幼儿园教育实践划分

保教目标具有非常强的层次性，根据我国幼儿园教育工作实践，可以把幼儿园保教目标从上到下分为五个层次。

（1）幼儿教育目标

即国家规定的总目标。如《国家中长期教育改革和发展规划纲要》（2010—2020 年）2001 年 7 月 1 日教育部印发的《幼儿园教育指导纲要（试行）》中对幼儿园教育目标的规定。

（2）幼儿园课程目标

也称领域目标。领域的划分必须服务于幼儿的身心发展。由活动对象的性质和范围可将幼儿园的课程分为健康、语言、社会、科学、艺术五大领域；从幼儿身心发展角度可将幼儿园课程分为动作、情感、交往、认知等领域。美国的心理学家布鲁姆在《教育目标分类学》一书中以心理活动的不同领域作为分类的出发点，将教育目标划分为三大领域：认知领域目标、情感领域目标、动作技能领域目标。总之，出发点不同，领域划分便有所不同。

（3）各年龄阶段目标

在课程目标确立的基础上，按照幼儿的年龄阶段又把课程目标划分为大中小三个年龄阶段目标，每个年龄阶段又可分为低中高三个不同水平，形成各自的目标系统。

（4）单元目标

单元目标是指主题活动单元或时间单元的目标。如日目标、周目标、月目标、季目标。

（5）教育行为目标

教育行为目标是指具体教育活动目标。

（二）各层次保教目标的特点和关系

一般来说，总目标具有原则性和方向性的特点，由园长来确定，分目标详细、内容充实，具有具体性、可操作性，由教研室、教研组、班级来确定，它应当紧紧围绕总目标开展。

保教目标体系各层次目标之间相互衔接，具有连续性、一致性，下层次目标与上层次目标或局部目标与整体目标之间要协调一致，下层次目标应该是上层次目标的具体化，从而逐步接近实现总目标。

（三）制定保教目标的依据

1. 根据国家法规和省市区各级幼教行政部门的文件精神

幼儿园保教目标的确立应以国家法规和省市区各级幼儿园教育行政部门的文件精神为依据，使目标具有方向性。

2. 根据幼儿身心发展的特点和规律

幼儿园保教目标的确立还应考虑到具体教育对象的发展水平，包括观察了解到的本班幼儿的普遍特点及差异，应以教育过程中幼儿行为的观察及对上阶段目标实现情况的分析为依据，制定切实可行的保教目标，并使目标具有发展性和先进性。

3. 根据幼儿园的实际情况

幼儿园保教目标的确立应符合本园的实际，使目标能够切实贯彻执行，具有客观性。

（四）制定保教目标体系和实施保教目标时应注意的问题

1. 制定的目标涵盖面要齐全

在过去的保教工作中，往往注意对幼儿认知的培养，忽略对幼儿情感和社会性的发展；在认知领域的培养中，又注重对知识的传授，忽略对能力的培养；在目标体系的制定过程中，较容易偏重认知方面，造成目标的涵盖面不全。因此，在保教管理工作中应要求目标制定者立足于促进幼儿身心的全面发展，在表述各个层面时明确按认知、情感、动作技能等各个方面的表述，使目标的涵盖面更齐全。

2. 实施目标要把握好目标的整体结构

在幼儿园保教工作中，尤其是基层保教人员，他们对目标的整体结构往往把握不住，只注重具体教育活动目标，而忽略对目标体系层层结构关系的认识，经常顾此失彼，捡了芝麻丢了西瓜，降低了教育的整体效果。因此，在保教管理工作中应要求有关人员注重制定发展性目标。要以对教育效果和现状的分析、孩子行为的观察为依据制定保教目标。

二、幼儿园保教工作组织

（一）幼儿园保教工作的组织结构与班级保教人员的配备

保教工作的组织体系在不同规模或实施不同教育模式的幼儿园有所不同。一般来说，6个班级或以上规模的幼儿园，需要配备专职的保教主任，保教主任作为中层管理人员，要在园长的领导下，主管机构的保教工作，负责指导各个班级教育教学的实施。

目前，幼儿园班级人员配备上普遍采用的形式主要有以下几种。

第一，每班两名教养员，一名保育员。

第二，每班安排两名教养员。

第三，每班两名教养员，另外两三个班共用一名保育员或卫生员。

第四，通常在班级人员中，有一人为主要负责人或班长。

第五，有的幼儿园还根据规模和服务形式，形成不同的教育研究小组，如年级教研组或专题教研组，定期针对实践中的问题，开展教育研究活动，推动教育质量的提高和教师的组织结构体系。

由此，构成了幼儿园保教工作的组织结构体系。

另外，在每班只有一名教师的情况下，可以采用代理制度。

有的国家的幼儿园（如日本）提供全日制保育教育的保育所，每班安排一名教师，同时采用临时工，在必要的时段担任替班。此外，还有的机构依据特定的教育模式需要，安排任课教师担负不同的课程，也要采用代理制。代理制要求临时任课或替班的教师事先要熟悉班级环境和幼儿园情况，还必须作好记录和交接。

可以安排兼职人员或专人照顾班级中的残障儿童。有的国家实施全纳教育融合保教，残障儿童进入普遍幼教机构学习和生活，需要安排专人或有人兼职照顾这些特殊儿童。

（二）不同教育模式下的编班形式和教育活动安排

关于幼儿园的编班形式，主要有按年龄编班和混龄编班两大类别。

1. 按年龄编班

目前，幼儿园采用的比较普遍的是按年龄编班，这种形式最便利易行，这也是在人口比较集中的地区如城市或城镇，最常用的幼儿园编班方式。通常是幼儿的年龄作为编班的依据，将3～4岁、4～5岁、5～6岁的幼儿分为小班、中班和大班。教师要根据各班幼儿年龄特点，确定不同的教材，实施不同的教法。这种编班方式基于的理念是，同一年龄的孩子具有同样的能力。然而，事实上，同一年龄的孩子不见得具有相同的能力，而很可能在发展上存在比较大的差异。为此，有的按年龄编班的幼儿园，会采取一些弥补方式，例如，在一周或一日的课程中，排出一段时间实施按能力分组教学；在教育活动中设置和安排学习区角，让幼儿有个别学习的机会；全员性的或部分混龄的联谊性活动，如生日会、郊游、大型节日庆祝活动等，为不同年龄、能力的儿童提供一定的相互交往的机会。

2. 混龄编班

这是一种多年龄、家庭式的编班方式，一个班级就如同一个小社会，比如蒙氏教育中的“儿童之家”就是混龄编班。教师依据儿童的能力来计划和组织教学，并促进儿童之间的互动。这种编班方式所依据的理念是，幼儿园就是给孩子们一个像家一样的地方，孩子们可以有比较多的机会，如同在家庭中与兄弟姐妹交往，能够相互照顾、学习和影响。一般地，小型幼儿园采用混龄编班的形式，以营造家庭般的氛围，如图 5–1 所示。

图 5–1　混龄编班

采用混龄编班方式实施教育时，为了适合各种能力的孩子，可以针对课程设计作如下调整：一是提供比较长时间的个别活动，比如开展活动区活动，提供不同年龄儿童的交往活动。二是可以安排一些时间段设计不同能力的小组教学活动，特别是对某些特殊科目采取分年龄的教学，而不宜用大量时间进行集体教学。

混龄与分龄的教学方式各有优缺点，最重要的是，教学实施中要结合幼儿园目标几个方面的条件，尽可能地发挥各自的长处，减少不足。

（三）幼儿园教育活动的安排

在教育活动的安排上，往往也与幼儿园秉承的教育哲学及相应的教育教学模式存在密切关系。比如，强调个人需要的教育理念，通常会采用比较弹性的安排，个别活动的时间相对较多，而集体活动时间则较少；有的幼儿园是以社会需求为重，往往采用比较固定的计划，并在预定的时间内按步骤完成，注重集体活动，希望幼儿能够有更多机会参加团体活动，幼儿之间一起游戏、学习和工作。也有的幼儿园采用介于两者之间的模式。

不同教育服务类型如全日制与半日制机构在活动时间安排和作息上也会有不同的特点。但无论如何，幼儿园良好的活动时间安排，应具有这样一些共同的特征：愉快的开始和美好的结束；满足幼儿的基本生活需要；活动安排注意动静结合，包括室内活动与室外活动的平衡。

提供多样化的活动形式，既有集体活动，又能够安排一定的小组活动和个人活动，幼儿园组织与管理的时间。每周的作息和活动内容也要有变化，如安排每周一次郊游，或是运动会、戏剧表演等。

计划要有适当的弹性和灵活性，可以根据情况的变化作适当调整，或者允许有一些变通。

一般来说，不同教育模式下的幼儿园作息安排即日常例行活动有所不同。

案例分享

表 5–1　幼儿园一日活动设计周计划表

上周幼儿发展情况分析		幼儿间能很好地配合做游戏，并且相互知道关爱				
本周教育目标		1. 学习一个跟着一个走 2. 能遵守简单的游戏规则，体验集体活动的乐趣				
生活活动		教育幼儿要远离放鞭炮的地方，更不要自己放鞭炮，注意保护自己				
上午	教育活动	送花	踩影子	我是跳跳糖	包糖果	小小叶片来追我
	游戏活动	表演区 我是小小鱼	发现区 糖果宝宝不见了	可爱的跳跳糖	角色区 甜蜜蜜超市	一只小老鼠
下午	教育活动	请你照我这样做	一袋小圆糖	做糖果	学做模仿操	阅读区秋天里
	游戏活动	绘画区 我的小鱼最漂亮	户外区 取糖	户外区 学做模仿操	复习模仿操	摆水果
环境创设		拍摄一些幼儿品尝或制作糖果时的照片，贴在墙面或相应的区域，供幼儿观看				
家庭与社会教育		加强家长与幼儿的情感交流，引导幼儿体会别人对自己关爱的同时，主动表达对他人的爱，学会分享				
一周小结						

三、教学资源系统的建立

幼儿园非常有必要建立教学资源系统。资源系统的建立可以为教师的教学提供援助和支持，否则，就会形成“巧妇难为无米之炊”的局面。一套教学资源系统包括教材、教具的分类整理，常用的有关教学主题资源、专业教学资料的提供、其他可利用的社会资源等。

（一）教材、教具的分类整理

要将幼儿园拥有的教材、教具分类整理。如果不进行分类整理工作，很多东西用了一次就不知去向；有的掉了零件；有的教具摆放凌乱，毫无秩序可言，造成拥有大量的教材、教具，却无法尽可能多地发挥其作用的局面，给教学工作带来极大的不便和损失。

（二）常用的有关教学主题资源

教师每天和孩子在一起，工作烦琐复杂，幼儿园提供有关教学主题各项资源，协助其提升教学品质很有必要。教学主题资源通常包括以下内容。

1. 相关图片的收集

可从一些不用的报纸杂志上剪下与教学主题相关的图片，用资料夹分门别类地标示，教师可以在其教学需要时用。

2. 与教学主题有关的儿歌、故事图卡的制作

可以将与教学主题有关的儿歌、故事，根据需要绘制在大张的图卡上，对教师的教学而言，将是一大帮助。有的教师为开展主题活动而准备较有质量的活动材料、教具挂图等，可以分别做好标志，放置妥善，以便再次使用。

3. 教材、教具的使用

通常，教材、教具的整理是根据其种类或功能加以分类的。由于实际教学中，同一份教具可在不同的单元主题使用，因此在教材、教具分类整理时，除了原有的类别外，再多加一道工序，以单元主题为分类依据，下面标明有关教材、教具的代号，这样可以方便教师使用时迅速找到。

4. 视听媒体的补充

有些教学内容不易在现实生活中观察到，如植物、粮食的成长、收割，动物的生活习性、科普类知识等，可以提供直观的教学影片或幻灯片等资料，这样既方便教师使用，又可以扩充幼儿的生活经验。

（三）专业教学资料的提供

教师做教学设计时，往往需要借助一些专业教学资料提供或激发灵感，幼儿园如果能够提供这方面的资料和信息，会对教师的教育教学有不少帮助。幼儿园可以提供的专业教学资料包括以下几方面。

第一，与幼儿教育相关的专业杂志、通信。

第二，单元主题设计的参考书籍。

第三，一般使用的教学说明。

第四，幼儿保育教育的最新信息。

第五，设备器材、教材教具的分类目录。

第六，有关幼儿的专业书籍或视听器材。

第七，可利用社会资源的地方及人士目录。

（四）其他可利用的社会资源

幼儿园社会资源的最大来源是家长。可以在新生入园时，让家长自愿填写其职业专长或可以参与提供的服务，并分类整理以方便使用。此外，可以将平时常会用到的社会资源人士，如军人、交警、医生、护士、律师等的电话和地址进行整理，需要时一个电话、一个访问就能够解决问题。

幼儿园还可将方便参观、旅游的地方列表，提供给教师在教学安排上作参考。一般便于参观、旅游的地方包括飞机场、火车站、公交车站、商店、超市、面包房、美容院、洗衣店、钟表店、银行、医院、报社、图书馆、百货公司、公园、动物园、小学、农场、电影城、博物馆等。

有了良好的教学资源系统，才能方便教师的教学，并且相应地要求教师运用资源提高教学质量和提升个人的教学品质。

第二节　班级保教工作管理

一、班级保教工作管理概述

（一）班级保教管理的含义

班级是幼儿园的基层组织，是实施幼儿园保教任务的基本单位。班级是最具体的生活环境，幼儿大部分活动都是在班级内进行的，因此，班级对幼儿的发展具有最直接的影响。

班级工作既是一种教育活动，同时又是一种管理活动。如果没有管理参与，教育活动的各种因素将是零散的，教育活动的进展将是无序的。为了提高班级教育工作的质量，必须加强班级管理工作。

班级保教管理主要包括园长对各班级的宏观管理和教师对本班级保教工作的管理，但主要指的是教师对本班保教工作的管理。班级保教工作管理包含了保教工作和管理工作，两者同步进行，也就是说，班级保教过程也是管理过程，两者统一于实现教育培养目标。通过班级管理，保教人员可以把班级环境中各种教育因素和条件综合组织，发挥主导作用，有效地促进幼儿在班级生活和学习中成长，较好地实现预期的教育培养目标。

幼儿园的教育是有目标、有组织、有计划地对幼儿实施影响的过程，幼儿园教育目标最终需要通过班级的保育教育工作得以实现，换言之，幼儿园教育目标要通过班级教师组织幼儿的生活和学习活动加以实现。班级的保教人员是幼儿园工作的主体和实施教育的主体，担负着对全班幼儿实施全面发展教育的职责。

有人曾经指出，教育目标描述了一种终极状态，班级教师的作用就体现在这种终极状态的实现过程中。

（二）班级保教工作特点分析

班级保教管理包含了保教工作和管理工作，二者同步进行，统一在教育目标的实现上。

1. 班级保教工作具有更直接的针对性、教育性、示范性

（1）针对性

班级保教工作具有更直接的针对性。它是按照社会的要求，以国家的教育方针、教育目标为依据，结合幼儿园的教育任务和工作目标，同时针对本班幼儿实际，将目标具体化，从而实施教育目标，使教育目标真正落实到本班幼儿身上。

（2）教育性

班级的一切工作、一切教育与管理手段都具有教育性，例如生活制度的制定和执行、常规的建立、活动安排、环境的创设与利用等对幼儿都具有教育作用。

（3）示范性

班级保教人员的言行举止对幼儿也具有示范性，在潜移默化中感染、影响着幼儿。

因此，幼儿园管理者应注重引导班级保教人员端正教育指导思想，提高素质修养，增强教育意识，这样才能更好地贯彻教育方针，保证教育目标的实现。

2. 班级保教工作具有全面整体性

幼儿园的教育目标是促进幼儿全面发展。保教工作并非仅限于丰富知识技能、发展智力，还需要注重培养良好的品德行为，促进幼儿身体与心理健康发育，即德、智、体、美、劳全面和谐发展。班级保教人员面对身心发展稚弱、缺乏独立行为能力的幼儿，不仅要教育好他们，还应给予细致的养护和照顾，培养对其外界环境的适应性和自我保护能力。

从幼儿园教育的目标和特点分析，幼儿园教育本身就包括生活、游戏、学习活动等，使幼儿身心得到全面和谐发展。

班级保教人员应树立综合整体的教育观点，在教育过程中，注意途径与手段的全面性，注意多种教育内容的有机结合，发展教育的整体效能。在班级保教过程中，教师还应面向全体，要能照顾到全班儿童的整体水平，提出基本要求，同时又能针对每个幼儿的不同特点加以引导，注意处理好统一与多样的关系，使全班每个幼儿都能在其原有基础上得到尽可能充分的发展。

3. 班级保教工作具有集体性

班级保教工作是一种班级集体的保教方式，教师应注意创造良好的集体保教秩序。

班级教师要注意发挥儿童群体和集体的影响力，以及幼儿之间的相互作用、相互影响，使幼儿在集体环境中学习社会生活所必需的知识和技能，培养正确对待自己、他人和集体的态度与行为，培养良好的社会性。

班级保教人员是工作集体，他们作为统一的整体对幼儿实施影响，才能取得较好的教育效果。

教师要共同制订班级教育计划，在教养过程中，密切协调配合，分工不分家，注意对幼儿教育的一致性和一贯性，共同实现保教任务，保证班级保教质量。

4. 班级保教工作具有控制性

班级保教人员是保教活动的主体，教师既作为教育者，又作为班级教养工作的组织者和管理者，在保教过程中起主导作用，具有非常强的控制性。班级教养工作的控制性即教师的主导作用只能加强不能削弱，教师应增强教育目的意识，自觉地引导幼儿向社会要求的方向较好的发展。

具体来讲，教师的控制作用体现在以下几个方面：教师要组织和控制整个教育过程，包括确定教育目标，选择内容，设计方法，安排时间和步骤环节，使保教过程科学合理地沿一定轨道有序运转和推进，不断接近教育总目标；教师要积极创设与发展班级的环境，主动引导家庭教育等，使幼儿按预定目标得到发展；在具体的教育活动中，在教师与幼儿的双边相互作用的过程中，教师作为矛盾的主要方面，在与周围环境的相互作用中发展身心。

儿童的发展不是自发的，其自主行为的能力要通过教育培养实现。特别是对于身体和心理不成熟，正处于迅速发展过程中的幼儿，周围环境和成人的影响作用更大，因而教师的主导作用就更为重要。教师要在认真观察、充分了解幼儿的基础上，选择适宜的教育内容和方法，通过直接与间接的指导方式，对他们进行良好的启蒙教育，将幼儿的发展需要与社会要求很好地统一起来。教师要注意通过多种适合幼儿年龄特点的教育方法，为幼儿提供大量参与活动、操作实践的机会，激发活动兴趣，调动其个体内在的活动动机，促进幼儿主动发展。

5. 班级保教工作具有开放性

班级保教工作要取得预期效果，必须与幼儿家庭、家长密切联系。教师应了解家庭教育的意义与特点，主动做家长工作，指导家庭教育。教师要与家长经常联系，沟通情况，交换意见，相互学习交流，对幼儿进行配合一致的教育，不断改进工作，提高教养质量。同时，要注意通过家长工作，加强与所在地区、社区的联系，取得广泛的支持与协助，有效地利用家庭及社区资源，开展好班级保教工作，这样也有助于家、园、社会一体化教育环境的形成，更好地实现教育培养目标。

6. 班级保教工作具有创造性

儿童发展有自身的规律，幼儿教育也应遵循一定的规律和原则。然而，教育的规律并非僵化的教条或固定的模式、套路。教师要将教育规律和原理的学习与自身工作实际结合起来，其中有一个领会理解、融入自身原有经验和发挥创造性的过程。规律原理不是教条，对他人好的、富有成效的经验做法也不能照搬，而要融会贯通，在领会实质的基础上，创造性地结合具体实际，加以运用。在班级保教实践中，教师要以当地不同环境条件，考虑本班实际及班上每个孩子的特点，创造性地制订本班计划，选择和设计适合于本班幼儿的教育内容和方法。因此，“教育活动的组织与实施过程是教师创造性地开展工作的过程”。

幼儿园保育教育的形式不限于单一的教学活动，而是涉及幼儿生活、游戏、观察、教学、劳动等多种形式，非正式教学所占比重更大。也就是说，对于幼儿园而言，大量的教育是在一日生活和游戏中进行的，不同于中小学要完成硬性规定的教学内容。因而幼儿园的教育工作难度更大，更富有挑战性。在教育过程中，教育活动为他们提供充分感知、操作、活动实践的机会，获取大量直接经验，增长知识和能力，良好的适合于儿童发展的教育环境的创造具有重要意义。教师需要注意分析研究并挖掘一日生活中各种活动的多方面教育功能，加以合理组织，发挥整体效益。教师还应该注重在一日教养活动中，创造性地处理各种问题，随时抓住教育契机，发挥教育机制，因势利导，把教育工作的计划性与活动很好地结合起来。

教师要充分发挥自身的积极能动性，根据本班幼儿的实际和特点，在保教实践中，不断探索教育活动的组织、方法的运用、活动材料内容的选择、教育环境的创设等，结合实际，运用教育规律，科学育儿，逐步提高保教质量，在此过程中，不断探索和创造适合于本地实际和本人教育风格的教法，使幼儿教育不仅成为一门科学，更要成为一门艺术。

总之，幼儿园的教育培养目标最终需要通过班级对幼儿进行的直接保教工作来实现，因而班级教养质量至关重要。班级教养质量的提高也是整个幼儿园管理活动成效的体现。

二、班级管理的方法

时代的发展使教育的功能正在发生较大改变，它给幼儿园班级管理者的作用赋予了新的内涵，对幼儿园班级管理者的角色提出了前所未有的挑战，要使幼儿园班级管理卓有成效，必须采取一定的方法和策略。

（一）营造宽松、温馨的家庭式氛围

做好班级管理工作，首先要创设宽松、愉悦、温馨的家庭式氛围，这对班级孩子的常规形成十分重要。教师每天应该主动热情地接待孩子，和孩子拉近距离，亲切呼唤孩子的乳名，和孩子交朋友，以自己的童心去跟孩子沟通与交流。除了继续创设和谐温馨的家庭式氛围以外，还应该注重幼儿主人翁意识的培养。例如，在环境的创设方面，区角如何摆放、墙面如何布置都充分尊重幼儿意见，让孩子知道自己是班级大家庭中的一员，积极参与，共同商量、共同创设。这样更能提高幼儿的兴趣和创造性，使幼儿有改变环境的成就感和责任感，也有助于对幼儿进行爱惜劳动成果和爱护环境的教育。

（二）处理好各种关系

做好班级管理工作，必须处理好与幼儿、配班教师、家长三者之间的关系，充分调动他们参与游戏、学习、共教的积极性，形成教育的合力，这样才能尽善尽美地完成好班务工作。班级管理工作，其实就是做人的工作，与人和睦共处且促使整个团体通力合作。例如，在与教师和家长沟通时，管理者应该用最真诚的心与他们交流沟通，但要注意沟通方式技巧，如对别人的不足，用先扬后抑的方式提出，可能的话可以用开玩笑的语气提醒，总之，要尊重别人的感受，才能做到更有效的沟通。管理者要学会关心他人，重视运用自己的非权力性影响力，即运用自己正直无私、坦诚宽容、平易近人等人格力量，以自己良好的素质和修养，加上与班组成员的情感互通，使彼此间产生敬佩感、信赖感、亲切感，相互以情感人，把班集体建设成一个温馨、和谐的小家庭。

（三）转换角色观念

做好班级管理工作，班级管理者必须由权威观念向服务观念转换。传统意义上的班级管理者是管理整个班集体的权威，所有班级的一切活动计划、活动安排、活动规则都是班级管理者一个人制订，配班老师和保育员包括孩子和家长都听从安排，被动地配合开展活动。班级活动的设计和组织安排，班级管理者要大胆放权，由权威的前台走向服务的后台。让孩子、家长、配班老师和保育员都走到班级管理的前台来，这样班级管理才能收到事半功倍的效果。

（四）充分利用家长资源

做好班级管理工作，幼儿园管理工作的有序开展是离不开家长的支持和配合的。在幼儿园的班级管理中，有些活动要征求家长的意见，或让家长参与指导。在每学期初都要召开家长会，在家长会上向家长介绍班级将要开展的一些工作、幼儿开学来的一些情况、家长将要配合的一些事情、提出家园合作的重要性等。让家长了解到，只有家长切实地参与，

才能促使幼儿身心和谐地发展，才能使班级管理得更好。为了使家长进一步明确配合的内容，保证工作的顺利开展，还应该设计家长园地、推选家长委员，确定家长开放日和家庭友好小组活动等。

（五）加强班级安全意识

做好班级管理工作，班级管理者应该充分加强班级安全意识。幼儿活泼好动，容易发生人身伤害事故，教师稍有疏忽就有可能负法律责任。种种相关的报道常见诸报端，时刻提醒作为班级管理者要提高法制意识，学会保护自己。例如，外出散步时，有法制意识的教师，就会检查孩子鞋子的鞋带有没有系好，会叮嘱孩子不要乱跑，在游戏中眼睛不离开孩子，及时制止孩子的一些冒险行为。

（六）做好有效率的班级计划

做好班级管理工作，还要制订有效的班级计划。做什么事情都要有计划，比如在学期初认真仔细地作计划是学期工作的重要条件，为将要发生的事情做到心中有数，提前将解决问题的措施想好，这样在开展工作时，便能从容不迫地“兵来将挡，水来土掩”。同样面对环境创设，首先自己脑袋里有一个大致的方向，然后不断地收集资料，切忌临时“抱佛脚”。再如，班级的常规，一定要做到心中有数，开学的时候就让孩子按照要求去做，孩子就会觉得这是一种习惯，不会产生压力，如果常规一开始没有固定好，就很难把他们不好的习惯纠正过来。

三、对各年龄班的管理

（一）小班年龄班的管理

1. 让幼儿尽快适应环境

幼儿入园后，教师不要急于教他们各种知识和技能，而首先要带他们到各处走走、看看、玩玩，熟悉本班和周围环境，在培养幼儿积极的精神中，教师是最关键的因素，教师对幼儿要耐心、态度要温和、要及时帮助幼儿解决困难，赢得他们的信任，还要多与家长沟通。

2. 注重常规管理

常规包括生活常规和教育常规两个方面。

生活常规主要包括盥洗活动常规、饮食活动常规、睡眠活动常规、卫生习惯常规、入园离园常规、散步常规等。

教育常规主要包括教学活动常规、游戏活动常规、班级环境管理常规、家园活动管理常规等。

（二）中班年龄班的管理

1. 自我服务管理

中班幼儿自我服务能力明显提高，生活处理能力增强、穿衣服、吃饭等简单动作不再需要成人帮助，他们有了很强的为他人、为集体服务的意识，愿意承担教师布置的任务，并努力去完成。也存在一些不利的管理因素，如幼儿爱告状、攻击行为严重，致使班级冲突性行为较多，要充分考虑幼儿的兴趣、爱好、需要，为他们提供创造的空间和条件，以有趣的活动吸引他们的注意力，以减少他们之间的冲突，同时，也要为幼儿安排好各环节活动，确保幼儿的活动程序、降低攻击性行为的出现。

2. 生活常规管理

生活常规包括：清洁卫生习惯，如洗手、大小便、正确使用手帕、保持清洁等；良好的饮食习惯，如进餐的情绪、文明习惯、坐姿、卫生习惯等；良好的睡眠习惯，如睡眠姿势、睡眠时间等，入园离园要求，如穿着、语言行为等，对中班幼儿可采用行为练习法。

3. 教育活动常规

教育活动常规包括：集体活动常规，如上课、参观、劳动、操作、体育活动等；游戏活动常规，如培养游戏活动的兴趣，掌握游戏规则，积极开动脑筋；其他的教育活动，如阅读、散步、参观等。

（三）大班年龄班的管理

第一，大班孩子责任心增强，特别重视结果，如比赛结果、评比结果、获奖结果等。

第二，大班必做的管理内容：①进一步加强常规教育，逐渐养成幼儿良好的习惯。②要培养幼儿自我管理的能力，让幼儿学习管理自己，包括管理自己的行为、自己的生活、自己的物品、自己的语言等。③要让幼儿学会正确处理自己与集体之间的关系，意识到自己是集体中的一员，应该遵守集体规则与纪律，增强责任感，在活动时不仅要考虑自己，也要考虑他人，教师应组织集体竞赛活动，以激发幼儿的集体意识和责任感。

第三，要为幼儿入小学作准备。

第三节　幼儿园保教工作管理的组织与实施

一、幼儿园保教工作管理的内容

实施保教常规工作管理，是通过园长或业务园长（园长助理）—保教主任—教研组（年级组）—班级来运转的。贯穿其中的是管理者的主导作用和被管理者的主体地位，两者相互作用，双向共振，形成合力。

（一）保教常规工作管理制度的作用

保教工作计划具有指导保教工作的作用。制订保教工作计划的重点依据是对国家和地方各级教育行政部门制定的教育方针、政策和法规进行贯彻落实，以此为依据把保教任务和要求落实到幼儿园日常保教工作之中。

1. 制订全园的保教工作规划

由园长或业务园长（园长助理）承担保教高层的管理，针对幼儿园保教工作的长远发展和近期发展，组织制订切实可行的保教工作目标、计划，建立有效的保教组织机构和规章制度。幼儿园保教工作的管理包括合理调配班级保教人员，制订保教工作流程及要求，组织各种保教工作检查、总结等。

2. 制订学期或学年的保教工作计划

由保教主任承担保教中层的管理，依据保教长远规划制订学期或学年保教计划。幼儿园学期保教工作计划主要包括对上学期保教工作现状的分析和本学期保教工作的目标、重点任务、所采取的具体措施和方法、逐月工作安排等内容。

保教工作现状的分析主要包括上学期幼儿发展的情况，教师发展的情况，保教工作完成的情况，家园共育、社区教育、教科研的情况等。在分析的基础上，制定出比较明确的近期目标，提出实现目标的具体措施。目标要具有可操作性，要与全园各项工作目标一致。可以列出逐月工作安排，这样就条理清楚，不易遗漏某项工作内容。还可以对保教工作任务进行分解，划分到部门或具体负责人，在时间上作出较为详细的安排，使多个方面的保教工作任务变得更加切实可行，多形式多途径地达到全面提高保教工作质量的目的。保教中层直接领导和管理各班级的保教管理工作，起着承上启下的作用，主要负责保教计划的落实及反馈基层保教人员的工作信息等。

3. 制订班级保教工作计划

保教管理的基层组织机构是班级，一般由三名保教人员组成，协调班级保教管理工作。设班长一名，负责组织班级保教管理工作，实现班级保教目标，完成保教任务。由于班级承担着幼儿园保教工作全面实施的任务，决定着幼儿园保教工作的质量，因此，班级保教工作计划需针对幼儿情况、家长情况、本班教师情况做详尽的分析，从有利于幼儿发展的角度出发，制订可操作的、有利于发挥教师自身优势的班级保教工作计划。

（二）保教常规工作管理制度的建立

各类保教计划、任务的完成需要相应的保教常规工作管理制度来保障。完善的制度可以保证幼儿园保教工作的正常进行，形成良好的工作程序。

1. 建立保教工作制度是行为和活动的准则

建立制度可以明确各级保教管理层的任务和职责，加强科学管理，如保教计划制度、教研活动制度、备课制度、保教人员工作程序要求、常规工作检查制度、保教人员考核制度、保教人员岗位责任制等。必须广泛宣传，让大家自觉遵守，并逐步内化成自觉行为。

2. 建立班级一日保教工作程序要求

遵照幼儿园的性质、任务，根据幼儿身心特点及发展的需要，幼儿园必须建立科学的作息制度，将幼儿在园一日的各项活动作详细的安排，提出保教人员一日工作程序化的工作要求和操作标准，以增强保教人员对幼儿全面负责的意识，加深其对保教结合原则的理解。保教人员的工作程序，就是将保教人员岗位责任制与幼儿园生活制度及生活常规结合起来，对保教人员在一日生活各个环节应做的工作进行具体分析，使岗位责任制规定的具体工作内容和要求落实到人，落实到时间与地点，并规定完成程度与工作质量。

二、幼儿园保教工作管理的程序

（一）保教工作计划的制订

计划是一切工作的开始，“凡事预则立，不预则废”，幼儿园保教工作也是如此。

1. 制订保教工作计划的要求

（1）一日活动科学化

幼儿的发展是在幼儿园生活的每一天中进行的，因而幼儿园一日活动安排得是否科学，将直接影响到幼儿的身心发展。幼儿园的保教工作计划要科学体现一日活动安排，如努力做到动静交替、室内外交替、集体活动和个别活动交替等，让幼儿在愉快、轻松的活动中得到健康的发展。

（2）保教活动内容丰富、形式多样

制订幼儿园保教工作计划时，要考虑设计内容丰富、形式多样的保教活动以促进幼儿的发展。特别要注意，游戏是幼儿的基本活动，在保教活动中要占有一定的比例。

（3）创设有利于幼儿发展的环境

2001 年 7 月教育部印发的《幼儿园教育指导纲要（试行）》指出：“幼儿园应为幼儿提供健康、丰富的生活和活动环境。”幼儿园要创设一个丰富多样的、多功能多层次的、具有选择自由度的环境，让每个幼儿都有机会接触符合自身特点的环境，用自身特有的方式同化和吸纳外界环境中的积极成分，促进自身个性化的发展。教师则要在此过程中了解幼儿，敏锐地观察幼儿之间的差异，进行有针对性的引导。幼儿园的环境要满足幼儿运动、与同伴交往、探索环境和表现表达的需要，这就要求我们关注幼儿成长环境的生态平衡，以幼儿发展的需要来平衡各种环境因素。这里所说的环境，有三个层面的内涵：一是指富有特色的、具有深刻底蕴的园所整体环境，包括园所的布局、绿化、美化及各种合适的户外设施等；二是指具有年龄特色的班级环境，包括有利于幼儿发展的平面布局和空间布局等；三是指园所和班级的活动区域，包括角色游戏区等。除了幼儿园内部环境创设之外，现在幼儿教育界还越来越强调利用园外的家庭、社区、自然的大环境来拓展幼儿学习的空间。

2. 保教工作计划的类型

（1）全园的保教工作计划

幼儿园应针对幼儿园保教工作的长远发展和近期工作，制订切实可行的工作计划。在计划中，要对保教工作的各个方面提出具体的要求，同时对每个部门所承担的保教工作任务提出要求或目标。长远计划一般为 3 ～ 5 年，是对幼儿园保教工作的前景进行描述，其中包括工作目标、工作内容、工作措施等，同时还对长远规划的完成从时间上进行大致的分段。

全园的近期工作计划一般为一个学年，具体对幼儿园在一个学年内所要完成的工作进行阐述。其中包括上一学年的工作状况分析，本学年的工作任务安排，工作中的重点、难点说明等。在近期工作计划中，还应该对各部门在幼儿园保教工作中所承担的任务进行分解，并且在时间上作出较为详细的安排。

（2）班级的保教工作计划

班级承担着幼儿园保教工作全面实施的任务，班级又是幼儿生活、学习、游戏的具体场所。班级保教工作质量将直接影响到全园工作的水平，所以提高班级工作的针对性和计划性是非常有必要的。班级计划应对班级保教工作进行全面安排，既要承担幼儿园总目标分解下来的各项任务，又要对本班教师集体情况、幼儿情况、家长情况等进行详尽的分析，从有利于幼儿发展的角度出发，从有利于每位工作人员发挥自身的优势出发，制订出可操作的、细致的工作计划。班级保教工作计划包括学期工作计划、逐月工作计划和周工作计划。

（二）保教工作计划的执行

1. 执行步骤

（1）传达布置

即把保教工作计划传达到每一位教师，使他们明确保教工作的目标、重点、步骤安排等。

（2）落实责任

即把保教工作的要求、职责、任务等分解落实到每一个人头上，各司其职，各负其责，从而保证计划得到落实执行。

（3）加强协调

为保证保教计划的实施，保教人员间要加强配合。

2. 需注意的事项

（1）执行

保教工作的执行要以计划为依据，因为计划是经过反复考虑制订出来的，是行为的指南。

（2）调整

对不合理的计划要随时进行调整。

（3）统筹

班级保教工作包括许多方面，如保育、一日生活管理、教育教学安排、游戏活动等，教师应统筹做好各项工作。

（4）随时掌握和分析情况

教师要注意班级发生的各种情况，及时分析、及时解决。

（三）保教工作的检查

检查要实事求是，不可弄虚作假，可以采取领导检查与引导保教人员自查相结合的方式进行。

1. 检查落实情况

对照保教工作计划逐条检查，查看计划与落实情况有没有差距，并分析造成这种差距的原因是什么。幼儿园领导者、管理者要深入班级检查、督促、指导，帮助教师在保教实践中端正教育观念，改进教育方法。

2. 分析计划的可行性

计划开始执行后，教师对计划制订得合理与否，有了进一步的判断，包括班级的环境是否符合要求，活动设计的程序、安排是否合理，活动的时间安排是否符合幼儿身心发展规律等。

（四）保教工作的总结

保教人员每学期应对自己的工作做较全面的总结。在各个阶段，也可以做一些小结。教师通过总结可以吸取经验教训，探索保教规律。一般来说，在工作总结中要注意以下几点。

1. 实事求是

保教工作总结要肯定成绩，发现存在的问题，弄清哪些是本质的、必然的、经常出现的现象，哪些是非本质的、偶然的、暂时的现象，并作出恰当的分析。

2. 分清主次

在进行班级保教工作总结时，要在分析的基础上进行归纳、概括，找出规律，切忌罗列、报流水账。

3. 积累经验

保教工作总结是对前面工作的分析和结论，教师应不断地积累经验，为今后的工作奠定基础，同时也为开展科研活动积累素材。

第四节　幼儿园教研、科研活动

一、幼儿园教研活动的意义

（一）教研活动有助于提高教育质量

教研活动针对性强，主要解决教育实践中存在的问题和难题。通过研究可以改进工作效果，促进教育与教学活动质量的提高。如某教师发现本班幼儿交往能力较差，很多幼儿都不知道如何与其他小朋友相处。针对这一情况，教师做了深入调查，找出了原因，并提出了解决措施，为幼儿提供更多的交往机会，教给他们交往技能，经过一段时间，幼儿的交往能力有了明显的提高。教师将保教实践与研究结合起来，既解决了现实存在的问题，又推动了教育质量的提高。

（二）教研活动有利于促进教师业务水平的提高

教师的业务水平直接影响着幼儿的教育质量。教研活动是提高教师业务水平的重要途径。教研活动大体可分为五个阶段：发现问题、提出解决方案、方案实施、得出结论、将结论运用到实践活动中。发现问题需要教师平时注意观察，了解各方面的情况，这是业务水平提高的前提，因为没有观察就没有了解，没有了解就谈不上提高，发现问题是解决问题的前提。结合实践中存在的问题，提出解决方案，这是理论在教育实践中的综合运用，是教师理论联系实践的过程。通过分析研究，提出解决措施，教师在这个过程中加深了对理论的理解，提高了运用理论的能力。方案在实施中还会遇到各种问题，需要灵活处理和解决，这既积累了教师的工作经验，也提高了他们的业务能力。教研活动注入教育教学工作之中，增强了目的性、指向性，教师的理论水平也得到了提高。研究促进思考，在思考中教师自身的教育观念与态度都会发生变化，他们会用更加正确的眼光看待幼儿教育和幼儿，用更加科学的方法从事教育和教学活动。幼儿园教师身在基层，研究的问题具有很强的现实意义。他们的参与壮大了研究队伍，使实践与研究更具有广泛性和群众性，有利于改变理论脱离实践的状况，也有利于增强他们的研究意识和研究能力，提高幼儿园的层次，极大地提高了教师的业务能力和理论水平。

（三）教研活动可以激发教师的敬业精神

兴趣是最好的老师。研究工作虽然很苦，但也很有趣。教研总是围绕一定的问题展开，问题常常会引起人们的关注，激发人们的兴趣，人们会不断地寻求解决问题的办法。当问题解决后，会给人们带来极大的乐趣，这种乐趣会变成新的动力，促使人们进一步去研究。另外，由于教研活动的目的性很强，为了实现目标，教师会更加积极地投入教研工作中，甚至会达到忘我的境界。

二、幼儿园科研活动的意义

（一）幼儿园开展科研活动是社会发展的需要

随着全球经济一体化、文化多元化及信息化时代的到来，在当今社会教育形势迅猛发展的情况下，在身心教育、素质教育等理念的指引下，如何进行幼儿教育的改革、实现幼儿教育的最优化、满足社会和人民群众日益增长的对幼儿教育的需求，是当今幼儿园教育面临的严峻挑战。幼儿园必须遵循《幼儿园教育指导纲要（试行）》的指导思想和基本要求，转变教育观念，以科研为武器，紧随时代的浪潮，遵循理论—实践—理论的研究过程，不断探索教育教学规律，适应社会发展的需求。

（二）幼儿园开展科研活动是幼儿园整体发展水平提高的需要

开展科研活动可以促进幼儿园在对自身教育教学经验的提炼、整理过程中，不断总结经验教训，攻克难关，促进教育教学改革，形成自己的办园特色，为幼儿园的全面发展提供一流的环境；开展科研活动有利于培养幼儿教师集体良好的团队协作精神，形成教育的合力；开展科研活动可以提高幼儿教师的综合素质，培养研究型和创新型的教师。总之，幼儿园要积极开展科研活动，促进幼儿园整体发展水平的提高，实现科研兴园。

（三）幼儿园开展科研活动是教师专业化成长的必由之路

幼儿园开展科研活动的过程就是教师不断学习、不断研究、不断提高自身素质和教育教学水平的过程。在科研过程中，教师为了选择科研课题或解决科研难题，要不断学习有关教育理论、心理学理论、教育实践专著、科研理论及统计学知识等，促使自身知识结构不断优化。教师在教育教学过程中会遇到各种各样的问题，通过发现新的教育规律和解决问题的科学方法，可以提高自身的教育教学水平。因此，幼儿园开展科研活动是教师专业化成长的必由之路。

三、幼儿园教研、科研活动的组织

（一）建立完善的教科研管理体制

幼儿园要成立专门的教科研领导小组，主要由园长、保教主任、教研组长及骨干教师组成。教科研领导小组应制定相应的责任制度，各成员有明确的分工，对教科研工作进行规范管理。园长对教科研工作高度负责，从部署任务到课题申报、研究都要亲自参加；教研主任是园长的得力助手，直接领导开展教科研工作，领导教研组长，具体负责课题的规划与组织实施；教研组长则要组织并负责领导教研组教师或课题组成员制订课题计划和执行课题计划。幼儿园要认真制定教科研制度，并严格执行。教科研制度应该包括教科研人员的职责，课题选择的原则、要求，课题准备、实施、总结的各阶段要求，课题成果奖励等。

（二）强化教科研课题研究基础知识的学习

加强教职工对教科研课题知识的学习和对他们的培训，使教职工明确教科研的一般步骤和基本方法，这是做好教科研工作管理的重要前提。通过对教育理论的学习、分析、对比研究、评价等，从中发现问题，抓住新课题研究的契机。要学习和掌握教科研中收集与分析资料的基本方法，并能根据教科研课题的特点和现有的各种条件制订适宜的教科研目标和详尽的、切实可行的教科研计划并付诸实施，形成报告、论文等教科研成果。

知识链接

2016 年版《幼儿园工作规程》中保教具体目标

第五条　幼儿园保育和教育的主要目标是：

（一）促进幼儿身体正常发育和机能的协调发展，增强体质，促进心理健康，培养良好的生活习惯、卫生习惯和参加体育活动的兴趣。

（二）发展幼儿智力，培养正确运用感官和运用语言交往的基本能力，增进对环境的认识，培养有益的兴趣和求知欲望，培养初步的动手探究能力。

（三）萌发幼儿爱祖国、爱家乡、爱集体、爱劳动、爱科学的情感，培养诚实、自信、友爱、勇敢、勤学、好问、爱护公物、克服困难、讲礼貌、守纪律等良好的品德行为和习惯，以及活泼开朗的性格。

（四）培养幼儿初步感受美和表现美的情趣和能力。

思政之窗

幼儿园的科学教育是幼儿的科学启蒙教育，重在激发幼儿认识兴趣的探究欲望，以幼儿身边的事物和现象作为幼儿科学探索活动的对象，让幼儿体验发现的乐趣，培养他们对科学的兴趣。

练习思考

一、单选题

1.（　　）是幼儿园双重任务的核心。

A. 教育工作　　B. 育人工作

C. 保教工作　　D. 立德树人

2.（　　）是将计划付诸实践，是教育工作的实质环节。

A. 制订计划　　B. 执行计划

C. 模拟计划　　D. 实施计划

3. 班级计划不包括（　　）。

A. 学期计划　　B. 月计划

C. 周计划　　D. 时间计划

二、多选题

1. 幼儿园课程实施过程包括（　　）。

A. 确定教育目标　　B. 制订教育计划

C. 检查教育质量监控　　D. 总结评价

2. 在科研过程中，教师要不断学习（　　）等，促使自身知识结构不断优化。

A. 教育理论　　B. 心理学理论

C. 教育实践专著　　D. 科研理论及统计学知识

第六章 幼儿园教育工作管理

学习目标

知识目标

◎ 掌握幼儿园教育工作管理概念，理解幼儿园保教工作的关系。

◎ 了解幼儿园课程管理的基本内容。

◎ 了解幼儿园一日活动安排的原则与方法。

◎ 掌握幼儿园园本教研管理内容。

◎ 掌握幼儿园保教工作指导原则。

能力目标

◎ 在实际工作中，学习运用保教工作管理的原则。

◎ 尝试科学安排幼儿园一日活动。

素质目标

◎ 积极参与幼儿园建设并建言献策，让自己真正成为幼儿园的一分子。

◎ 不断提高自己的师德修养，丰富自身的人文底蕴。

思政目标

教师需要不断提升自己的职业素养，将自己融入幼儿园的大家庭，注重自身创新精神与实践能力，丰富自己的工作经验，并提高自己的技能。

第一节　幼儿园教育工作管理

一、幼儿园教育工作管理概述

（一）幼儿园教育和幼儿园教育工作管理的概念

幼儿园教育是在幼儿园话语范畴内，对适龄幼儿进行有目的、有计划培养的社会实践活动。广义的幼儿园教育是一种围绕幼儿园话语范畴的教育活动，既包括幼儿园场域范围内的教育活动，又包括幼儿园场域范畴外的教育活动，如保育活动、亲子活动、幼儿园组织的游学活动、家庭教育活动等。狭义的幼儿园教育关注幼儿园场域范围内的教育活动，即幼儿园教学、游戏活动、生活活动等。幼儿园教育内容具有启蒙性和综合性，我国幼儿园国家课程体系主要包括健康、社会、科学、语言、艺术五大领域。通过五大领域和园本课程，实现培养全面和谐人的教育宗旨。本章幼儿园教育工作管理内容主要是从狭义概念进行讨论。

幼儿园教育能否最终实现预期目标，教育工作管理起到关键作用。幼儿园教育工作管理是以培养人、教育人、发展人为工作出发点，通过组织协调各种人力、财力、物力、时间、信息、空间等资源，高效率实现幼儿园育人目标的管理活动过程。高效的幼儿园教育工作管理能够切实提高幼儿园教育教学质量。幼儿园教育教学质量才是幼儿园内涵发展的根本所在，也关系到幼儿园的核心竞争力。

（二）幼儿园教育工作管理内容

为了提升幼儿园教育工作管理绩效，有必要厘清幼儿园教育工作管理的内容线索。

1. 一日活动安排

幼儿园一日活动并非随意、随机安排的，而是在教育者特定教育目的的指引下，有计划、有组织、有步骤地开展。幼儿园一日活动安排，要尊重幼儿身心发展水平和特点，要满足幼儿个别需求，还要科学合理、丰富多样，充分体现幼儿园管理者的专业水准。

2. 园本课程管理

作为幼儿园管理者，如何高效利用自身和身边的课程资源，挖掘更多教育价值，拓展更丰富的教育空间，从而提高幼儿园教育教学质量。这需要我们加大对课程管理的重视程度，关注园本课程领导与课程管理。

3. 教研管理

幼儿园教研工作需遵守《幼儿园工作规程》的指导思想，提高保教质量，推进幼儿园课程与教学改革的进程。也是提高保教质量，推进幼儿园课程与教学改革的重要途径。通过教科研管理，形成骨干教科研团队，从而提升幼儿园师资专业水平，改进保教工作成效。

幼儿园教育工作管理虽然是幼儿园的教育教学质量体现的关键，但幼儿园教育工作管理并非独立于保育工作，或者凌驾于保育工作之上的。因此，在进行教育工作管理学习之前，我们有必要明晰幼儿园保育与教育工作之间的关系，理解幼儿园保教工作管理的概念。

二、幼儿园保教工作管理概念

幼儿园保育工作管理中，“保”即保育，就是保护婴幼儿的健康与安全。“保”是指通过建立合理的生活制度，照料婴幼儿的生活，提供均衡的营养，预防疾病和事故，开展多种多样的体育活动，增强婴幼儿体质，促进其健康成长。而幼儿园教育工作管理中，“教”即教育，就是依据《幼儿园工作规程》《幼儿园教育指导纲要（试行）》等政策法规，有目的、有计划地对婴幼儿进行全面发展的教育。在幼儿园实际工作过程中，保育和教育工作相互配合、互相联系、相互渗透。

（一）保教工作管理的含义

保教工作管理，就是为了实现保育与教育目标，遵循学前教育的规律和特点，对保育和教育的过程进行全面管理。保教工作要求管理者运用有效的管理手段，对幼儿园保育和教育工作进行科学的计划、组织、实施、检查与评价，规范日常保教工作秩序，积极开展保教工作研究，不断提升幼儿园的保教质量。

（二）保教工作管理的地位

保教工作是幼儿园的中心工作，保教工作管理是幼儿园中最重要、最核心的管理内容。

1. 保教工作管理在幼儿园管理中占据核心地位

《幼儿园工作规程》第一章“总则”第三条指出：“幼儿园的任务是贯彻国家的教育方针，按照保育与教育相结合的原则，遵循幼儿身心发展特点和规律，实施德、智、体、美等方面全面发展的教育，促进幼儿身心和谐发展。”可见，幼儿园承担着保育与教育幼儿以及服务于家长的双重任务，而保教工作在双重任务中处于核心地位。因此，保教工作管理在学前机构的整体管理中占据着核心地位。保教工作管理水平的高低直接反映出学前机构的整体管理水平。

2. 保教工作管理是幼儿园管理的中心工作

“一切为了孩子”是保教工作的准则，保教工作直接指向幼儿园中的婴幼儿发展、教师配置、班级建设、课程管理、教育评价等，是整个幼儿园管理的中心工作。保教工作管理的最直接目的就是协调幼儿园中的各项教育教学资源，优化保育、教育过程和环节，促进婴幼儿身心健康发展。

（三）保教工作管理的原则

1. 保教结合

保育和教育并不是相互孤立的，而是保中有教、教中有保，保教工作是彼此渗透、密不可分的。因此，保教结合是重要的保教工作管理原则之一。遵循保教结合的管理原则是由教育对象的年龄特点决定的。《幼儿园教育指导纲要（试行）》总则第五条指出：“幼儿园教育应尊重幼儿的人格和权利，尊重幼儿身心发展特点和学习规律，以游戏为基本活动，保教并重，关注个别差异，促进每个幼儿富有个性的发展。”由于婴幼儿正处于身心成长的关键时期，因此，幼儿园的保教工作管理要遵循婴幼儿的成长规律和特点，在实施保教结合原则的过程中，管理者要在思想上树立保教并重的意识，将班级的保育和教育工作结合起来、相互渗透，保教人员分工不分家、相互合作，做到保育与教育的辩证统一，在教育、保育的同一过程中实现保教结合。在管理工作中只有做到保教并重、保教渗透、保教结合，才能真正促进婴幼儿的健康和谐发展。

想一想

“我喜欢给我盛饭的老师！”

欢欢刚入园时间不长，在经历了约两周的分离焦虑之后，能在妈妈的陪伴下高兴地进班了，这让欢欢的家人倍感欣慰。一天，妈妈问欢欢：“宝贝，你最喜欢班上的哪位老师呢？是会跳舞的王老师？还是画画好的李老师？”欢欢看着妈妈，一脸认真地说道：“你说的不对！我最喜欢给我盛饭的那个妈妈老师！”妈妈听了扑哧一笑：“我们家的小馋猫就知道吃呢！”欢欢妈妈无意间与园长交流此事，觉得孩子的想法非常有趣，可是园长听了却陷入了沉思，还专门就此事开展了一次教师间的讨论。“对年幼的孩子而言什么样的老师最受欢迎？”大家你一言我一语地说开了。有的说：“充满活力的老师，有亲和力的老师最受孩子欢迎！”也有的说：“能唱会跳的老师最能‘降服’孩子，因为孩子会崇拜的！”还有的认为具有爱心的老师最受孩子认可。最后，园长语重心长地说：“做幼儿教师，要先学会做妈妈才行啊！”

是的，幼儿教师的教育工作是以对孩子悉心的生活照料为基础和前提的，在与孩子朝夕相处的过程中，老师首先要像妈妈一样关心孩子的吃、喝、拉、撒、睡，在细致入微的生活关照中建立亲密的师幼关系，才会使孩子从心底接纳老师。因此，保育和教育在幼儿教育过程中是不可分割的，我们的教育管理行为要不打折扣地坚持保教结合的工作原则。

思考：

从孩子的心声中你解读出哪些内容？保育和教育工作之间究竟是什么关系？对幼儿园管理工作有哪些启示？

2. 科学规范

幼儿园的保教工作有自身的规律和特点，对保教工作的管理要遵循科学性原则。管理者应从管理实践中不断总结管理经验，提升管理水平。在总结提升有效的管理经验的同时还要注意摒弃经验主义，要从保教工作管理的现实需要出发，将保教工作与全园的整体工作统一协调，科学制订保教工作的计划，认真实施目标管理。在保教工作管理实践中需要管理者自觉运用科学的管理工具，在管理制度、管理方法、管理措施等方面体现科学性和规范化，尤其在教师工作评价、婴幼儿发展评估、保教质量管理、教科研管理等方面更要广泛吸纳先进的科研成果，做到管理思路科学、管理工具先进、管理行为规范。

3. 全面细致

保教工作管理的“核心地位”和“中心工作”决定了其全面细致的管理原则。保教工作涉及面广，需要各个部门的协调与合作。管理者在安排布置保教工作时就必须有全面的整体观，既要抓好主要工作，又要协调好部门间的配合；既要面向幼儿园内部做好管理，又要积极协调家长和社会教育资源；既要注重婴幼儿的健康和谐发展，又要关注教师的专业成长；既要安排好班级内部的一日工作流程，做好保教常规管理，又要放眼未来，做好教育科研工作。此外，保教工作管理还要在“细”字上做好文章，既要围绕婴幼儿的生活、游戏、学习等方面合理安排每日作息时间，规范保教人员的教育行为，提高日常班级工作质量，又要合理安排教师的带班、教研、学习时间和相关内容，管理者要善于在时间分配、任务分配、工作要求、质量标准方面求细求实，做到安排细致，要求具体。

第二节　幼儿园的日常活动管理

一、幼儿园一日活动内容

幼儿园一日活动内容包括学习活动、运动活动、游戏活动、生活活动以及自由活动等。每个活动有自身特定的保教目的和保教内容，但彼此之间是相互联系、紧密配合的。合理、科学、愉快及健康的一日活动设计，不仅能激发幼儿学习的积极性，还能促进幼儿身心健康发展。

（一）学习活动

学习活动是教师组织的有计划、有目的的教育活动，目的在于促进幼儿同伴分享交流，提升幼儿生活经验，促进幼儿成长与发展。学习活动的形式主要有集体教学活动、小组活动、区域活动、种植与饲养活动、社区活动等，如图 6–1 所示。

图 6–1　幼儿园学习活动

1. 集体教学活动

集体教学活动是学习活动的典型活动形式。全班幼儿集体参与活动，教师面向全体幼儿，精选教学资源，注重教学结构的逻辑性，体现教学组织的高效性。但集体教学过程中，教师容易忽视幼儿个体的特点、兴趣和需要，因材施教、个性化教学无法获得保障。

2. 小组活动

小组活动是培养幼儿合作学习方式的重要活动形式。幼儿通过分工、合作、计划、协商，甚至争论、妥协等，进行经验与思维的相互碰撞，同伴成员得到相互激励，有利于协作、合作精神的培养。

3. 区域活动

区域活动又称个别化学习活动，教师设计相关活动区域，幼儿自主选择性参与学习，完全发挥幼儿的学习自主性，有利于因材施教。但区域活动对师资、设备提出了更高要求。

（二）运动活动

运动活动又称为体育活动（图 6–2），幼儿园运动活动包括早操、户外体育活动、体育课、三浴锻炼等。运动活动不仅能锻炼幼儿走、跑、跳、投掷、钻、爬、攀登和平衡能力，增强幼儿身体素质，积累更多运动经验，而且还对创造力、想象力、开朗个性的发展起着积极作用。

图 6–2　幼儿园运动活动

（三）游戏活动

游戏活动是幼儿园基本活动形式，通常是幼儿自主、自发、自由、自愿开展的，满足幼儿自主学习需求的，带有享乐、愉悦性等特征。一般幼儿园常见的游戏活动包括规则游戏和创造性游戏，也有学者将其细分为角色游戏、结构游戏、表演游戏与智力游戏、音乐游戏、体育游戏等，如图 6–3 所示。

图 6–3　幼儿园游戏活动

（四）自由活动

自由活动把活动自主权完全还给幼儿，让幼儿自主选择活动内容、活动材料、活动玩伴，自主决定活动的进展和方向。在自由活动中，幼儿主动性被充分调动，获得丰富的直接经验，并可在与材料、与他人的互动中自主建构经验，获得充分、愉快、轻松的情绪体验。自由活动也是当前幼儿园课程与教学改革中提倡的一种活动形式，如图 6–4 所示。

图 6–4　幼儿园自由活动

（五）生活活动

生活活动是在一日活动中占时间比例最大的一类活动形式，具有时间跨度长、重复率高的特点。生活活动包括来园、离园、餐点、喝水、盥洗、如厕等生活环节。科学有序的生活活动组织，有利于促进幼儿身体生长发育，培养幼儿良好的生活卫生习惯，养成幼儿良好的心理素质，如图 6–5 所示。

图 6–5　幼儿园生活活动

二、幼儿园一日活动的组织

（一）学习活动的组织

学习活动是指教师采用游戏、谈话、实验、操作、实地参观、欣赏、表演等方式，有目的、有计划地引导幼儿通过直接感知、实际操作和亲身体验获取经验，帮助幼儿逐步养成积极主动、认真专注、敢于探究和尝试、乐于想象和创造等良好学习品质。学习活动包括活动准备、活动实施和活动评价三个环节，教师通过集体、小组和个别学习的方式组织学习活动。在学习活动的组织和指导中，要关注以下几个方面。

1. 关注教学方法的选择

教学方法要体现多样性，将讲解法、演示法、操作法、游戏法等进行综合运用，使教学方法与教学重难点无缝衔接，根据班级幼儿心理发展水平和经验准备设计教学。

2. 重视幼儿学习的过程和方法

在学习活动过程中，要充分创设多样化的活动情境，让幼儿体验、尝试、操作和发现；尽量减少教师直接的语言讲解，多让幼儿动手动脑，在情境中与材料互动，与同伴交流，建构个体经验。

3. 对幼儿发展水平的差异有一定准备

为了让不同发展水平的幼儿都能在原有水平上得到一定发展，应该在问题设计和材料准备方面，进行充分准备，提出不同层次和难度的活动要求，预见不同水平的幼儿在学习新知识时的经验水平和可能的困难，从而满足不同幼儿发展的需求。

（二）运动活动的组织

运动活动又称为体育活动，它不仅锻炼幼儿身体的平衡能力、增强体质，而且还能对自身的创新和个人发展起到积极作用。有计划、有准备地组织丰富多彩的户外活动，保证每天两个小时户外活动时间，这对幼儿的身心健康有极大的帮助。

运动活动前教师要检查活动场地，排除积水、障碍物等不安全因素；整理检查幼儿服装和鞋子，保证轻便、舒适，以免滑倒、摔伤或扭伤；进行运动量大、出汗量大的活动时应注意提前为幼儿准备汗巾，如图 6–6 所示；活动时间一般为上午和下午各一次，至少一次户外活动；如果遇到天气状况不适宜，如雾霾、雨雪、冰雹、烈日等天气，应具体情况具体调整。

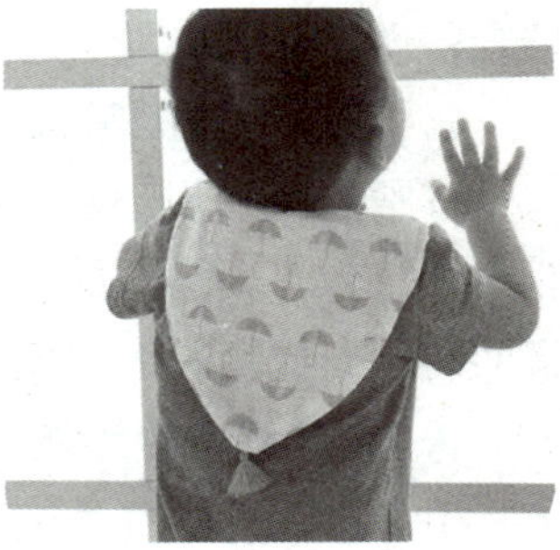

活动中应注意热身环节和整理活动环节，避免出现运动损伤。当幼儿运动量过大时，会出现脸色苍白、汗量增多并疲劳等现象，这时候应注意活动量的调整。

图 6–6　幼儿运动前垫汗巾

运动后教师应组织幼儿抽出垫背汗巾，避免着凉。运动后注意不要让幼儿过量饮水或吃冷饮，因为运动过程中全身脏器的血流量增加，饮水和吃冷饮会给心脏增加负担，长期会影响心脏功能。同时应注意避免立即洗澡，因为洗澡刺激皮肤，使肌肉毛细血管扩张，体内血液过多分布到皮肤和肌肉中，这样就会造成心脏、肝脏、脑等部位的血液流量减少，从而出现头晕、胸闷等症状。

（三）游戏活动的组织

游戏对幼儿有重要的发展意义，应重视游戏的组织与管理。游戏是幼儿自主、自由的活动过程，应遵循“幼儿在前，教师在后”的组织原则，教师主要任务是合理安排游戏时间、提供材料，观察幼儿游戏水平和游戏状态，作好记录、提供隐性游戏指导。游戏结束后组织幼儿分类收拾整理玩具，培养幼儿秩序感和责任心。

幼儿园游戏时间要“专项专用”，保证游戏时间不被其他活动所侵占，平衡创造性游戏和规则性游戏。提倡设置游戏活动区域，小班 3 ～ 5 个区域，中班 5 ～ 7 个区域，大班 6 ～ 8 个区域。

（四）自由活动的组织

自由活动虽然目前在我国幼儿园一日活动中占比例较低（13%），但作为开放性、个性化、自主建构性最强，以及幼儿最喜欢的活动类型，为了真正发挥其应有的教育效果，我们应关注以下方面。

（1）增加自由活动在一日活动中的时间比例，给予自由活动时间地位。

（2）观察幼儿，抓住时机进行有针对性的教育引导。自由活动中幼儿会展示出其个性特点、兴趣偏好、能力水平等很多信息，教师应注意收集这些重要信息，更好地开展个别化教育，也为集体教学活动中的个体作好准备。

（3）为了避免自由活动单一、乏味，教师应准备多种类型的可自选材料，供幼儿自选游戏，也可以采用晨谈、聊天等形式轻松地为幼儿创设社会性发展的机会。

（五）生活活动的组织

幼儿园生活活动是指满足幼儿基本生活需要的活动，主要包括幼儿入园、进餐、饮水、盥洗、如厕、睡眠、离园等环节。生活活动贯穿于幼儿的一日活动中，旨在帮助幼儿发展生活自理、与人交往、自我保护等能力，逐步养成健康的生活规则和习惯。同时，幼儿的智育、品德教育、对生活美的感受力和表现力也是从日常生活开始的。幼儿园生活活动在组织过程中要注意：

1. 保育教育相结合

生活活动不仅是对幼儿生活的护理和照顾，更应发挥教育的功能，注重保育与教育相结合，做到保中有教、教中有保。

2. 建立合理的常规

日常生活常规必须符合幼儿身心发展的特点，与各种日常生活活动的内容及幼儿自理能力、行为习惯培养的要求紧密结合；教师帮助幼儿理解、掌握、熟悉行为规则的过程；帮助幼儿形成良好的习惯，培养幼儿的自理能力。

3. 培养基本生活技能

生活技能的训练方法，要根据幼儿的年龄特点、个别差异和班级的实际情况选用；各种生活技能动作，都可以采用分解动作的方法，让幼儿按步骤练习掌握。

知识链接

幼儿园一日活动理念和要求

2015年12月30日，广东省教育厅印发了《广东省幼儿园一日活动指引（试行）》，制订了每日的活动活动理念与要求。

1. 建立“一日活动皆课程”的教育理念。幼儿园应重视不同类型活动的教育价值。支持幼儿在生活活动中提高自主管理意识和能力，保证幼儿充分地进行户外活动和体育锻炼，给予充足的自主性游戏时间。关注幼儿在幼儿园各个空间里发生的学习活动，以游戏为基本方式，灵活运用集体、小组和个别的学习形式，引导幼儿生动、活泼、主动学习。

2. 促进幼儿园一日活动的整体构建。幼儿园应关注幼儿学习与发展的整体性，注重健康、语言、社会、科学、艺术五大领域之间和目标之间的渗透和整合，关注各活动环节的自然衔接，创设有利于引发、支持幼儿的游戏和各种探索活动的教育环境，建构完整的幼儿园一日活动体系。在此基础上，结合本地区、本园的文化和资源，教师、幼儿、家长和社区共建特色的、个性化的园本课程。

3. 科学、合理地组织和实施一日活动。幼儿园应根据幼儿的兴趣、需要和年龄特点，并在活动中充分考虑季节变化、天气及环境状况等，做到动静结合、室内外结合、集体与小组及个别活动相结合。

4. 在良好的关系中师幼共同建构和维护一日活动的常规。幼儿园保教人员应与幼儿建立安全、信赖的师幼关系，与幼儿共同建构一日活动常规，保证一日活动有序进行，并让幼儿在自主维护常规过程中逐步感受到规则带来的益处。

5. 关注幼儿个体的发展水平和需要。幼儿园在考虑幼儿年龄发展特点和规律的基础上，尊重幼儿个体的发展水平和需要，促进每位幼儿在自己原有水平上有所提高，为幼儿后继学习和终身发展奠定良好素质基础。

6. 原则性与灵活性相结合，结合实际落实2015年12月30日广东省教育厅印发的《广东省幼儿园一日活动指引（试行）》。在参照《指引》实施一日活动过程中，各地区和各幼儿园可根据实际情况加以适当调整，还可进一步拓展和细化一日活动的内容，在遵循《广东省幼儿园一日活动指引（试行）》的基本理念和原则的基础上，做到灵活而有创造性地落实《广东省幼儿园一日活动指引（试行）》。

（资料来源：http://edu.gd.gov.cn/ztzlnew/xqjy/kxbj/content/post_3279612.html）

第三节　幼小衔接存在的问题

幼小衔接对于儿童发展的重大影响已经受到家长、教师及社会相关人士的普遍重视，幼儿园、小学、家庭及一些相关社会培训机构，都开展了多种形式的幼小衔接。但是，由于对幼小衔接的认识存在一定的片面性，目前我国幼小衔接的开展面临一些问题。

一、幼小衔接“小学化”

幼小衔接“小学化”是指为了减缓幼儿园教育和小学教育之间的坡度，幼儿园增加小学课程内容，提前教授小学知识，按照小学的作息制度、教学形式、学习环境等开展学前教育教学活动。“小学化”的幼小衔接教育是超前教育，其本质是反衔接的。

（一）将幼小衔接等同于小学知识的提前教育

1. 幼小衔接内容以小学知识为主

我国幼儿园教育的内容划分为健康、语言、社会、科学、艺术五个领域，各领域相互渗透，从不同角度促进幼儿情感、态度、能力、技能等方面的发展。但在实践中，有的幼儿园理解有误，把幼小衔接等同于对小学知识的衔接，特别是对小学的数学、语文等知识的教学，从而忽视学习兴趣、学习能力、学习习惯的衔接和生活经验的积累。

2. 简单移植小学教育形式

有的幼儿园以简单移植小学课堂教学的形式开展幼小衔接。要求学前儿童像小学生那样听课、写作业。幼儿园教师组织活动以灌输知识为主，并要求学前儿童在课后完成相应作业。作业的形式通常要求一个字母或一个字抄写10遍甚至更多，作业内容还涉及计算、英语、常识等，且作业量较大。幼儿园以学知识为主，套用小学教育的形式，增加了学前儿童的学习负担，不仅会危害学前儿童的身心健康，还会导致他们对学习反感乃至厌恶，加剧学前儿童身心发展与教育之间的冲突，不利于学前儿童身心健康成长和良好学习品质的养成，对学前儿童发展的非智力因素极为不利。

（二）以小学生的标准要求学前儿童

1. 幼儿园以小学生的标准规范学前儿童的行为

为了让学前儿童适应小学教育，在幼儿园以小学生的标准规范学前儿童的行为。许多幼儿园将小学对学生的行为规范搬到幼儿园来。例如，对老师要绝对服从，要听话，不许顶嘴，不许辩解；上课要专心听讲，不许开小差、做小动作、说话，坐姿要端正，精神要集中，回答问题要举手；课间要安静地休息或做游戏；等等。

2. 以评价小学生的方式评价学前儿童

幼儿园教育评价应注重过程性评价。但在开展幼小衔接的过程中，有的幼儿园对学前儿童的评价强调结果性评价，即以学前儿童认识了多少字、会做多少算术题等知识要求为评价的主要依据，忽视过程性评价，忽视评价的个体化与纵向性，缺少对学前儿童在学习活动过程中各种表现的关注。有的幼儿园评价方式单一，以学前儿童是否像小学生一样以学为主、刻苦学习为评价的重点，不注重对学前儿童综合素质的评价。总之，幼小衔接变成幼儿园教育小学化，不仅不能解决幼小衔接问题，反而将严重危害学前儿童的身心健康，扼杀学前儿童的天性，与社会要求背道而驰，不符合社会发展的需要，对学前儿童今后的发展带来极大的负面影响。

二、幼小衔接中的师资力量薄弱

（一）教师缺乏切实可靠的幼小衔接方案

对于幼小衔接，大部分教师树立了一种正确的观念，即从单纯知识的准备到生活习惯、学习习惯、学习能力、自理能力、规则意识、任务意识、身体素质等方面的全面综合的准备。但是，认识方面的提高并不等于教育行为有了转变，因为缺乏切实可靠的幼小衔接方案，教师在教育行为上，仍然以形式上的衔接——知识的学习、纪律的强调为主。

（二）幼儿园教师、小学教师专业素养割裂

我国幼儿园教师与小学教师的培养途径是彼此独立的，幼儿师范院校是幼儿园教师的主要培养基地，小学教师主要由普通师范院校培养，两类院校的专业课程设置基本无共同性。因此，大多数幼儿园缺少既熟悉学前教育特点又了解小学教育规律的教师，而小学教

师也基本不了解学前教育的基本规律、特点。幼儿园教师与小学教师对彼此的教学大纲、教学活动、工作方法等不了解。

三、幼儿园单方面开展幼小衔接

（一）小学幼小衔接工作比较滞后

在幼小衔接中，幼儿园积极地开展学前儿童的入学准备工作，主动向小学靠拢，在教育要求、教育内容、教育方法等方面尽量接近小学。但一些小学却很少考虑初入学儿童的特点，不能主动与幼儿园对接，因此，形成了衔接上的单边化、一边倒。在小学初期，一些小学很少调整教学内容和方法，忽视低龄儿童的心理特点，按照小学的一般规律组织教育教学活动。由于小学对于协调工作的忽视，一些新入学的儿童有着或多或少的学习压力、交往压力，甚至难以适应小学的学习节奏和方式，进而出现抗拒心理。

（二）家长较少参与幼小衔接

家庭是儿童成长的重要环境，它无时无刻不在发挥着教育功能，并且它具有广泛性、持久性等特点，特别是家长与学前儿童之间具有不可替代的由血缘、情感等构成的亲子关系，决定着家长在学前儿童的教育工作中起着重要的作用，尤其是幼小衔接工作。但一些家长认为，教育就是学校的事，对家长在教育中所发挥的作用，尤其是在幼小衔接中的作用没有足够的认识，使幼小衔接工作成为家庭教育的盲区，变成幼儿园单方面的事情。

四、幼儿园开展幼小衔接的策略

学前儿童进入小学前必须达到一定的身心发展水平，才能适应小学的学习和生活，而学前儿童的身心发展水平在很大程度上取决于幼儿园的保教质量。因此，幼儿园必须依据幼儿园教育原则开展保教工作，通过各种保教手段提高学前儿童各方面的素质，增强其环境适应能力。幼小衔接从幼儿园入学开始就已经展开，幼儿园根据对幼儿进行保教结合，促进学前儿童身心和谐发展，持续地为学前儿童进入小学打下坚实的身心条件基础。主要做好以下工作。

（一）细致地做好保育工作

在幼儿园阶段要保证学前儿童充足的营养和休息，防治疾病，注意安全，使学前儿童身心健康。

（二）培养儿童全面能力

重视体育活动，积极锻炼体格，增强体质；坚持生活的规律性，健全神经系统的正常发展，关心学前儿童的情感和自制调节能力；保护和训练学前儿童的感官，特别是视力、听觉器官，充分锻炼学前儿童小肌肉的动作能力；培养学前儿童的独立生活能力，如能独立进餐、如厕、游戏、劳动、整理学习用品，完成力所能及的任务等。

（三）发展学前儿童的智力

有意注意是学前儿童进入小学后顺利学习的基本条件，幼儿园应培养学前儿童在一定程度上控制自己，使精神集中，并随着年龄的增长，适当延长有意注意的时间；发展学前儿童的思维和语言能力，使其对常见的事物能进行初步的分析、归类、比较，形成简单的概念，在集体中能大胆讲话，发音正确，口齿清楚，语句完整连贯，清楚地表达自己的思想见解；培养学前儿童动手操作的能力，在教师指导下，学会使用简单的工具、文具等。

（四）重视学前儿童非智力因素的培养

培养儿童学习的兴趣和求知欲。幼儿园不仅要用生动形象的内容来吸引学前儿童学习，更重要的是激发学前儿童的学习兴趣，使其有学习新知识的要求和愿望，从学习中获得满足和愉快，产生学习的主动性、积极性，得到可持续发展。

第四节　幼儿园课程管理

一、课程管理概述

（一）课程管理的含义

课程管理是指以课程为对象所施加的决策、规划、开发、组织、协调、实施等管理活动和管理行为的总称。根据课程管理范围的大小、性质、目的和任务的不同，可将课程管理划分为课程宏观管理与课程微观管理。课程宏观管理是关于一个国家或地区的课程管理活动和管理行为；课程微观管理是一个教育机构以课程实施为重点的管理活动与管理行为。

幼儿园课程管理是课程管理的子项目，是在一定法规和政策背景下，由各级政府或幼儿园对幼儿园课程的建设和实践过程进行的规范、引导和帮助，也就是通过一定的方式介入并适度控制幼儿园课程的设计、实施和评价的过程，其根本目的是提升课程质量、改善幼儿的学习品质。我国目前实行的是“国家—地方—幼儿园”三级课程管理体制，幼儿园在课程管理方面拥有较大自主权，对于探索和优化适宜幼儿发展的教育路径有积极意义。

（二）课程管理的意义

课程承载着一所幼儿园最核心的教育理念，课程管理是课程实施的保证，是课程实施成败的关键所在。管理者通过对课程的决策、组织、督导使幼儿园的教育理念转化为幼儿现实的发展，同时保教管理者通过课程管理既能使本园的课程与国家的课程标准保持一致，又能更好地提高本园课程的适应性，形成各自的教育特色。课程管理还有助于教师专业化水平的提升，课程管理的过程也是教师参与课程决策、编制课程方案、审议课程内容、实施教育实践的过程，能够较好地发挥教师的主动性和创造性。

（三）课程管理的内容

1. 编制课程方案

幼儿园课程方案是指按照教育目标、婴幼儿发展的特点与需要，根据机构的实际状况和课程资源条件，对本机构的课程内容、课程方法、课程编排和课程管理等方面的认识和文本表达。课程方案是幼儿园在一定时期内实施课程和课程管理的依据和行动纲领。幼儿园课程方案的编制是指幼儿园根据课程方案的目标、课程理念对课程在选择、重组、创新和策划的基础上所进行的课程策划和课程设计的管理活动。

在编制课程方案时要注意思路清晰、结构完整。课程方案应包括幼儿园课程的基本理念、课程依据、课程目标、课程特点、课程结构、课程内容与方法、课程功能与价值等内容。同时在教育内容的选择上要平衡配比，使领域间内容保持平衡，科学合理安排婴幼儿游戏、学习、生活、运动等活动，避免顾此失彼。

2. 建立教育教学秩序

教学秩序是课程方案的真实展示，幼儿园教育教学效果是课程目标达成的重要体现，建立良好的教育教学秩序是课程管理最基本的任务。作为保教工作管理者应提升教师的课程开发和课程管理能力，重视一日活动实施中各个环节的课程研发与管理，使教师明确一日生活中各个环节的课程价值和意义，科学合理地安排婴幼儿的一日生活。

3. 完善课程管理制度

课程管理需要制度化和规范化，确保和维系课程运作的稳定性和科学性。幼儿园所制定的课程管理制度包括“备课听课制度”“考核奖励制度”“作息制度”“教科研制度”“学习制度”“教师外出培训制度”“教学反思制度”“教学问题累积制度”“对话交流制度”等。不同制度从各个角度、各个侧面、各个问题入手构建课程适宜的运行程序，确保幼儿园课程的有序开展，提升幼儿园保教质量，推进教师专业成长。

4. 健全课程评价体系

课程评价在课程开发和建设的过程中起着举足轻重的作用，课程评价虽然是课程运转的“终点”，但对于回归课程的初心起到关键作用。首先应建立健全课程评价标准，从课程编制、课程组织、课程实施、课程评价等维度进行科学性、可操作性地说明，确保《幼儿园保育教育质量评估指南》《幼儿园教育指导纲要（试行）》政策的贯彻，并结合幼儿园一日活动各个环节的实施与操作。幼儿园可以依据课程管理制度，制定配套课程督导量表，如《教学活动评价表》《教师月工作绩效考核表》《教师日常教学管理检查表》《班级环境创设评价表》《自制玩具统计表》《行政日常工作坚持表》《班级幼儿发展评估测试表》《幼儿参与教育活动问卷分析表》等，还可设计各项家长、教师、幼儿问卷调查表，从而多角度督导幼儿园课程的实施。课程评价的主体从园长评价向个人自评、家长评价、教研互评等形式转变，建立教师“课程评价档案袋”，注重课程实施的过程，展示班级课程生态。课程评价可以让我们回归教育目标的初心，用发展的眼光看待教师和幼儿，从而更好地把握课程园本化的发展方向。

二、幼儿园课程开发与管理

幼儿园园本课程开发是以幼儿园为基地，依据育人理念和园所组织文化，挖掘和利用园内外优质课程资源，形成独特、开放性园本课程方案的课程管理过程。幼儿园园本课程开发不仅需要课程与教学专业理论指导，更需要幼儿园园长具有课程管理意识，重视园本课程开发工作，形成强有力的课程管理组织保障团队，建立课程管理制度，从而落实园本课程开发。

（一）课程管理的组织层面

1. 园级层面

负责规划幼儿园的整体课程框架，根据幼儿园课程发展远景与课程目标以及各年龄阶段学期目标确立课程框架与组织形式，以“主题活动”统领、教学活动支撑、体育活动保证、区域活动拓展、自主游戏丰富、环境资源渗透、保育工作兼顾、家长工作配合为课程框架与组织形式，并在具体的实施过程中作进一步的调整与完善。

2. 年级组层面

根据幼儿园总的课程规划，结合大班、中班、小班幼儿年龄特点和组内教师特长，以年级组为单位，组织实践观摩和问题研讨，着重解决课程落实过程中暴露出的共性问题，达到对课程动态管理的目的。

3. 班级层面

班级教师结合班内幼儿发展的实际情况后，融入自己的个性特点和教学风格，进一步拓展课程的内容，创新课程的开展形式，将课程计划分解在班务计划和月、周、日计划中，从而保证幼儿一日活动的有效性。

（二）课程管理的纵向阶段

1. 第一个阶段——年级组审议

主题活动开展前，年级组集体对教材进行审议，结合本园实际以及本土文化，删减极少数不适合本园实际的内容，并调整主题目标（如农村孩子动手能力相对强些，语言表达能力相对弱些，与此相适应地提高或降低目标），使主题目标落到本园孩子的最近发展区内，然后设计主题活动环境创设方案，讨论家庭、社区资源开发与利用的要点，集体制订出一份主题活动计划。年级组骨干教师设计好主题中的每个活动。

2. 第二个阶段——班级审议

班级开展主题活动之前，拿出第一次审议后的主题活动计划，结合班级实际，考虑幼儿已有经验，作适当调整，对主题中的每一个活动也同样作相应调整，并写出调整理由。

3. 第三个阶段——交流调整

年级组内交流主题活动方案实施进展及效果，共同解决存在的问题并调整活动方案。

4. 第四个阶段——小结反思

一个主题结束后，各班总结主题活动方案实施过程中的经验与不足，写出主题的反思调整，在年级组内交流，在此基础上，年级组找出共性问题，明确下阶段重点要解决的问题。

5. 第五个阶段——资料整理

在一学期主题活动全部结束后，将所有资料按规定的要求整理成主题课程文本资料，供其他年级组参考和创造性使用。

三、幼儿园课程管理注意事项

（一）莫让园本课程与经济效益挂钩

由于国家当前对幼儿园课程缺乏有力的监督和规范措施，部分幼儿园在追求利益最大化的过程中，过分追求园本课程对于逐利的价值，忽略“园本课程”开发的初衷，园本课程开发成为幼儿园创收的一个“噱头”。为了降低课程开发成本，进行教材的拼凑或课程名称的换汤不换药，都是不利于幼儿园课程质量内涵发展和提升的。这种园本课程管理形式主义背后是对家长教育需求的不尊重，是对国家教育期待的不重视。

（二）莫受“流行”课程模式影响

由于缺乏文化自信，幼儿园园本课程管理过程中容易受到“流行”课程模式的影响。一会儿蒙氏之风，一会儿华德福之雨，刚才还是瑞吉欧教学，现在又成了新西兰学习故事，从而迷失了自己。很多园长热爱学习，喜欢学习是好事儿，但如果在课程管理的过程中，尤其是在园本课程开发过程中缺乏对本土、本园情况的了解，没有形成自身的育人理念，我们所管理的幼儿园课程终将成为远离幼儿文化、远离幼儿兴趣、远离幼儿经验的课程体系。因此，我们应加强文化自信，用科学的课程评价观念来诊断、甄别各种“流行”文化，不要对外来文化和“流行”文化盲从。

（三）构建科学课程理念

理念是实践的先导，科学的课程管理需要科学的课程观念作引领。首先，应树立“幼儿为本”的课程理念，以幼儿生命之花的绽放为终极课程愿景，建立民主、合作、开放式的课程管理模式，使幼儿园课程管理真正体现关注儿童、尊重儿童、重视儿童的理念。其次，以幼儿为本，就要关注幼儿的学习过程，逐步除去幼儿园“小学化”陋习，关注幼儿学习的方式，采用积极体验、动手操作等方式提升其学习品质。最后，以“幼儿为本”的园本课程开发，并非挖空心思地用“特色教育”标榜自己，而是植根于幼儿真实生活生长经验，真正使幼儿园、家庭、社区形成教育合力，构筑回归生活的课程资源，从而实现幼儿生命质量的最优发展。

（四）借助专业引领，探索课程园本化

随着幼儿园保教质量的逐步推进，对园本课程的开发和课程园本化的要求日益迫切，但由于受到课程理论水平的限制，往往需要借助专家引领，采取课题研究或实验研究等形式开展园本课程实践或课程园本化探索。苏州幼儿高师花朵幼儿园积极参与虞永平教授“生活化、游戏化幼儿园课程研究”课题研究，先是以大班为实验班引进课题研究文本，根据园所自身实际需要进行行动研究。在课题组专家团队的引领下，在反复深入实践、反思、研讨的过程中，该园在资源利用、实施途径、环境创设、区域组织、游戏创新、家长工作等方面均取得了突破进展，推进了园所课程建设的步伐。

（五）注意材料积累，重视成果转化

幼儿园应当为教师提供共享课程开发成果的机会，对成果进行记录、总结、评价和奖励，并定期把相关成果编辑出版。教师的小论文、参观记、访问录、案例集汇编出版，对教师专业成长是一个极大的鼓励。同时，幼儿园还可以利用这些成果，推进园本课程。开发与管理园本课程不是任务，而要使其真正成为一种教学常态，在课程管理的过程中促进幼儿教师专业成长。

第五节 园本教研管理

一、园本教研的概述

（一）园本教研的概念

教研就是“教学研究”，而中小学教研的基本任务就是以学科教学为中心的教学研究。幼儿园教研不同于中小学的“教学研究”，“因为幼儿教育有着不同于中小学教育的特点、规律和任务，‘教学’不是教研的‘唯一’，一日生活的各个环节都应成为教研的内容。因此，幼儿园教研是指关于一日生活各个环节的教育研究”。

幼儿园园本教研管理强调以园所自身的力量为基础，以园所自己搭建的教研平台为依托，以全体保教人员为教研主体，借助一定的外部力量，解决本园教师工作中面临的真实问题。

（二）园本教研类别

1. 诊断式教研

在课程的实施中老师们经常会产生一些困惑或疑虑，针对这些情况，我们可在教研组开展诊断式教研。诊断式教研以问题为中心进行研讨，推选一名教师实施教学案例，在平等的研讨氛围中，针对主题进行观摩、研讨、交流，从而帮助教师解决其在教学实践中遇到的困难。

2. 反思式教研

根据教师专业成长公式“教学＋反思＝成长”，教师只有学会反思，才能不断地推进专业成长。教研组可以充分利用教师个人的公开课视频资料，进行反思和集体教学研究，以切实提高教师们制定教学目标、重难点，观察、指导幼儿，评估课程教学效果等教学能力，从而提高教师驾驭教学、组织游戏的能力。

3. 头脑风暴式教研

头脑风暴式教研采取分组形式，小组内进行讨论、商议并发表观点，之后运用板报和发言人形式进行组间分享。这种教研活动减轻了不善言辞教师发言的心理压力，调动了每个教师参与研讨的兴趣，大家的思维在轻松的氛围中相互碰撞。在脑力激荡的过程中，教研重点得以凸显，既解决了保教工作中的实际问题，又达到了实践反思、同伴互助的教研效果。

（三）园本教研的意义

1. 园本教研使幼儿园教师的教育生活呈现教育实践与反思研究的常态格局

长期以来，幼儿园教师的基本工作，甚至全部工作就是带班、教学，管理者往往忽视教师的教研生活，教研活动处于可有可无的地位。有的管理者还将教研活动片面地理解成教师的业务培训和理论学习，教研活动走过场，影响了教师参加教研的积极性。园本教研强调的是解决教师工作中的真问题，教研的主题产生于教育实践，教研的主体是每位教师。较好地使教育实践与反思研究结合起来，并形成教师生活的常态，有助于全面提升教师教育生活的专业品质。

2. 园本教研是教师专业化成长的重要手段

园本教研依托教师团队的支持，在专家的引领下将自身的教育实践进行科学的回顾与反思，能够指导教师不断以专业的眼光审视自己的教育行为。教师不断地挑战自我，从反思教育实践中学习，个人成长是快速而有效的。同时，教师团队的互动也促进群体智慧的迸发，有助于全体教师相互切磋教育技能，取长补短、共同进步。

3. 园本教研是保教工作管理的重要内容和途径

在高质量的园本教研活动中，教师的教育教学经验得以总结和提升，教育教学中的困惑得以研讨和交流，教师自身的专业水平得以提高。实践证明，教师的成长，尤其是优秀教师的成长无一例外地都与园本教研活动相伴随，园本教研活动成为教师教育灵感的催生剂，成为教师职业生涯中教育心灵可以停靠的港湾。搞好园本教研工作是保教管理者的重要工作内容，同时，通过园本教研的开展，实现教师的专业成长，从而有效地提升保教质量也是保教管理者的重要管理途径。

二、园本教研的组织

（一）教研组的建设

园本教研的开展是依托教研组而进行的。开展园本教研首先要从教研组的建设入手，教研组依据组建方式的不同可以分为以下几类。

1. 学科教研组

依据各领域的教育目标，将教师分成语言组、健康组、社会组、科学组、艺术组，分别由擅长该领域教学的教师担任教研组长，开展相应学科的园本教研活动。

2. 年级教研组

依据教师所带班级的不同，分为托班教研组、小班教研组、中班教研组、大班教研组，并分别进行有效的教育教研。

3. 班主任教研组

将班主任老师相对集中在不同的年龄组，形成托班班主任教研组、小班班主任教研组、中班班主任教研组、大班班主任教研组，开展更为有效的班级教育教研。

4. 特色教研组

依据教师的教育兴趣点的不同、入职年限的不同、职前教育背景的不同，将老师划分为生活常规教研组、新手教师教研组、特色活动教研组等，开展有针对性的教研活动。

（二）园本教研的组织形式

传统而有效的园本教研组织形式有一课多研、同课异构、教育活动全园观摩、游戏活动观摩、生活环节研讨等。

1. 一课多研

针对一个课例集体备课，并由教师团队逐一上课，每次课后大家集体研讨，提出改进意见，再由下一位教师执教，逐步推进，日臻完善。

2. 同课异构

同一个教育素材经由教研组充分讨论，设计出不同的活动方案，经由教师团队逐一展示后集体研讨，以确定本素材最为实用的年龄班和相应教育方案、教育方法。

3. 活动观摩

在地毯式的观摩活动中，促使执教者将活动的每个细节考虑周到，对教材的研究、对幼儿的了解能尽量做到烂熟于胸，并有机结合，在活动中促进幼儿的发展。通过观摩活动，可以提高教师对教材的解读能力和对幼儿的理解、把握能力；同时，教师的教育理念得到逐步更新，新的教学方法不断涌现，教学新秀得以锻炼、培养，教师的教育才华得以展现。因此，观摩活动既是对每位教师教学能力的集中展示，也是对全园教学水平的一次现场考评。观摩活动不仅适用于教学活动，也同样适合于游戏观摩、生活观摩等。

4. 课堂观察

课堂观察来源于中小学，通过对课堂的运行状况进行记录、分析和研究，并在此基础上谋求课堂学习的改善、促进教师发展。课堂观察是基于教师群体的园本教研组织形式，它关注教师教育行为和婴幼儿学习的细节，通过多次执教者与观察者的对话来实现园本教研的价值。课堂观察由课前会议、课中观察、课后会议组成，借助观察工具，可以分别针对教师的教学维度、婴幼儿的学习维度、课程性质维度、教学文化纬度来观察真实的教育现场，提出有针对性的教育建议。

5. 名师工作坊

将幼儿园的名优教师组织起来设立专门的名师工作坊，由名师按照相应计划开放活动室、开办讲座、实施现场教育诊断，并选派有潜力的青年教师跟班学习，交流研讨。

三、园本教研的过程管理及要点

（一）园本教研的过程管理

1. “问题情境”启动园本教研

幼儿园园本教研常常围绕相应主题展开，主题来源于政策，来源于社会热点，更来源于幼儿园教育实践中的真困惑和真问题。组织全体教师共同寻找日常教育实践中遇到的问题和困惑，并将其整理和归类，从而确定园本教研的主题，不仅有助于园本教研活动中教师主体性的发挥，也充分体现了课程管理的民主性。

2. “专业引领”驱动园本教研

教师提出的园本教研问题往往比较具体，而园本教研的目标不仅是具体问题具体分析，更要以问题为线索，深入挖掘园本教研对课程建设、对教师专业成长的价值和意义。管理者应重视专业引领，选派业务精湛、理论扎实、思路清晰的教研负责人主持园本教研活动。将具体的“问题情境”转化为“教研主题”，驱动园本教研的深入开展。例如，教师在区域活动中，常常提出问题的有：“孩子不喜欢到数学区去玩怎么办？”“孩子在建构区里玩打仗的游戏怎么办？”“活动区活动的评价都需要以集中的方式进行吗？”“我不知道提供的结构材料是否适宜？”“用什么方式开启活动区活动更好呢？”教研负责人应把这些问题进行整理和归类，整理出关于活动区域活动的创设、活动区材料的投放以及指导评价等教研主题，由问题生成的教研主题更能成为教师感兴趣的教研话题，也更能升华园本教研活动。

3. “巧用方法”调动园本教研气氛

实现园本教研效果的达成，还应注意园本教研气氛的调动。活跃、积极、民主、开放的园本教研气氛对于激发教师反思的积极性、深化问题的认识、拓展园本教研主题起到关键作用。可以采用一定方法引导园本教研的气氛，首先，多用设问、反问和追问的方式唤起教师思维。园本教研负责人应成为问题的提出者、问题的分享者，通过引出问题、引导话题，打破对话平衡，引发观点冲突，以此获得正确的认识和有效的办法，切不可承包教师问题或直接告知问题答案。其次，园本教研负责人应科学设计教研进程与时间。教研活动进程应用多种方式来推进，一味讨论也会使教师们感到乏味和疲倦。因此，教研环节的设计应将个体陈述、分组讨论、双方辩论、观摩反思等综合设计，采用团体活动或体验式活动等方式激发教师的教研热情，调动园本教研的气氛。

（二）园本教研的管理要点

1. 管理者是园本教研的重要责任人

园本教研虽是“自下而上”的教研，但管理者一直起着核心、引领与支持、合作、参与的双重作用。管理者通过活动与教师对话，了解与掌握教师专业成长的速度、方向和水平，从而给予每位教师有针对性的帮助和支持。管理者还可通过业务讲座，将先进理念结合实际工作对全体教师进行理论引领。

2. 园本教研管理的核心是创建教研文化

教研文化来自幼儿园文化。幼儿园文化作为一所园所内部成员所共同具有的思想作风、价值观念、行为态度，不但对每位教师的教育行为产生重要的影响，更对园本教研产生重要的影响。平等、尊重的教研文化要在民主开放的园所文化中得以内化；研究、学习的教研氛围需要在合作、互助、探索、钻研、求实的园所文化氛围中得到引导，求实、创新的教研文化需要在倡导并鼓励教育科研的园所文化中得到支持。

3. 园本教研管理的重点是建立并实施稳固的园本教研制度

园本教研是教师工作的常态，而不是轰轰烈烈的教育“运动”，更不是幼儿园中光鲜的“门面”和“饰物”，需要管理者以务实的心态做好园本教研工作，要从制度层面上保证园本教研的实施与落实。让全体教师明确园本教研制度的严肃性，从思想上高度重视教研工作；通过时间、地点、人员、主题的四落实使园本教研活动扎实开展；通过园本教研的考核机制使园本教研活动的骨干崭露头角，运用榜样示范带领教师做好园本教研活动。

综上所述，园本教研管理是保障幼儿园教育工作管理走向科学化、专业化的重要途径，也是幼儿园教育质量不断提升的重要保证，更是幼儿园教师专业成长的载体，应充分重视并创新园本教研管理，切实发挥其推进幼儿园可持续发展的重要作用。

随着科技的发展，现代化教学手段在教学中发挥了越来越大的作用，幼儿园也应当为教师提供充分的现代化教学手段，让教师能利用网络、多媒体和其他电教手段，为幼儿提供更为立体、全面的信息，以达到更好的教学效果。

练习思考

一、单选题

1. “某个园所设施已经满足了幼儿生长发育的要求时，就不要再盲目攀比园所设施的华丽”，这遵循了确立评价标准的（　　）。

A．方向性原则　　B．科学性原则

C．可行性原则　　D．客观性原则

2. 人员配备合理是提高工作绩效的因素之一，因此，园长在用人时应坚持做到（　　）。

A．知人善用　　B．优势互补、合理结构

C．用人所长　　D．充分表现、委以责任

3. 我国的幼儿园园所与所在社区之间的关系是（　　）。

A．园所为社区服务　　B．社区为园所服务

C．园所与社区双向服务　　D．园所独立于社区

二、多选题

1. 保教工作管理的原则有（　　）。

A．保教结合　　B．科学规范

C．全面细致　　D．以人为本

2. 园本教研类别有（　　）。

A．诊断式教研　　B．反思式教研

C．头脑风暴式教研　　D．科研式教研

第七章 幼儿园卫生保健与安全管理

学习目标

知识目标

◎ 了解幼儿园卫生保健管理的重要性和任务。

◎ 掌握幼儿园卫生保健管理的内容和措施。

◎ 重视幼儿园安全管理并掌握其管理策略。

能力目标

◎ 在实际工作中，学习运用保教工作管理的原则。

◎ 尝试科学安排幼儿园一日活动。

素质目标

◎ 努力学习幼儿园的日常教学方法。

◎ 培养良好的卫生习惯。

思政目标

掌握科学照料幼儿日常生活的基本方法，了解幼儿日常卫生保健、传染病预防和意外伤害事故处理的相关知识，掌握面临特殊事件发生时保护幼儿的基本方法。努力做幼儿健康成长的启蒙者和引路人，关注幼儿成长，保护幼儿安全，促进幼儿身心健康发展。

第一节　幼儿园卫生保健工作管理概述

一、幼儿园幼儿卫生保健工作的重要性

处在幼儿年龄阶段的幼儿，适应环境的能力比较弱，幼儿自身的免疫力和疾病的抵抗力也比较差，很容易遭受细菌、病毒的感染而引发感冒等疾病。加强幼儿卫生保健工作，能够在幼儿的饮食上进行相应的控制，保证幼儿营养的吸收，提升幼儿的免疫力，促进幼儿身体健康发展；可以在卫生消毒上进行完善，为幼儿营养一个干净的环境，起到一定的疾病预防的作用。另外，幼儿在进入幼儿园之前是没有一定的生活自理能力以及良好的生活习惯的，进行幼儿卫生保健工作，制定合理科学的一日生活流程，能够帮助幼儿培养良好的生活习惯，帮助幼儿掌握生活自理能力，促进幼儿全面的发展；在幼儿健康档案的建立方面，可以为幼儿在疫苗的接种方面以及健康体检方面做好保证工作。总之，幼儿的卫生保健工作是幼儿园的基础工作，也是幼儿园必须进行实施的工作，是幼儿工作发展的基础环节。

二、幼儿园幼儿卫生保健工作的现状及存在的问题

（一）幼儿卫生保健工作的规范性较差

很多幼儿园在幼儿的卫生保健工作上的规范性都比较差，主要表现在对于幼儿疾病的预防上、卫生安全的保障上以及在幼儿卫生的消毒方面等。有些幼儿园对于疾病的预防工作上重视度不够，没有规范地进行幼儿疾病预防的各项工作，例如幼儿的一些过敏疾病的统计、幼儿流感季节的措施等方面，这使幼儿的疾病预防工作不到位，幼儿患疾病的概率很高，不能完全保障幼儿的健康；在卫生安全方面，有些幼儿园没有按照要求进行消毒，为了节省开支或者节省人力等，卫生消毒做得不是很到位，留下一定的卫生安全隐患问题。

（二）幼儿卫生保健工作的制度不够完善

有些幼儿园由于对于幼儿园卫生保健工作的意识不是很强，在幼儿卫生保健工作上不是很重视，使幼儿卫生保健工作的制度不是很完善。但幼儿的卫生保健工作比较复杂和具体，如果没有完善的卫生保健工作制度，就会使幼儿的卫生保健工作存在一定的漏洞，会造成更大的问题产生。有些幼儿园因为卫生保健工作制度的不完善，导致教师责任心差，教师对于幼儿的卫生保健工作不注重，从而引发一系列的幼儿安全问题，使幼儿园良好的形象受损。

（三）幼儿卫生保健工作流于形式化

在幼儿卫生保健工作的开展下，很多幼儿园的卫生保健工作中的一些内容逐渐地流于形式化，对其关注度比较差，导致存在一定的卫生安全隐患。

主要体现在幼儿园的卫生保健工作基础设施的配置方面以及幼儿园健康档案的建立方面。有些幼儿园的医务室基本的医药用品配置不完全，医务室没有发挥一定的作用，所招聘的医务工作人员能力不足，不能及时对幼儿的紧急情况进行处理；在幼儿健康档案的建立方面，对于幼儿健康档案的建立不够及时和完善，只是在为了应付检查时进行相应的梳理，存在很大的问题。

第二节　幼儿园卫生保健工作管理措施

一、抓好预防工作

幼儿园各项卫生保健工作都将本着“预防为主、预防在前”的宗旨来开展，把工作做在前面，减少各类疾病的发生。

第一，严把晨检、午检、离园三大关，做好“一问、二看、三摸、四查”，发现问题及时处理，追问原因。各班教师密切观察孩子们的异常表现，做到早发现、早解决、早采取急救措施。

第二，消除卫生死角，净化园所环境。加强教室及生活场所的通风，保持良好的通风，确保空气新鲜。

第三，严格消毒制度。对全园的玩具、桌椅、教室、食堂、幼儿卧室和卫生间等进行每周三次、每次半小时的紫外线照射消毒，坚持幼儿用品每日两次高温消毒，并要求有过程、有记录。每天用 84 消毒液对幼儿活动室进行 2 ～ 3 次消毒，并做到流感期间用醋熏活动室，加大消毒力度。

第四，加强体育锻炼，增强体质。严格执行幼儿一日生活常规，积极开展适合幼儿的体育活动，每日户外体育活动时间不少于 1 小时，幼儿户外活动时间不少于 2 小时。加强冬季锻炼，坚持每天早操活动，增强身体的适应和抵抗能力。

第五，教育并督促孩子搞好个人卫生，养成良好的生活习惯，根据气温变化及时提醒幼儿增减衣服；保证供给幼儿饮水，为幼儿饮水提供便利条件，不限制幼儿饮水的次数；培养幼儿良好的大小便习惯。特别是对小班幼儿，要经常提醒，细心引导。

第六，加强宣传。利用宣传展板、家园联系栏等，提醒家长重视幼儿的卫生保健。

第七，做好家园配合，当发现有异常的幼儿时要及时隔离处理，并通知家长，提出有效防治措施，帮助幼儿尽早康复。

二、健全各项制度，做到有章可循

幼儿园要完善组织建设，制订目标、计划，达成管理共识。各项卫生保健管理制度是为了实现幼儿园卫生保健工作目标而制定的一系列要求职工共同遵守的工作标准和行为准则，是幼儿园卫生保健工作正常运转的重要保证。

幼儿园卫生保健制度有幼儿生活作息制度、健康体检制度、消毒隔离制度、预防疾病制度、体格锻炼制度、安全制度、接送制度、膳食管理制度、饮食卫生制度、卫生制度、发现传染病报告制度、药品管理制度、全日健康观察制度、晨午晚间检查制度、体弱儿管理制度、传达制度等。

三、加强计划性和定期检查指导

保健医生每学期制订卫生保健工作计划，保育老师制订班级保育工作计划，确定工作重点及具体落实步骤，共同完成幼儿园卫生保健工作。

定期检查对于卫生保健工作是至关重要的，通过检查不断规范各项操作的程序，不断提高卫生保健工作水平。具体包括以下内容。

第一，保育员分层次管理。对有经验的保育员要有重点地管，对新手保育员要教给他们做保育工作的技巧。可以让新老保育员结对子，探讨保育工作的新路子。

第二，按规定摆放物品。除注意室内环境的整洁外，还要注意特殊物品的标志，比如拖把要有干湿两种，并分开放置。活动室和厕所用的拖把也要分开放置并有明确的标识。

第三，加强幼儿午睡的管理。抽查各班幼儿睡姿、盖被、幼儿换拖鞋、午睡前幼儿脱掉的衣服摆放有序、午睡率的情况，增强教师管理午睡的责任心，保证幼儿身体健康。

第四，卫生工作交接。幼儿园一般每学年都要交换教室，为了避免互相推诿，给后面的班级留下卫生后患，推出了“卫生工作交接”的办法，由新任班主任和原班主任进行卫生情况交接，这项工作的实施，能有效地提高老师的责任意识，也为老师们工作有始有终，为新学期顺利开展工作打下了良好的基础。

第五，日常对班级保育工作做到有检查，有落实。保健医生和相关领导对室内外卫生进行严格把关，保健医生每天两次巡视各班岗的卫生状况，发现问题及时纠正。对检查发现的问题要及时指出、督促改正。检查结果公开，与工作质量量化挂钩。

四、注重班级日常性卫生保健工作

班级是幼儿园的基层组织机构，班级工作人员和幼儿接触最多，班级的日常性卫生保健工作，主要从以下几个方面着手。

第一，注重对幼儿每日的健康状况的观察和检查。努力做好晨间检查和幼儿的全日健康观察。晨间做好“一摸、二看、三问、四查”工作。一摸即摸额头有无发烧。二看即看咽部、皮肤和精神情绪状况。三问即了解幼儿饮食、睡眠和大小便情况。四查即检查幼儿有无携带不安全物品，发现问题及时处理。在幼儿全天活动中，各班保育员还应注意观察记录，尤其注意对体弱幼儿的护理。

第二，注意为幼儿创设良好的生活环境和精神心理环境。其包括努力为幼儿提供安全的活动环境、良好的睡眠环境、卫生的进餐环境、科学的作息安排以及能够使幼儿保持情绪愉快、平稳的精神心理状态。

第三，在一日生活活动中，注意幼儿生活的护理和良好卫生行为习惯的培养。注意在一日活动的各个环节中做好幼儿生活护理工作，如注意活动前后及时增减衣服，按时进餐，保证进食量等。并在各环节中培养幼儿良好的生活卫生行为习惯，如进餐习惯、如厕习惯、清洁习惯等。

第四，密切与家长的联系与配合。幼儿园定期采取卫生保健板报、宣传手册、专家讲座等形式与家长进行沟通，让家长了解更多的卫生保健知识，指导家长做好家庭中的卫生保健工作。

第三节　幼儿园安全工作管理概述

一、幼儿园安全工作管理的地位与意义

（一）幼儿园安全工作管理的含义与内容

幼儿园安全工作管理是指对全园与安全相关的事务的计划、组织、领导和控制等活动。在实际工作中，幼儿园的人员、财产、环境、门禁、食品、用电、用水等，都存在安全问题。对人员来讲不仅包括身体安全，还包括心理安全。本章主要围绕幼儿的安全来探讨幼儿园安全管理工作。

（二）幼儿园安全工作管理的地位

2001 年 7 月 1 日教育部印发的《幼儿园教育指导纲要（试行）》中明确指出：“幼儿园必须把保护幼儿的生命和促进幼儿的健康放在工作的首位。”学前教育的五大领域中，首位是健康。幼儿缺乏安全知识经验，缺乏独立生活能力，各种感知觉和动作发育尚未成熟，识别危险的能力较差，更没有足够的自身防卫能力，然而他们又活泼好动、好奇爱探索，在日常生活中，很容易给自己或其他幼儿造成伤害。幼儿园的中心任务是保教，首要任务是安全，只有在安全的基础上，才能谈教育，才能谈幼儿的发展。因此，幼儿园必须高度重视安全工作，对全体幼儿的安全负责。

（三）幼儿园安全工作管理的意义

做好幼儿园安全工作是幼儿园顺利进行保育、教育的前提条件。只有做好安全工作，才能避免意外事故的发生，保证幼儿园教养工作有序进行，保证幼儿的身心健康。

二、幼儿园安全工作管理的原则

幼儿园在加强安全工作管理时，应结合自身特性，遵循以下原则。

（一）预防为主原则

预防为主是指幼儿园要主动发现可能存在的安全隐患，加强防范意识，采取相应的安全管理措施。安全事故总会带来损失，尤其是涉及幼儿生命与健康的损失往往难以弥补。所以，在幼儿园安全管理上要树立预防为主的意识，努力做到防患于未然。

（二）统一领导与分级负责相结合原则

幼儿园安全工作涉及幼儿园工作的方方面面，因而需要建立以园长为第一责任人的管理系统，统一领导全园安全工作。幼儿园成立安全工作领导小组，将安全责任层层落实，与保教主任、后勤主任、教师、保育员、后勤人员等签订安全责任书，将安全工作落到实处。力争人人知道、人人关心、人人负责，安全工作不留死角。

（三）以人为本，"管""放"结合原则

以人为本是指幼儿园在安全管理过程中，应该把保障幼儿、教师的基本人身安全作为首要任务，同时又要考虑幼儿、教师的发展。幼儿园应为幼儿和教职工营造自然和谐的氛围，给幼儿和教职工以安全感。有的幼儿园为了节省开支，不配备专门的保健人员，不设门卫；有的幼儿园班额过大，给保教人员的班级安全工作造成巨大压力。这些都会给幼儿园带来安全隐患，应当尽量避免。同时，在幼儿园安全工作管理中，要处理好"管"与"放"的关系。不能因为怕出现安全事故，而对幼儿、教师的活动处处限制。例如，有的幼儿园为了防止出现安全事故，限制幼儿的自由活动、体育活动，取消春游、郊游、社区活动等，这些都是因噎废食的表现。"管""放"结合，要求幼儿园不仅要保护好幼儿，也要遵循幼儿身心发展规律，尽量使他们在自然状态下快乐地生活和成长，避免过多的压抑与约束。幼儿园应当重视培养保教人员安全工作的意识和能力，实行安全工作责任制，相信广大保教人员，大胆放权，同时加强监督、检查和指导，充分调动保教人员安全工作的积极性、主动性和创造性，形成"全园上下，齐抓共管"的良好局面。

（四）制度规范与教育引导并重原则

幼儿园加强安全管理，一方面，要重视安全制度建设，从园内安全到园外安全，从食品安全到器械安全，从园长的安全责任到教师的安全责任，凡是涉及幼儿园安全的环节都要制定科学合理、切实可行的制度，通过制度对相关人员的安全行为进行规范管理；另一方面，要重视对教职工和幼儿的安全教育。作为幼儿园管理者，一定要认识到增强幼儿和保教人员的安全意识，丰富其安全知识，提升其事故防范能力，是减少安全事故的重要途径，也是幼儿园安全工作管理的重要任务。在幼儿园安全工作管理上应将制度规范和教育引导恰当结合，提高幼儿和保教人员遵守安全制度的自觉性，保障安全制度的贯彻落实。

第四节　幼儿园安全与危机管理

一、安全管理的概念

随着社会发展和管理科学的日益进步，安全管理已成为组织管理的重要组成部分。安全管理最早出现在企业管理中，如产品的安全生产、人员的安全操作等。随着社会的不断发展，人们意识到生活生产中存在一些安全隐患，于是安全管理不再只是企业管理的重要

内容，同时也成为政治、经济、文化等各个领域的重点关注内容。安全管理是管理者对安全工作进行的计划、组织、指挥、协调和控制等一系列活动过程，目的是保障组织活动中的人身安全、财产安全，促进生产的发展，保持社会的稳定。幼儿园安全管理是以幼儿园安全工作为主要工作内容，幼儿园管理者利用人、财、物、时间、空间、信息等资源对幼儿园安全问题进行的计划、组织、领导和控制。

幼儿园安全管理关系到幼儿园保教工作的正常进行和幼儿健康成长，幼儿园安全管理工作涉及幼儿园方方面面的工作，主要包括：消防安全工作管理、大型社会活动管理、接送工作管理、交接班工作管理、晨检工作管理、午睡值班工作管理、食品卫生管理、医务室和卫生用品管理、玩教具检修和保养管理、用电安全及电器设备管理、户外活动和体育活动管理、活动室及盥洗室和卧室管理、幼儿园周边环境管理等，如表 7–1 所示。

表 7–1　幼儿园常见安全管理内容与要点

项目	内容	分析	管理要点
游戏与活动	大型玩具管理与维护不当	设施不良、维护缺位、玩具老化	1. 保证玩具质量； 2. 务必规范安装； 3. 关注使用年限
	玩具卫生隐患	1. 旧玩具能否回收利用； 2. 回收的玩具如何保证安全； 3. 如何对待孩子带入幼儿园的玩具	1. 严格履行卫生安全检查程序； 2. 玩具定期消毒； 3. 严格控制玩具流入； 4. 废旧材料利用注意安全卫生
	玩具污染	1. 玩具购买渠道不正规； 2. 玩具污染（毛绒→尘螨；木质→油漆中的铅；塑料→挥发物质）； 3. 缺乏安全意识	1. 保证玩具质量； 2. 玩具污染具有隐蔽性，提高安全意识； 3. 关注事故征兆； 4. 注意玩具投放的数量
	幼儿奔跑相撞	1. 监护权问题； 2. 民事责任承担问题	1. 游戏中的奔跑冲撞应及时制止； 2. 注意游戏安全规则的提醒； 3. 幼儿园行使监护权责无旁贷； 4. 购买保险降低风险
	小物件的安全教育	1. 安全意识； 2. 安全隐患的识别	1. 注意幼儿着装安全； 2. 家园合作消除隐患； 3. 关注小物件大危险（长纱巾、危险的帽绳、口袋里的野果等）
大型活动	庆典活动	1. 只求节目精彩，忽视幼儿安全； 2. 节目审查缺乏安全意识	1. 大型活动需制定安全预案； 2. 环节内容严格审查； 3. 关注庆典活动中的踩踏、火灾、电灾、走失等事故预防
	参与社会庆典	1. 多方商业活动不应参与； 2. 安全防卫不到位	1. 以幼儿为本，以安全为重； 2. 园外活动安全与卫生要有安全审验； 3. 应有安全预案和演练

续表

<table>
<tr><th>项目</th><th>内容</th><th>分析</th><th>管理要点</th></tr>
<tr><td rowspan="2">出游活动</td><td>交通安全</td><td>1. 车辆安全；
2. 交通规则遵守；
3. 幼儿管理</td><td>1. 交通安全第一；
2. 车辆选择应慎重；
3. 教师管理不松懈</td></tr>
<tr><td>走失事件</td><td>1. 教师疏忽大意；
2. 缺乏对环境的充分了解</td><td>1. 行前需充分准备；
2. 关注危险地带；
3. 时刻监管孩子；
4. 全力寻找走失者</td></tr>
<tr><td>开放活动</td><td>游园会</td><td>1. 亲子一同活动让环境更复杂；
2. 教师与家长都容易安全思想松懈</td><td>1. 家长在场并不意味着安全有保障；
2. 项目不应引起幼儿过度兴奋</td></tr>
<tr><td rowspan="5">一日生活</td><td>晨检</td><td>1. 保健医生疏忽；
2. 家长缺乏防范意识；
3. 幼儿自护教育不足；
4. 教师监控不力</td><td>1. 晨检需多方配合；
2. 获得家长支持</td></tr>
<tr><td>进餐</td><td>1. 管理漏洞；
2. 班级常规问题；
3. 教师责任心</td><td>1. 制定科学规范的进餐管理流程；
2. “两教一保”相互协作；
3. 做好餐前准备，有序进餐；
4. 不过分催促进餐；
5. 值日生工作慎重安排；
6. 加强食堂工作管理，保证食品卫生与安全</td></tr>
<tr><td>午睡</td><td>1. 教师松懈大意；
2. 忽视孩子身体状况；
3. 物品缺乏严格管理的意识</td><td>1. 采取有效措施确保午睡管理制度的落实；
2. 加强意外事故救治训练；
3. 排除午睡环境中存在的危险；
4. 加强午睡过程中的巡视；
5. 教师不得随意离开寝室</td></tr>
<tr><td>交接班</td><td>1. 违反交接班制度；
2. 教师责任心差</td><td>1. 严格贯彻落实交接班制度；
2. 做好交接班记录；
3. 完善临时外出人员交接班制度</td></tr>
<tr><td>入园、离园</td><td>1. 园门管理缺失；
2. 家长工作不够细致、深入</td><td>1. 严格园门管理制度；
2. 家园合作；
3. 提高教师防范意识与能力</td></tr>
</table>

目前在幼儿园安全管理中，“安全第一”的提法十分普遍，反映出安全问题对于学前儿童发展以及学前教育机构生存的重要性。然而，仅仅关注安全事故是不够的，尤其是在当今学前教育行业竞争白热化背景下，为了确保幼儿园的可持续发展，应将“安全第一”的观念扩展到“防范危机”的理念。树立全员危机意识是幼儿园安全管理面临的一项新任务。

二、危机管理的概念

（一）危机

幼儿园危机指由于幼儿园外部环境突变或内部管理失常，而给其声誉、信用及经营造成负面影响的事件。危机可能造成的危害有：声誉受到明显损害；公众的信任度下降；业绩下降，利润减少；员工忠诚度下降；员工生产力下降等。

如果把“危机”二字拆开理解，“危”代表危险，“机”代表“机遇”。总体而言，危险中包含机遇，机遇中暗藏危险。面对“危”，对于有准备的人来说，往往是一个成就和转变自身的“机遇”。中华民族自古就有转危为机的智慧，《易经·系辞》强调：“安而不忘危，存而不忘亡，治而不忘乱，是以身安而国家可保也。”作为一名管理者必须要有居安思危的前瞻意识，形成步步为营的稳健作风，更好地保障自身和团队长久发展。

（二）危机管理的概念

幼儿园危机管理是指幼儿园管理者根据本机构的危机管理制度和计划对危机进行预防、应对、恢复的策略应对过程，涉及对危机事件和危机状态的管理，是幼儿园管理的重要组成部分。危机事件与危机状态是管理的核心所在。危机事件指干扰幼儿园正常运行的，严重损害幼儿园组织功能及成员利益的突发事件、意外事故；危机状态指可能损害幼儿园教职员工利益和组织功能的演变趋向。综上所述，幼儿园危机管理包括对既成危机事件的控制、消除与局面恢复，以及对危机状态的预防、调控。

（三）危机管理的特点

危机管理不同于一般的行政管理，具有三大特点：全程性、全员性、全面性。

危机管理分为预防、应对和恢复三阶段。因此，学前教育机构危机管理不仅仅是危机过后的“亡羊补牢”，也并非对危机事件的处理，它是从预防、应对到恢复的全程管理；尽管危机管理的主要负责人是机构管理者，但危机管理过程需要全员参与，包括家长、教师、幼儿，乃至社区都要参与到危机防范与应对中；管理者需要全面把握全局，不仅对自身状况有全面认识，并能整合多种资源，积极开展危机公关从而体现其管理的全面性。

三、危机管理基本过程

危机管理基本过程大致分为危机预防、危机应对和危机恢复三个环节。

（一）危机预防阶段

灾难经济学家曾提出过一个“十分之一”法则，即在灾难到来前投入一分资金用于灾害的防范，可以降低十分的损失。因此，通过对危机的预防和排查，可以减轻或避免危害的产生。预防阶段就是根据“十分之一”法则而提出的“防患于未然”的阶段。在很多危机意识淡薄的群体中，该阶段会流于形式或被淡化。但如果这阶段工作能够做得足够细致周密，很多危机就能被消灭于萌芽状态。该阶段需要进行以下工作：提升危机意识、排查危机因素、制定危机管理预案、成立危机管理小组、开展演习训练等。

（二）危机应对阶段

该阶段需要既能够按照危机预防阶段中的计划和演练，及时作出反应，又能够根据突发情形，进行灵活应对。该阶段需要进行以下工作：快速发布警报、危机管理人员及时到位、迅速隔离危机、及时进行医疗救护、及时监测与评估、做好危机公关等。

（三）危机恢复

当幼儿园遭受危机后，教职员工身心及环境往往会受到巨大创伤。因此，为了保障机构的继续生存与发展，该阶段还应做好以下工作：舆论管理、人员心理疏导工作、恢复正常工作秩序、分析反思并修订完善管理方案等。

四、幼儿园安全与危机管理注意事项

幼儿园危机管理也是一项全园性常规工作，从提高教职工危机意识，到制订周密的危机预案和应急处理方案，再到有效干预，每个环节都需从无意识到有意识，从纸上谈兵到具体落实。在危机管理中需要关注以下几个基本问题。

（一）强化危机意识

危机意识是优秀学前教育工作者的必备专业意识之一。作为一个管理者，要有一颗敏感的心，对园所机构中的危机信号有正确的认识。如家长的质疑是一种重要的警告信号，如果幼儿园对此不留意，不解决家长提出的问题，有可能引发大范围离园、退园现象，对园所招生产生不利影响。对潜在危机认识到位后就要花精力解决问题，预防潜在危机变成真实危机。

（二）建立危机管理机制

一个完备的危机应对策略应包含危机管理小组、危机管理计划、危机模拟训练三个部分。

1. 危机管理小组

组建危机管理小组，可以使危机管理获得组织保证。危机管理小组既可以是独立的专职机构，也可以是跨部门的领导小组，学前教育机构可以根据自身规模和危机可能发生的概率灵活决定。危机管理小组成员应包括学前教育机构领导、公关、人事、教务、财务、保卫、后勤等负责人，还应包括保健医生、法律顾问、心理咨询师等专门人才。危机管理小组的职责包括：收集和分析园内外信息，寻找薄弱环节，捕捉和识别潜在风险和危机；针对可能发生的危机制定相关预案，并适时调整、修订和更新；有计划地组织培训和演习，培养员工危机意识和危机处理的知识和技能，提高全园应对危机的能力。

2. 危机管理计划

尽管危机发生有其突发性，但我们也可以根据经验归纳出幼儿可能遇到的危机情况，并有针对性地制订危机管理计划。一般来说，可以从大型活动、可能的灾难性事件、食品卫生安全、意外伤害种类、突发事件、健康问题、交通问题等方面制定危机管理预案。预案内容中应包括：幼儿园的危机管理目标，幼儿园可能会面对的潜在危机种类，危机报备和人员协调的流程，危机管理小组成员的名单（要有紧急联系方式），明确幼儿园第一和第二发言人（严禁发言人以外的人就事件向外部发言）在危机中需要立即采取的措施（如需要接触的人或单位，危机管理小组应该集合的地方等），紧急情况下需联络的政府单位名单（如警察、消防和其他政府单位，要附电话号码），员工、关键家长、供应商、地方官员、行业协会领导、主要行业分析家等的名单及联系方式，在危机发生期间和危机发生后可能需要提供给外界的有关幼儿园的信息。

3. 危机模拟训练

危机模拟训练是指定期进行应急演练。应急演练是危机管理中非常重要的方法，它有一些独特的优势：一是可以较为逼真地显示危机情境，使受训者的体验更为真切和深刻，有助于提高其心理素质；二是可以较为全面地提升危机处理知识和技巧；三可以检验危机管理计划的可行性，通过演习发现危机管理机制中的漏洞和不当之处，以便及时调整和改进。总之，通过定期开展应急演练，可以使教职员工增强安全防范意识，提升危机处理技能，提高幼儿自护能力。

（三）进行危机管理沟通

沟通是危机管理的重要组成部分，谣言、恐慌、过激行为往往是危机的衍生物，因此需要挑选沟通能力强的成员参与沟通事宜，将错误的信息控制在最小范围之内。

危机沟通包括三大类：与员工沟通、与家长沟通、与媒体沟通。

1. 与员工沟通

与员工沟通可以通过员工大会、备忘录、部门会议、员工简讯或公告牌、电子邮件等方式和途径，关键信息要确保表述清晰，如信息涉及机密，应解释不能公开的原因，尽量采用公平、体恤的方式宣布园所决定。

2. 与家长沟通

与家长的沟通中一定要传达的信息包括：已经发生的具体问题；问题是如何发生的；问题对家长的影响；幼儿园正在寻求解决问题的方式；为确保问题不会再次发生幼儿园所采取的措施；幼儿园会乐意回答家长所关注的问题；如果事情发生了实质性的变化，家长会得到告知；最后要感谢家长对幼儿园的支持。与家长沟通的途径有：家长简讯或微信、特殊公告牌、电子邮件、互联网、家长热线等。

3. 与媒体沟通

舆情管理是信息化社会背景下幼儿园危机管理的一个新课题。舆情管理中的重要任务之一是与媒体的沟通。在与媒体沟通时要注意沟通的及时性，并尽可能给媒体提供可以发布的信息，通过此举动让媒体更了解我们的幼儿园，耐心地，并以不卑不亢的态度面对媒体追问。另外，还可以适时采用新闻稿、与个别媒体联系、新闻发布会、媒体采访、电子邮件、软性广告等途径进行沟通。

（四）开展全面恢复工作

现实生活中，危机恢复工作早在危机来临时就已经开始。只不过在起始阶段，直接结束危机事件是当务之急，对危机的恢复管理不是工作的重点。但随着危机事件处理工作的深入和危机事件走向尾声，危机恢复工作的重要性也慢慢浮现出来。

危机恢复管理是学校或个人获得新发展的前提准备。在危机恢复过程中，善后工作做得好，职责履行得好，不仅可以把危机可能造成的损害降至最低，还可能为学前教育机构的新一轮发展提供良好的契机。例如，某幼儿园在食物卫生安全事件发生后，积极进行危机处理和干预，主动承担责任，借机转化，使幼儿园在公众心目中建立起负责任的良好形象。同时，通过此次教训，全体教职工的责任意识和危机意识得到提升。

总之，在幼儿园日常工作中应注重强化教职员工的危机意识，提前建立危机预案机制，在危机到来时注重与员工、与家长、与媒体的沟通工作，并做好危机全面恢复工作。真正做到解“危”而转“机”。通过借机转化使幼儿园在公众心目中建立起负责任的良好形象，从而吸取经验教训，教育幼儿园的全体教职工增强责任意识，为幼儿园的持续健康发展带来良好机遇。

思政之窗

养成健康行为习惯。保持勤洗手、常通风、分餐制、使用公勺公筷、科学就医用药、不滥食野生动物等日常健康和习惯，生活中做好自我防护、保持手卫生。保证规律作息和充足睡眠。足量饮水，减少饮料摄入。践行绿色环保理念，减少污染和浪费。

练习思考

一、单选题

1. （　　）是做好幼儿园其他工作的前提和基础，是幼儿园工作的重中之重，是办园的生命线。

A. 卫生安全工作　B. 户外安全　C. 室内安全　D. 措施安全

2. 针对各种幼儿安全事故，幼儿园应成立专门的（　　），健全幼儿园内的安全防范机构。

A. 制度安全小组　B. 安全事故预防小组

C. 班级安全管理小组　D. 环境创建小组

3. 幼儿擤鼻涕的正确方法是（　　）。

A. 把鼻涕吸进鼻腔　B. 先擤一侧鼻孔，再擤另一侧

C. 同时捏住鼻翼两侧擤　D. 用手背擦鼻涕

二、多选题

1. 幼儿园安全事故预防机制的建立可以从（　　）方面入手。

A. 抓细节　B. 抓制度　C. 抓合作　D. 抓环境

2. 幼儿园安全事故的处理措施有（　　）。

A. 对受伤者的身体护理　B. 保护幼儿心理

C. 抓住教育契机　D. 环境治理

第八章　幼儿园总务工作管理

学习目标

知识目标

◎ 理解“幼儿园总务工作管理”的含义，掌握幼儿园总务工作管理的原则和方法。

◎ 了解幼儿园膳食管理工作。

◎ 了解幼儿园财务管理工作。

◎ 了解幼儿园招生、档案、教职工福利等管理工作。

能力目标

◎ 熟悉幼儿膳食的特点与注意事项。

◎ 掌握幼儿园总务的基本原则。

素质目标

◎ 培养做事一丝不苟的职业素养。

◎ 树立危机意识，提高危机防范意识。

思政目标

能够时时把幼儿放在心上，一心为幼儿教育提供各种保障，科学照料幼儿的日常生活，指导和协助保育员做好班级常规保育和卫生工作。

第一节　幼儿园总务工作管理概述

幼儿园总务工作管理是一门科学，它是研究幼儿园总务管理活动及其规律的一门学科，遵循总务工作规律，运用科学管理的理论、方法、技术对幼儿园的人力、财力、物力等行政事务进行规范化的管理，使总务工作更好地为幼儿园教育教学服务，进而提高教育教学的质量，促进幼儿健康成长。

一、幼儿园总务工作的任务

（一）幼儿园总务工作要为教育教学服务

努力改善办园条件，逐渐实现教育手段的现代化与信息化；要加强对幼儿园经费、财产、园舍的管理，做到物有所用、物有所值，发挥最大的使用价值和育人效益；要为全体教职工服务，改善他们的工作、生活、学习条件；要做好园舍的绿化、美化、净化工作，创造一个环境适宜的教育氛围和教育功能载体；要保障幼儿园安全无忧，提供一个幼儿自在、家长放心的场所。

（二）幼儿园总务工作要为最大化发挥幼儿园管理的各个要素的功能而服务

幼儿园总务工作涉及面广、跨度大，包括物资供应、园内绿化等。这些工作都是相互联系、相互配合的。在总务管理的过程中，既要处理好幼儿园内部人与人、人与物、物与物之间的关系，又要处理好幼儿园与外部各种关系的协调与沟通；既要强调管理，又要搞好服务；既要满足教学及师幼生活的需要，又要考虑经费、物资、设备的经济效益和使用价值。幼儿园总务工作管理涉及方方面面的利益，处理事情必须综合、整体地考虑，是一个系统管理的过程。因此，幼儿园总务工作管理要运用现代管理方法，对幼儿园的人、财、物、时间、信息等因素进行计划、组织、领导、控制，调动园内外方方面面的积极性，优质高效地完成幼儿园的工作任务，全面提高保教质量。

（三）幼儿园总务工作是一项服务性的工作，不仅要为幼儿服务，还要为教职工的工作和生活服务

也就是说，幼儿园总务工作一方面要为保教工作提供便利的条件和较好的环境，另一方面要为教职工排忧解难，使他们能将大部分精力投入工作中。只有这样，才能解决教职工的后顾之忧，才能真正调动他们的积极性。马斯洛的需求层次理论告诉我们，人最低层次的需求是来自生理上的，如果人的吃、住没有得到基本保障，他将很难有更高层次的需求。幼儿园要多为教职工着想，帮助他们解决生活中遇到的困难。在住房、医疗等问题日益成为人们关心的焦点问题时，幼儿园要考虑到教职工的切身利益，依照国家的有关政策，尽快完善住房、医疗等管理体制，使教职工能安心工作。

幼儿园总务工作十分重要。然而有些人总认为总务工作者是为别人服务的，低人一等，因此不愿意做总务工作。这种看法是非常片面的。总务工作为其他各项工作提供物质保障，每个总务工作者都应该正确认识自己的工作，认识到总务工作的重要性。幼儿园园长也要认识到总务工作的重要性，将其放在应有的高度，以保证园内一切工作的顺利开展。

二、幼儿园总务工作管理的内涵及作用

（一）总务工作管理内涵

根据 2013 年版《教育学名词》中的解释，“幼儿园总务工作”是指幼儿园行政后勤事务的处理。包括财务管理、物品管理、事务管理等工作。

具体来说，幼儿园总务管理是幼儿园管理的重要组成部分，涵盖了生活管理、教育装备管理、财务管理、校园规划与建设管理、校园环境管理、人力资源管理、安全管理、食堂管理、玩教具管理、图书资料管理、卫生健康管理、信息化管理等，如图 8–1 所示。总而言之，幼儿园总务管理就是对涉及幼儿园的人员、物质、设备、财务、园舍等进行计划、组织实施、监督检查，最大限度地满足幼儿园全园师幼（教师和幼儿）游戏与活动、工作和生活的需求，为培养社会主义建设人才，实现教育现代化创造最优质的环境和条件。

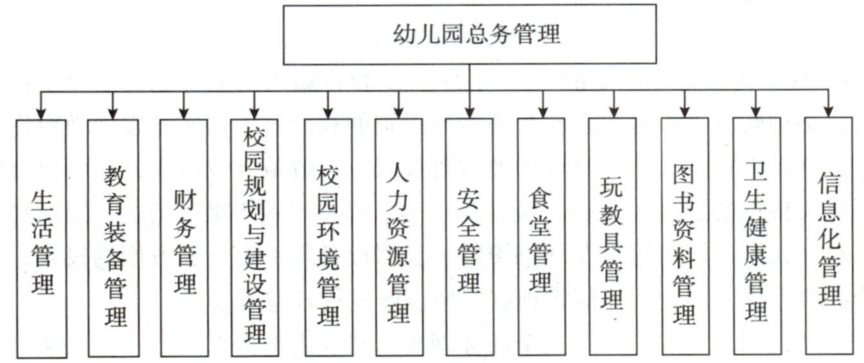

图 8–1　幼儿园总务管理

幼儿园总务工作不仅繁杂而且门类众多，包括食堂、财务、卫生保健、基建、设备、图书、仪器、绿化、水电、门卫、安全等。从事总务工作的职工，在不同的岗位上工作的性质也不同。管理者要善于调动每位职工的积极性和主动性，平等对待每一位职工，针对岗位的设置情况，人员的技术水平、业务能力和思想水平，认真研究各种工作的性质、工作量的计算、技术要求等，制定出符合总务工作实际情况的管理制度，做到奖惩分明，实现激励机制的有效运转。

（二）总务工作管理的作用

1. 为教育教学提供良好的教育环境，创造良好的育人环境和氛围

幼儿园的环境是指幼儿园内幼儿身心发展所必须具备的一切物质条件和精神条件的总和。它是由幼儿园的全体工作人员、幼儿、各种物质器材、设备、人事环境及各种信息要素，通过一定的文化习俗、教育观念所综合组成的一种动态的教育空间、范围和场所。有关研究表明，幼儿园场地和活动室的面积大小、空间结构及玩具材料的数量与种类等，对

教师与幼儿、幼儿与幼儿之间的交往与互动的方式与质量有很大的影响。

创造优美的环境，以美造美，就是要为幼儿创设良好、健康的环境，让幼儿在优美的环境中感受和欣赏美，在教师的引导下发展和提升自己的审美能力，用美的环境造就美的教育，培养爱美、实践美的人才。在此基础上，充分发挥优美环境的作用，不仅仅把环境当成审美的背景和对象，还要把它作为幼儿创造美的工具和场所，进一步提高幼儿对美的感受能力和欣赏能力，只有这样，幼儿才能够真正体会到美的本质，会更懂得从不同的角度来欣赏美，从而运用美的原则，自觉地创造更加美丽的环境，最终达到“以美育美”“以美造美”的目的。

2. 提供充分的物质保证，为师幼创造良好的教学条件

物质保证是幼儿园教育教学的前提和基础，主要是指校园校舍、活动场所、各项教学仪器、电教设备、文体器材、图书资料，以及各种教学、办公用具，还有师生的食宿条件、卫生保健设施、教学所需经费、良好的教学环境、水电暖等生活服务的供应与投入、养护维修等。这些都是幼儿园开展保育工作必要的物质基础。尤其是教学设施的配备情况，更是提高教学质量的关键。只有满足了这些基本条件，教师才能无后顾之忧，集中精力搞好教学，正常开展幼儿游戏和其他活动。

3. 加强总务管理，提高教育经费与设备的使用价值

2003 年 3 月 3 日教育部制定的《面向 21 世纪教育振兴行动计划》中提出：“落实科教兴国战略，必须转变把教育投资作为消费性投资的观念，要切实把发展教育作为基础设施建设，作为基础性投资，千方百计增加教育投入。”改革开放以来，我国教育教学设施的投入有了突飞猛进的发展，特别是最近几年为了解决“入园难”问题，国家和各级地方政府加大了对幼儿园的园舍建设及图书资料、仪器设备等基本设施方面的投入，这些设施都是办园的必要条件。因此，如何管理好园舍设施显得日益重要。

为了配合幼儿园的管理工作，这个任务理所当然要由总务部门来承担。从园舍的建设到维修，从各项装备的购置到使用，以及财产物资的损耗和报废，大到土地楼房，小到笔墨纸张，每一项工作都要由总务管理人员来办理。总务管理人员除了要有较强的工作责任感，还要有一定的科学管理经验和技术水平，对幼儿园各项物资财产进行细致严密的管理，如登记造册、建账设卡、分类编号等，并定期检查核对，做到心中有数、家底清楚，才能及时地发现问题，堵塞漏洞，确保校舍设施的安全完整。

幼儿园总务管理在幼儿园工作中发挥着十分重要的作用，是实现幼儿园管理目标和教育目标的前提和基础。幼儿园领导一定要重视总务管理工作，注重加强总务管理队伍的建设，教育总务工作人员要热爱教育事业和本职工作，树立为教学服务的思想，端正服务态度，不断提高政治素质、文化修养和业务管理水平。总务工作与教学工作相互依存，要创造良好的幼儿园环境，为保教工作服务，保证幼儿园保教任务的完成；要完善幼儿园的保教设施、设备，保证幼儿园保教工作的正常进行；要适应教育新形势的发展，为教育教学改革发挥更大的作用。

三、幼儿园总务工作管理的特点与规律

（一）总务工作管理的特点

幼儿园教育的特点是保教并重，不仅要对幼儿实施德、智、体、美、劳全面发展的素质教育，还要加强幼儿的保育，促进幼儿健康成长。这与幼儿园的教育对象——幼儿的身心发展特点是分不开的。幼儿园总务工作管理不同于保教工作管理。保教工作管理比较集中，主要是管理教育教学工作，而总务工作管理则很杂，既有教育教学方面的，又有环境设施方面的，还有卫生保健和建筑维修方面的。幼儿园总务工作管理更侧重于对生活与环境的管理。

幼儿园总务工作管理主要有四个特点，即服务性、先行性、全局性、政策性。

1. 服务性

总务工作是一项服务性的工作，即为保教工作服务，为幼儿服务，为教职工服务，为家长服务。虽然各行各业都是互相服务的，但是就幼儿园总务工作而言，它具有的服务性更强，它为办好幼儿园提供物质基础和保障。总务工作应根据服务对象的特点提供适宜的服务。例如，幼儿发育不成熟，总务工作应该尽量考虑到幼儿的特点，为其提供便利、安全的环境和玩具。

2. 先行性

总务工作为幼儿园的其他各项工作提供物质保障，所以总务工作必须在其他各项工作开展之前进行。幼儿园的各项工作，如建园、招生、编班等，都要求总务工作先行一步。每学期开学前，总务部门应提前作好物质方面的准备，如教学用品、桌椅等。幼儿园的一些季节性工作，如防暑、防寒等，也要求总务部门提前把准备工作做好。总务工作的先行性与服务性密不可分，如果总务工作失去了先行性，那么幼儿园的其他工作将难以开展，保教质量就不可能提高，也就谈不上服务性。

3. 全局性

总务工作为幼儿园的其他各项工作提供物质保障。总务工作做得如何关系到全园各项工作的开展，关系到每个成员的工作、学习和生活，它是涉及面最广的一项工作。总务工作既可以成为其他工作的促进因素，又可以成为其他工作的阻碍因素。总务工作做得不到位，会使人们为其浪费很多的精力，出现工作效率降低、相互扯皮等现象。因此，总务工作人员要有较强的全局观念，多了解教育教学、卫生保健等方面工作的需要，提前作好准备，以免影响全园的工作。

总务工作在宏观上受全园工作目标、计划和要求的制约，在微观上同各项工作、各个部门乃至每个成员紧密联系。总务工作要考虑总体、方便他人、顾全大局，提供优质的服务。总务工作人员要将总务工作放在全园工作中去考虑，不要孤立地考虑总务工作，要了解幼儿园的总体目标及各个阶段的任务，使总务工作总是围绕幼儿园的总体目标进行。

由于总务工作涉及面广且非常复杂，所以总务工作人员在工作过程中常常会遇到许多意想不到的困难。如果总务工作人员只强调自己遇到的困难，就会给其他工作带来一系列问题。因此，总务工作人员要尽量克服困难，多为其他部门着想，以免影响全园的工作。

4. 政策性

总务工作与人、财、物等方面联系密切，总务工作人员需要同许多部门打交道。这就需要总务工作人员了解各个方面的相关政策，如财务、基建、职工福利待遇等方面的政策。总务工作人员一方面要很好地为幼儿和家长服务，千方百计地为教职工的工作和生活创造较好的条件；另一方面，必须严格遵守国家有关的法规和政策。

（二）总务工作管理的规律

幼儿园总务工作管理的规律是总务工作内在矛盾变化和发展的必然联系，也是教育规律在总务工作中的具体表现。从日常繁杂的事务工作中，寻求总务工作的概括性内涵，就会发现总务工作管理具有常规性、季节性和周期性规律。

常规性规律是幼儿园总务管理部门根据工作的性质和特点要求，建立健全各项规章制度。这样，既可以使总务工作有正常、稳定的工作秩序，又可以使师生员工自觉地遵守纪律，按制度办事。常规性管理实质上也是一种具有组织特性的系统行为，是每一学期或每一学年都必须进行的，而且是比较复杂的单项工作。它是在学校整体规划和总务管理计划指导下，根据单项工作本身的特点和要求制定的，如财务预算、幼儿保健检查、安全设施检修、房屋的扩建或大修等。

总务工作与教育教学相辅相成，为教育教学起到保证和促进作用，配合学期和学年的计划，为教育教学服务。总务工作的规律性是由幼儿园整体活动的规律决定的，幼儿园的管理与教育活动的有序开展，本身就是一个季节性和周期性的运转过程。不同的季节会有不同的游戏、教学活动与生活安排，也会有相应的玩教具配备、物质准备、卫生保健检查、食品供应等。一学年是总务工作的一个周期。认识到这一规律，总务工作可以做到提前安排与计划，在重复的基础上提高工作的效率与质量。按照季节性和周期性规律办事，也能抓住总务工作的关键，做到准备有序，并在实践中摸索科学而有效的管理思路，形成新的管理制度机制。

四、幼儿园总务工作管理的基本原则

幼儿园总务工作管理既要符合教育的基本规律，又要体现学前教育的一般特点与要求，遵循幼儿身心健康发展规律，促进幼儿园整体管理的有效实施。

（一）服务保教原则

服务是目的，管理是手段。保教是幼儿园的中心工作，总务工作的计划、实施，都必须围绕保教这一中心来安排，以利于教与学的进行。创造良好的教学环境，要在财政预算开支方面，想教学之所想，急教学之所急，为保教工作提供必需的物质条件，及时添置需要的设备，为保教服务。师幼是幼儿园的主体，服务好师幼生活，解除他们的后顾之忧，可以增强幼儿园内部的凝聚力，提高教与学的积极性。在处理人与物的关系上，要经常了解师幼生活的合理需要，做到该花的钱一定要花，能满足的予以满足，暂时不能满足的予以解释。在处理人与人的关系上，要一视同仁，坚持民主公开，提高总务工作的透明度。如幼儿园食堂是家长关注的焦点，家长的认可关系到幼儿园的整体声誉和可持续发展。

（二）制度管理原则

制度是现代管理的灵魂，尤其是总务管理，更是千头万绪，实行制度管理更显迫切和重要。幼儿园要从自身园情出发，建立健全行之有效的总务管理制度，做到规范化和科学化。幼儿园总务管理制度要符合国家有关法律、规章、制度。制定与实施各类标准，要体现本园总务管理的特点和实际情况，使幼儿园总务管理标准化和规范化。在制定制度的方法上，要善于运用科学的原理把以“物”为中心的管理转化为以“人”为中心的管理，实现人、财、物的相互协调，提高整体效益。

建立合理的规章制度，提出管理工作的规格、标准和要求，不仅是科学管理的需要，也是一种教育手段。总务管理人员在提出、制定、执行这些规章、制度、规格、标准和要求时，应从爱护和关心幼儿的观点出发，充分利用自己的工作条件，有计划、有目的地从教育的角度来考虑和工作，抓住一切有利时机和典型事例，潜移默化地影响幼儿的品德意识，培养社会主义一代新人。

（三）勤俭节约原则

总务管理关系到幼儿园的健康有序运转，既要求合理利用现有的财力、物力，又要厉行节约，反对铺张浪费，实现开源节流。要增强效益观念，使有限的物力、财力发挥最大效能。在经费管理上严格执行财务制度，做到财尽其效，认真调查研究，作好超前预测，合理编制预算，使有限的经费使用效能最大化。在物资管理上做到物尽其用，杜绝采购、库存、领取过程中的浪费。改善幼儿园玩教具配备不健全的现象，防止使用后堆放起来不管不问的情况。添置新的教育装备对改善办园条件是很有必要的，但更要充分利用废旧物品，发挥其潜在的使用效能和教育功能。幼儿园中废旧材料的有效利用，不仅可以节省办园资金，还可以培养节约意识。如生活中的很多材料都能成为我们体育锻炼的器材，我们应该随时随地利用这些材料进行体育锻炼，促进身心健康。

（四）沟通协调原则

总务工作涉及对内关系和对外关系，要求总务工作人员具有较强的协调能力。幼儿园总务工作人员对内要处理好管理工作和教育工作的关系，对外要协调好幼儿园与上级部门、兄弟单位、家庭及所在社区的关系。总务工作人员还要注意信息的交流与沟通，应有较畅通的对内、对外信息沟通渠道。幼儿园必须了解社会变化所带来的新问题，分析新情况，探索新需要，进而主动地进行自我调整，采取相应的对策和措施，积极地适应社会环境的变化，而不能关起门来办园。总务工作人员应通过协调和沟通，使幼儿园的各项工作能够顺利开展，并争取较广泛的社会支持，以改善办园条件。

五、幼儿园总务工作管理体系建设

幼儿园的总务工作管理体系建设必须合理规范，服从于幼儿园管理的整体目标，全面贯彻执行党和政府的教育方针和政策。

（一）建设优秀的总务队伍

一个管理一流的总务队伍，要具有一定的政治素质、文化素质、品德修养、基本技能和较强的业务素质。领导干部的言行举止要具有先进模范性，在实际工作中要做到吃苦在前、享乐在后，用实际行动带动和激发广大职工积极奉献的精神；要求职工做到的事情自己要首先做到，要求职工不做的事自己要首先不做；在实际工作中形成领导班子的感召力和说服力。幼儿园领导要不拘一格地选拔管理人才，把善于管理、秉公办事、清正廉洁、富有实干精神的干部选入班子，使全体总务管理人员各在其位、各司其职、各尽其责、各得其所。

（二）不断完善总务管理体制

设置完善的幼儿园总务管理体制，涉及幼儿园管理的方方面面，要依据行政组织原则、国家教育方针和简政高效的理论，做到方向明确、信息通畅、精干高效、因园制宜。既要遵循总务管理的原则，又要从幼儿园实际出发。如有的幼儿园，生活管理、教育装备管理、校园规划与建设管理、校园环境管理、安全管理等属于总务直接管理，财务管理、人力资源管理、食堂管理、玩教具管理、图书资料管理、卫生保健管理、信息化管理等在行政上不属于总务管理，但是在财产上接受总务管理的领导，需要在总务管理的指导和监督下做好设备、设施、资料等的保管工作。

一流的管理团队，需要一流的管理制度来保障，用制度管事，用制度管人。一是健全以行政会议或办公会议为主的总务议事制度。在民主集中制原则指导下，科学、民主、有效地处理工作中的重大事务和事项，加强班子内部的沟通与协作，形成工作凝聚力。二是完善总务管理的工作制度。加强制度建设，做到有章可循。无论是管理人员还是普通职工，都要学会并习惯于用规定、规程来约束自己，做到令行禁止，杜绝法外开恩与我行我素。三是制定科学有效的工作岗位责任制及奖惩措施。按“德、能、勤、绩、廉”的要求实施学年度考核与定期考核，切实做到奖优罚劣，根据干部职工职务高低的不同、岗位职责的不同、管理权限的不同，做到评价标准不同，实现规范化、标准化的统一。

（三）健全总务管理系统的基本内容

幼儿园总务管理系统的目标是保证教育教学的顺利进行，要努力做好幼儿园环境的管理、园舍管理、教学设备管理、财务管理、物资管理、卫生保健管理、食堂管理、安全管理、集体福利的生活管理等各个方面。总务管理系统是幼儿园管理系统的重要组成部分和重要环节。总务管理人员要积极主动地站在全局的角度思考问题，本着“为幼儿园服务、为教学服务、为教师服务、为幼儿服务”的目标，并最终落实到为幼儿服务；要经常贴近全体教职工，主动收集各类信息；要提前计划与组织好办公、教学、幼儿游戏、维修、卫生保健、安全等各种物品和设备的采购、保管和供给，解决领导的后顾之忧，为领导提供一本行之有效的经济账。

需要指出的是，总务管理系统贯穿于幼儿园管理系统的全过程，我们把这些要素提取出来，主要有人、财、物、事、时空、信息、手段等。“人”，包括幼儿园的总务管理者和被管理者。教职工既是管理对象，也是管理者。任何管理都是通过人去指挥、协调、控制和监督，并同时实施对人的管理。“财”，是指资金。幼儿园要把有限的资金合理使用，用在最重要并能最大限度地提高效益的地方，使财尽其用，保障管理机制运转。“物”，是指教学设施、仪器、玩教具、材料、能源等物质条件。对物的管理包括采购、保管、维护与废旧利用等，发挥物质基础的最大效能。“事”，是指育人活动和管理工作。对事的管理包括贯彻国家的法规、方针、政策和地方教育行政部门的指令，研究本园发展建设规划及重大事情的决策，对卫生保健、安全等工作进行合理计划及全面安排，建立常规制度，协调人际关系，控制管理活动过程等。“时空”，分别指时间、空间，体现了管理活动的持续性和广延性。管理者应抓住时机，珍惜时间，充分利用空间的多维立体特点，力求在有限的时空内获得最大的效益，创造出更多的价值。“信息”，包括幼儿园内部管理信息和外部大环境信息及其沟通、处理等，使信息流通及时、迅速、准确并有针对性，以便更好地为决策、计划和调控服务。“手段”，主要指借助工具、方法，如装备计算机、投影、电视等多媒体设备，为教育教学提供最优质的物质条件。

第二节　幼儿园膳食管理

膳食管理是幼儿园总务管理工作的重要组成部分，关系到幼儿健康，总务部门必须与卫生保健部门协作配合，做好这项工作。

一、幼儿膳食的特点

幼儿的膳食（图 8–2）应具有以下特点。

（1）幼儿正处于生长发育期，食物要有营养，种类要丰富。

（2）幼儿的肠胃功能还没有完全发育好，食物要易消化。

（3）幼儿对食物的色彩、味道等要求较高。

（4）幼儿的饮食应根据季节的变化进行适当调整。

图 8–2　幼儿膳食管理

二、幼儿园膳食管理的主要内容

（一）健全膳食管理网络，形成民主管理和监督机制

幼儿园应成立专门的膳食领导小组，由园长、总务主任、专职保健人员、班级保教人员、会计、食堂负责人等组成，层层分管，分工明确，职责清晰。

幼儿园应制定较完整的、科学的膳食管理制度，每学期定期召开工作会议，修订和完善各项膳食管理制度，并对制度执行情况进行检查。

膳食领导小组要定期深入班级了解幼儿用餐的情况，以便及时发现问题，然后及时纠正和解决。班级保教人员要努力营造良好的进餐氛围。

（二）确保膳食质量

为了确保膳食质量，幼儿园应做好以下几个方面的工作。

（1）把好卫生消毒关。

（2）把好验菜关。

（3）把好加工烹饪关。

（4）把食品安全工作放在第一位，严格执行《中华人民共和国食品卫生法》。

（三）严格执行食品卫生“五四”制度

食品卫生“五四”制度具体包括以下内容。

（1）由原料到成品实行“四不”：采购员不买腐烂变质的原料；保管验收员不收腐烂变质的原料；食品加工人员不用腐烂变质的原料；服务员不卖腐烂变质的食物。

（2）食物存放实行“四隔离”：生与熟隔离；成品与半成品隔离；食物与杂物、药物隔离；食物与天然冰隔离。

（3）食品用具实行“四过关”：一洗，二刷，三冲，四消毒。

（4）环境卫生做到“四定”：定人、定物、定时间、定质量。

（5）个人卫生做到“四勤”：勤洗手、剪指甲，勤洗澡、理发，勤洗衣服、被褥，勤换工作服。

三、幼儿园膳食管理的注意事项

幼儿园应根据中国营养学会推荐的幼儿期每日膳食中营养素供给量标准，以营养金字塔理论为指导，遵循“营养、卫生、科学、合理”的原则，制定适合本园幼儿的带量食谱。

为了让幼儿愉快地进食，同时确保足够的营养素摄入量，幼儿园在膳食管理中应注意以下几点。

（一）制定营养平衡的食谱

幼儿食谱要做到干稀、荤素、粗细、甜咸搭配。幼儿膳食应以谷类食物为主、动物性食物为辅，粗粮、细粮要合理搭配，这样不仅可以为幼儿提供充足的营养，而且粗粮中所含的纤维素能刺激肠胃蠕动，从而减少便秘，促进幼儿的生长和发育。

（二）科学烹调，保持营养

科学烹调是保持膳食质量的重要环节，通过科学烹调做成的饭菜，既能色、香、味、形兼备，又符合营养卫生要求。例如，蔬菜要旺火急炒，这样维生素 C 的保存率可达 60%～70%，胡萝卜素的保存率可达 76%～96%。

（三）既要味美，又要有营养

这对生长发育旺盛的幼儿非常重要。蔬菜被人们称为维生素的宝库，幼儿应多食用蔬菜。

知识链接

幼儿食物选择的基本原则

1. 粮谷类及薯类食物

进入幼儿期后，粮谷类食物应逐渐成为孩子的主食。粮谷类食物是碳水化合物和某些

B族维生素的主要来源，也是蛋白质及其他营养素的重要来源。

在选择粮谷类食物时应以大米、面制品为主，同时加入适量的薯类食物。

在食物的加工上，应粗细适当。加工过细，B族维生素、蛋白质和无机盐损失较多；加工过粗，会影响人体对钙、铁、锌等营养素的吸收和利用。

2. 乳类食物

乳类食物是优质蛋白质、钙、维生素B2、维生素A等营养素的重要来源。

乳类食物中钙含量高，易吸收，可促进幼儿骨骼的发育。但乳类食物中铁、维生素C的含量很低。

食用过量的乳类食物会影响幼儿对粮谷类食物和其他食物的摄取，不利于饮食习惯的培养。

3. 鱼、肉、禽、蛋及豆类食物

鱼、肉、禽、蛋及豆类食物不仅可以为幼儿提供丰富的优质蛋白质，也是维生素A、维生素D及大多数微量元素的主要来源。

豆类食物含有较多的蛋白质且价格较低，是动物性蛋白质较好的替代品，但其微量元素的含量低于动物性食物，所以在经济条件允许的情况下，幼儿还是应摄取适量的动物性食物。

4. 蔬菜、水果类食物

蔬菜、水果类食物是维生素C、胡萝卜素的主要来源，也是维生素B2、无机盐和膳食纤维的重要来源。

蔬菜、水果类食物不仅可以提供营养素，而且具有良好的感官形状，可以增强幼儿的食欲。

5. 糖、盐等调味品及零食类食物

糖、盐等调味品及零食类食物在提供必需的脂肪酸、调节口感等方面具有一定的作用，但摄取过多对身体有害无益，幼儿应少吃这类食物。

（资料来源：https://www.med66.com/linchuangyingyangshi/zj1909252047.shtml）

第三节　幼儿园财务管理

作为总务管理工作的一个重要组成部分，幼儿园财务管理是通过价值形态对幼儿园资金运转进行综合性管理的过程，或者说，幼儿园财务管理是在一定的教育目标引导下，实现对幼儿园资产购置、资本融通、资金营运、利润分配等财务活动的管理。财务管理渗透和贯穿于幼儿园一切经济活动中。

一、幼儿园财务管理的基本原则

幼儿园财务管理必须遵循以下原则。

（1）贯彻执行国家有关法律、法规和财务规章制度，坚持勤俭办园的方针。

（2）正确处理事业发展需要资金供给的关系，社会效益和经济效益的关系，国家、集体、个人三者利益的关系。

二、幼儿园财务管理的任务

（1）合理编制园内经费预算，依法多渠道筹集事业资金。

（2）加强核算，提高资金使用效率。

（3）加强资产管理，防止资产流失。

（4）建立健全的财务规章制度。

（5）对幼儿园经济活动进行财务控制和监督。

（6）定期进行财务分析，如实反映幼儿园财务状况。

三、幼儿园财务管理的主要内容

财务管理的基本职能是财务计划和财务控制。幼儿园对财务的管理主要包括以下两个方面。

（一）建立并严格遵守财务制度，严格财经纪律

这是做好财务工作的关键。要坚持按规定手续审批各项经费的使用，执行财务制度不因人而异。一般情况下，经费开支不应突破预算，账目要账据相符、日清月结，报表要按时报送。主管园长要加强对财务工作的检查和监督，定期公布收支情况，杜绝一切贪污浪费和违法行为的产生。

（二）编制经费预算和决算

幼儿园财务应实行计划管理，必须按年度编制好经费的预算和决算。

1. 预算

财务预算是指幼儿园根据发展计划和任务编制的年度财务收支计划，是幼儿园各项计划的具体量化，是财务管理的核心，是幼儿园管理的重要组成部分。因此，幼儿园要重视预算管理，建立健全的预算管理制度，编制科学、合理的预算，使预算更接近实际。

预算是财务收支的计划，包括收入和支出两方面。幼儿园经费收入主要有保育费、管理费、杂费、膳食费以及政府和主办单位的拨款和个人或社会团体的捐赠等。幼儿园经费支出主要有职工工资、奖金、福利费、基建投资及维修费、大型设备购置及维修费、办公费、业务培训费、水电煤气费等。幼儿的膳食费必须全部用于幼儿膳食，专款专用。

幼儿园预算管理对幼儿园的财务活动具有重要意义。一方面，幼儿园加强预算管理，推行预算编制改革，科学安排支出，能够从根本上优化支出结构，加快预算执行进度，提高资金使用效益，进而提高幼儿园的管理水平和管理能力，有效监控和考核幼儿园绩效，改变业务收支不平衡的状况。另一方面，预算作为一个有效的沟通手段，能触及幼儿园的各个角落；预算能协调组织各项活动，加强各部门之间的联系，促进幼儿园部门间的合作

与交流。此外，通过预算还能进行业绩评价，进一步促进幼儿园各项目标的实现，保证幼儿园各项指标的不断优化。

编制预算的总体要求是：前后思量、统筹安排、保证重点、照顾一般。可参照上一学年的结算情况，考虑这一学年幼儿园的发展及实际需要，把需要与可能性结合起来。要以保教工作的需要作为预算的重点，分清主次轻重，有计划地全面安排。预算要留有余地，有一定的机动性，以便解决计划外的某些特殊需要。对某一临时重大事项用款，则可做临时专项预算上报。园长应亲自与财会人员共同分析研究经费使用的分配计划，参与预算编制工作。

编制预算时应遵循以下原则。

（1）真实性原则

幼儿园预算收支的预测必须以幼儿园发展目标和履行幼儿园职能需要为依据，对每一收支项目的数字指标应认真测算，力求各项收支数据真实、准确。机构、编制、人员、资产等基础数据资料要按实际情况填报；各项收入预算要结合近几年实际取得的收入并考虑增收减收因素，不能随意夸大或隐瞒收入；支出要按规定的标准并结合近几年实际支出情况测算，不得随意虚增或虚列支出；各项收支要符合部门的实际情况，测算时要有真实可靠的依据，不能凭主观印象或人为提高开支标准编制预算。

（2）完整性原则

预算编制要体现综合预算的思想，所有收入和支出全部纳入预算，对幼儿园的各项财政资金和其他收入统一管理、统筹安排、统一编制综合预算。当编制预算时，要将幼儿园取得的包括财政性资金在内的各项收入及相应的支出作为一个有机整体进行管理，对各项收入、支出预算的编制做到不重不漏，不得在预算之外保留其他收支项目。

（3）科学性原则

预算编制要具有科学性，具体体现在：

预算收入的预测和安排及预算支出的方向要科学，要与幼儿园发展状况相适应，要有利于促进幼儿园协调全面、可持续发展；预算编制的程序设置要科学，合理安排预算编制每个阶段的时间，既以充裕的时间保证预算编制的质量，又要注重提高预算编制的效率；预算编制的方法要科学，预算编制要采用科学规范的方法，测算的过程要有理有据；预算的核定要科学，基本支出预算定额要依照科学的方法制定，项目支出预算编制中要对项目进行遴选，分轻重缓急排序，科学合理地选择项目。

（4）稳妥性原则

预算的编制要做到稳妥可靠、量入为出、收支平衡。收入预算要留有余地，没有把握的收入项目和数额不要列入预算，以免收入不能实现时，造成收小于支；预算要先保证基本工资、离退休费和日常办公经费等基本支出，以免出现入不敷出的情况；项目预算的编制要量力而行，有多少钱办多少事。

（5）重点性原则

预算编制要做到合理安排各项资金，在兼顾一般的同时，优先保证重点支出。根据重点性原则，要先保证基本支出，后安排项目支出，先重点、急需项目，后一般项目。基本支出是维持幼儿园正常运转所必需的开支，如教职工基本工资、国家规定的各种补贴津贴、离退休人员的离退休费、保证幼儿园正常运行所必需的管理费用支出及完成幼儿园任务所必需的其他支出，因此要优先安排预算，不能留有缺口。

2. 决算

决算是执行预算的年终总结。通过决算可以了解全年经费的使用情况、各项经费收支的比例关系以及它们在总额支出中的比重，找出经费使用规律，为下一年度预算的制定提供依据和指导。

在主管园长的领导下，财务人员负责经费的预算和决算的编制工作，由园长提交园务委员会审议通过后，预算须呈报主办单位审核批准后方可执行，决算也要报主办单位审批备查。

第四节　幼儿园环境（空间）、资产与设施设备管理

一、幼儿园环境（空间）管理

环境是重要的教育资源，幼儿园环境作为一种隐性课程，在开发幼儿智力、促进幼儿良好个性发展方面起着重要而独特的作用。在早期教育日益发展的今天，幼儿的生存质量受到普遍关注，改善幼儿生存环境，通过对幼儿园环境进行合理的规划管理，创造出一个健康、丰富、优质、科学的幼儿园环境是幼儿园管理的基本内容。

幼儿园环境有广义和狭义之分。广义的幼儿园环境除了包含幼儿园内部环境，还包括与幼儿园教育相关的外部环境，如社区环境、社会环境、教育环境、行业环境、经济环境、政治环境等。这些不同特性的环境是影响幼儿园发展的重要因素。狭义的幼儿园环境专指幼儿园内部环境，是指幼儿园内支持和影响幼儿身心发展的一切物质条件和精神条件的总和。它是由幼儿园的全体工作人员、幼儿、各种物质器材、人事环境以及各种信息要素，通过一定的文化习俗、教育观念所组织、综合的一种动态的、教育的空间范围和场所。这种空间范围既是物质的，又是精神的；既具有保育性质，又具有教育性质；既是开放的，又是相对封闭的；它不仅受到特定的地理环境、空间方位的影响，又受到特定历史阶段的社会氛围的影响。

（一）幼儿园环境创设的基本原则

1. 安全性原则

安全性原则是幼儿园环境创设的首要原则。由于幼儿年龄小，自我保护能力差，如果环境的安全系数不高，一旦出现意外后果不堪设想。因此，要使幼儿在适合他们健康成长的环境中生活、学习、游戏，安全、卫生是重要的条件。幼儿园环境创设必须服从于卫生和安全的要求，以保证幼儿身心健康发展。在环境创设中，教师必须顾及幼儿两个方面的安全。

（1）心理的安全

考虑环境对幼儿的心理影响，以全体幼儿为立足点，提供尽可能丰富的物质条件与和谐、平等的心理环境，让幼儿能深切地感受到教师的关心和爱护、大家的尊重和欢迎，从而可以轻松愉快地在环境中生活、游戏和学习。

（2）身体的安全

教师要把对设施、设备、玩具、教具、操作材料等所有物质材料的安全和卫生要求放在首位。幼儿园环境的创设一方面要注意设备设施、玩具器材、操作材料等放置的位置要安全、适宜，还要注意创设材料对幼儿是否容易造成伤害。幼儿园应当采用坚固性比较好、不易破碎、无锐边利角、无毒、无害、无细小零件脱落的材料，使用前应先将这些材料进行清洗，设计制作要尽可能做到轻巧、美观、易保持清洁、可清洗、可消毒。区域投放的材料要符合卫生要求，定期更换、清理、消毒，让幼儿在活动时有安全感和舒适感。大型体育玩具如转盘、蹦床的螺丝要定期检修，破损的地方要及时修补，确保孩子在活动过程中不会因为器材的不安全而出现意外。对较为贵重的设备材料，要先教会幼儿掌握操作规则，并在教师的指导和帮助下进行操作活动。幼儿活动的场地应平整，避免有凹凸。不同界面之交角处应做成圆弧形，还应采用适当的、有相当柔性和防滑的材料，绿地不得选种带有毒性、带刺或有黏液排出的植物及有极强染色特性的植物。基地边界、游戏场地、绿化等用的围护、遮拦设施应安全、美观、通透。另外，还要关注安排的场地空间是否狭小、拥挤，活动时是否会互相干扰，检查场地是否平整，场地周围是否有破碎的玻璃、铁钉。同时，还要教育幼儿不要接近危险的地方，如电源插座、电线等。

2. 目标一致性原则

幼儿园环境是幼儿园教育的重要资源，是幼儿园课程设计和实施的要素，在创设幼儿园环境时，应使环境创设的目标与幼儿园教育目标相一致，使幼儿园环境能够影响幼儿的行为，引发幼儿符合教育目的与要求的行为，充分发挥幼儿园环境的教育性功能，避免只追求美观、盲目提供材料布置环境的现象，做到环境为教育目标服务。

（1）环境创设要有利于教育目标的实现

幼儿园教育目标是促进幼儿全面发展，要求幼儿园在环境创设时，要根据幼儿身心发展全面性的特点，关注幼儿的体、智、德、美四方面教育，从整体上设计安排，克服随意性和盲目性，把它渗透在整个幼儿园环境创设中，使幼儿园环境创设也具有全面性的特点，让环境的每一部分都有利于幼儿体、智、德、美各方面的全面发展，对幼儿身心发展产生整体效应。

（2）依据幼儿园教育目标，对环境设置做系统规划

为了保证环境的教育性，在创设环境时应目标明确，而且要把目标落实到月计划、周计划、日计划以至每个具体的活动中，以目标为依据，与教学内容相结合来创设环境。在

制订学期、月、周、日及每一个活动计划时，根据教育目标、任务和幼儿当前的兴趣与需要以及幼儿身边的人或事等课程生成来源进行规划，考虑为了达到目标需要有怎样的环境与之配合；在现有的环境因素中，哪些因素对教育目标的实现是有用的，哪些环境因素还需要创设等，将这些列入教育计划并积极实施，围绕课程创设环境。幼儿园环境的创设要根据当前的教育目标和幼儿的现有水平做整体考虑，分期变换创设，使环境具有动态发展性，环境创设服务于课程的发展。

3. 适宜性原则

适宜性原则是指根据幼儿的年龄特点和能力、个性的差异，设计多层次的幼儿园环境，使其适宜于每位幼儿。同一年龄阶段的幼儿，其兴趣、能力、学习方式方面都存在很大差异，其发展的速度也具有一定的差异。环境创设要适应幼儿的这种差异，教师不但要从本班幼儿的知识基础和实际能力出发，在尊重幼儿共性的基础上，还要关注个别差异，既要考虑发展快的幼儿，又要照顾发展慢的幼儿，也要兼顾特殊需要的幼儿，要让每个幼儿的兴趣、爱好在不同的环境中得到提高和发展，促使每个幼儿学会适应环境，并能在适宜的环境中获得不同程度的发展。因此，环境创设的内容、形式和材料投放都要体现层次性、递进性和适宜性，其难度在小、中、大各年龄班的分布呈螺旋式连续上升状态。各年龄班之间应有承上启下的过渡联系，才能满足不同年龄阶段幼儿的需要。此外，幼儿园环境应联系幼儿的实际生活，强调更多地通过幼儿对生活中实际问题的探究来获得直接经验，提高幼儿解决实际问题的能力，为幼儿的自我教育创造一个有效的平台。

4. 引导性原则

幼儿园环境创设应强调环境的引导性、支持性、启发性和丰富性，支持幼儿和活动材料间的相互作用所形成的动态的、能诱发幼儿主动发展的氛围。由于幼儿不是消极被动地接受外界环境的影响，他们总是按照自己的兴趣、需要、知识经验、能力和意愿对客观环境作出选择性反应，并主动地与这些环境进行交互作用。因此，园所创设的环境应适宜幼儿的年龄特点、身心发展水平、兴趣、能力、知识经验和认识水平，充满童心童趣。环境中所提供的信息刺激无论是形式上还是内容上，不仅要能引起幼儿观察，还要能诱发幼儿利用这些信息进行积极思考和探索，引导幼儿的行为和发展。

5. 参与性原则

幼儿园是以幼儿为主体的活动场所和环境，因此幼儿园的环境创设必须以幼儿为主体，让幼儿感觉到自己是环境的主人，并主动参与到环境的布置中去，从参与过程中获得知识，促进幼儿的认知和操作技能的发展。环境创设的过程是幼儿与教师共同参与合作的过程，教育者要有让幼儿参与环境创设的意识，给幼儿创造条件，为他们提供机会，采纳和吸收幼儿的建议并请幼儿一起参与环境的创设，使幼儿主动参与到活动中，保证幼儿有充分利用环境的自由。通过幼儿集体构思、设计、制作和布置等过程，师幼共同讨论主题，共同设置布局，人人出谋划策，人人都来承担一份责任，真正发挥幼儿的主体性和参与性。使教师由环境的主宰者变成观察者、倾听者、合作者、决策者，幼儿由被动的依附者变成计划者、设计者、布置者，充分认识到自己的能力，意识到自己是环境的主人，真正展示和发展任务意识、责任意识、主动学习意识与分工合作、讨论、决策的能力以及发现问题、解决问题的能力，让幼儿在其中发现自己、了解自己，体验成功、找到自信。

6. 经济性原则

经济性原则是指创设幼儿园环境应考虑幼儿园自身经济条件，勤俭办园，因地制宜办园。近年来我国经济发展速度较快，但由于人口多，底子薄，经济水平仍相对落后，所有的幼儿园都应当发扬艰苦奋斗的精神，勤俭办园。民办幼儿园普遍为投资办园、办园资金比较紧张，幼儿园环境创设要坚持低费用、高效益的经济性原则，以物质条件对幼儿发展的功能大小和经济实用性为依据，勤俭节约，根据本园实际、本地实际，因地制宜、因时制宜、就地取材，充分挖掘、利用已有条件并开发各种可利用的环境资源，使环境的创设都必须服从于内容和需要，充分利用环境设备发挥教育效应。在保证清洁、卫生的前提下，废物利用、一物多用，不浪费宝贵资源、不盲目攀比、不追求设备设施的高档化和装修的奢华浪费，充分发挥环境的综合功能和内在潜能。

（二）幼儿园园舍建设规范要求

幼儿园在确定园址或新建分园前必须充分考察和分析周边环境的情况，确保幼儿园外部环境对幼儿的熏陶和影响是积极的、有益的。基于此，幼儿园坐落地的选择，除了符合有关卫生保健要求以外，其周边环境还要保证达到以下要求。

1. 空气纯净、清新

严禁在污染源附近设置幼儿园，如化工厂、化肥厂、皮革厂、农药厂、灰沙加工厂，以及污染气体排放下风口的地方都不可以建幼儿园，以防空气污染对幼儿健康造成损害。

2. 周围环境干净、卫生，安静、低噪声

幼儿神经脆弱，对外界噪声敏感，同时，睡眠对幼儿肌体和神经系统的发育都有重要作用，因此，选址要考虑远离铁路线、强噪工厂（轧钢厂、木材厂）、建筑工地、农贸市场等。此外，幼儿园周围环境也要清洁、优美或接近绿化带，不宜在垃圾堆放场、饲养场、回收站等附近建幼儿园，这些场所在夏季蚊蝇成群，易滋生有害病菌，也容易威胁幼儿园内部环境的清洁。

3. 选择有充足日照、有通畅排水设施的地方落址

落址宜考虑无高层楼房及建筑物遮挡，保证室内采光和充足的日照，以满足幼儿骨骼和智力正常发育的需要。另外，要选排水设施完备的地方，如夏季多雨，如果雨后积水不能及时排除，也很快滋生蚊蝇病菌，影响幼儿园环境卫生，妨碍幼儿健康。此外，还要注意远离易燃、易爆工矿所，如煤气站、酒精厂，以免工厂发生事故危及幼儿生命安全。

4. 交通便利

幼儿园落址也要考虑交通的便利情况，最好设在居民区和治安机构附近，既方便家长接送，若发生紧急情况，也能及时报警和得到援助。不要将幼儿园建在过于偏远、治安差或邻近监狱、精神病院的地方。

此外，幼儿园还要从社区内幼儿数量，社区内家长的职业、经济能力和对孩子教育的期望，学区内潜在的变化或政策规划，区域经济环境，同行业的竞争情况等方面综合考虑

大环境对幼儿园发展的影响。

（三）幼儿园内部环境的管理要求

1. 合乎安全、卫生与教育的要求

评价幼儿园环境最首要、最基本的标准就是其是否合乎安全、卫生教育的要求。首先，要保证园区内没有危险物品，确保幼儿在幼儿园生活、学习是安全的。其次，幼儿园经费有限，在建设或购置物质材料时，物质材料的安全是前提。再次，幼儿年龄小、抵抗力低，物质条件还应该符合卫生标准，否则会直接影响到他们的身体发育。最后，还要考虑物质条件具有教育性，这是环境育人的客观要求，也是幼儿园文化的体现。

2. 房舍安排与使用科学合理，室内环境舒适有序

根据国家对幼儿园的消防及其安全要求的相关规定，幼儿园的建筑最多不应超过三层。有条件的幼儿园应为每个班配备活动室、卧室、专用厕所和盥洗设备。

活动室面积一般在 60 ～ 80 平方米，人均活动面积应达到 1.5 ～ 2 平方米。以向南或向东为宜，这样能保证自然采光好，最好双面开窗，保证空气流通，也可以设气窗或安装排风扇，便于换气；活动室应该有降温取暖设备，要注意设备安全；条件有限的幼儿园活动室也可以兼做卧室，使用活动式床铺，如折叠床、抽屉式床，既可以节省空间，又可以充分利用场地。

幼儿的厕所应通风、清洁、明亮，蹲位要适合幼儿的需求，盥洗设备应使用流动水，水龙头的高度要便于幼儿使用。此外，教职工用房和其他用房，如办公室、厕所、厨房、教具室、药品室、隔离室、仓库等应尽量远离儿童活动的场所，避免不安全因素对孩子的影响。

3. 室外场地布局要合理

幼儿园的生活区、办公区、学习区、活动区既要相互联系又要相对独立。同时，场地的区域划分方面，要注意运动区、器械区、种植区、饲养区、沙水区科学规划、合理布局。幼儿园的户外活动场地要体现教育环境的保护性，部分地面、墙面可作软化处理。此外，户外场地应该是鼓励运动的环境，应该有足够的空间供幼儿锻炼身体、发展能力和亲近自然。每个班都应有位于活动室附近的户外活动场地，班与班之间最好有区隔，这样一旦传染病流行，也便于管理。户外共用的活动场地以人均 3 平方米为宜。

4. 幼儿园内环境应符合绿化、美化的要求

一般来说，幼儿园的绿化用地（包括垂直绿化）面积应占户外活动场地面积的 50% 左右，绿化可以减少尘埃，降低噪声，也有利于改善局部气候。一个好的幼儿园园长应该非常清楚自己的幼儿园里有多少种树木，有多少种花草，并能保证幼儿园内四季有花，一年四季都能花开不败。幼儿园环境的美化包括室内室外的布置和装饰，所有的布置和装饰都可以按照对称、均衡、和谐、变化与统一规律，让幼儿感受到美的熏陶。比如，活动室主题墙面的装饰要主题突出、构图不散、形象可爱、色彩鲜艳，室内的窗帘、墙裙、地板、桌椅及玩具柜色调要注意协调；幼儿寝室的装饰要少而精，内容和形式都要以轻松的摇篮

曲式的画面为宜，色调要淡雅。在美化环境时，要注意力求根据实际情况，渗透社会、自然、品德等方面的教育内容，如图 8–3 所示。

图 8–3　幼儿园环境布置

5. 重视园所精神环境建设

在注重物质环境创设的同时，不能忽视精神环境的建设。物质环境的创设具有直观性、生动性、形象性的特点，其建设效果也是立竿见影的，所以很容易受到重视。教师在创设丰富多彩的物质环境的同时，还要注意营造融洽、和谐、健康、自由的师幼关系、同伴关系，让幼儿在良好的人际环境和精神环境中获得健康持续的发展。

二、幼儿园资产管理

幼儿园资产是保证教学、研究、服务工作的重要物质基础，有效的资产管理有助于保证幼儿园资产的安全与完整，规避漏洞，防止资产流失，提高资产的使用价值，确保幼儿园保教任务的完成和幼儿园的良性发展。在资产管理过程中，容易存在或出现很多问题，比如，管理意识淡薄，管理制度缺失或不健全；管理体制不顺，管理职责不清；固定资产管理的基础工作不够规范，家底不清，账实不符；重建设、轻管理，游离于账外的资产很容易导致固定资产失控，处理过程不透明，处理结果不公开，最终导致资产的流失；或者存在闲置浪费严重，使用效率低下。因此，加强日常工作中的资产管理，重视幼儿园资产的精细化管理显得尤为必要。

（一）幼儿园资产的分类

根据使用年限和原始价值，可以将幼儿园的资产分为固定资产和流动资产两大类。固定资产主要是原始价值较高、可以使用多年的劳动资料，包括房屋建筑、土地、家具、（电化）教具、办公设备、大型玩具设备、公用车辆、电器设备等；流动资产主要是原始价值较低、使用年限较短的材料和低值易耗品。材料是指一次性使用或不能复原的物品，如玩教具材料、建筑材料等。低值品是指既不够固定资产标准，又不属于材料范围的用具设备，如低值的幼儿玩具、教具、餐具等。易耗品是指经常使用的消耗性日用品，如毛巾、纸张、肥皂等。幼儿园的资产管理即对幼儿园固定资产和流动资产实施管理，是对物的管理。

（二）幼儿园资产管理方法

1. 固定资产的管理

固定资产的管理首先从建制和建账开始。建制即建立完备的资产管理制度，明确固定资产管理人员的工作职责，固定工作流程，对资产管理者的工作任务及可能出现的工作失误或事故进行具体的规定，而且要从制度上、人员上予以保证。建账即对所管理的资产进行分类入账，做到物物有账、账账相符、账物相符，确保实物资产的安全、完整，方便资产核算。固定资产的购置要走必要的审批程序，并保证财务部门的参与。固定资产还应有资产账，由保管员分类登记保管，每学期至少查账两次。查账要做到账物相符，对已损坏的物品要把原件保存好，经上报察看后，根据指示再进行处理。园长要督促保管员经常对全园资产进行清点核对，遇有丢失，要查明原因，追究当事人责任。部分固定资产像电器设备、玩教具等要有专门的库房来保管，要定期做好物资设备的检查、维修工作，防止损坏丢失，延长使用年限。

2. 材料和低值易耗品的管理

幼儿园的材料和低值易耗品应由专门的库房进行储存，若没有专用库房，可以和部分固定资产合用一个库房。材料和低值易耗品应设两账，即购入账和领物明细账。购入账和领物账要与出入的物品相符，每日盘存，并做到两账相符。对盘盈盘亏的物品，要认真查清原因，报请园长批示后按规定手续处理，管理员不能私自处理物品，对不经批准擅自处理幼儿园物品的人员要严肃处理。

生活、文化用品，即与幼儿吃、喝、拉、撒、睡有关的各种物品，节日布置装饰品、表演服装，教师用品等，它们的数量虽不多，但品种繁杂，应分类保管，库存的数量和种类要科学确定，合理控制，要避免不必要的储存或过量积压，确保供应好、周转快、消耗低、费用省就可以了。

日常生活用品每月领取 1 次，教具每周领取 1 次，不在计划内临时所需的各类物品可以随时领取。物品领取人应按物品品种、数量验收，并签字领具。教具管理应做到每周小整理，每学期末大整理，缺少的教具或购置或配合教师动手制作，保证教育工作顺利进行。

3. 幼儿食堂食品、物品的管理

为保证幼儿膳食、生活和教师执行保教工作计划的需要，幼儿园食堂需储存一定数量的食品、生活日用品。对于食堂储存的物品，为了使用和管理的方便，应按照物品特性分类储放，并由专人负责保管。一般来说，幼儿园食堂需设立食品库房、生活用品库房等，所有库房都应建立完善的管理制度，防止物品损坏或丢失。库房管理制度一般包括以下三方面内容。

（1）验收入库

各类物品入库时应有严格的验收制度。新购入物品凭发票入账，保管人员按发票对物品品种、数量、质量进行验收。验收时应注意数量准确、质量无变质，并对购入食品是否符合要求作出评价。在购置物品时，通常容易存在的问题，一是图省事，不考虑经济和需要，一次性采购大量物品，把库房堆得满满的，长时间用不完，造成积压、变质或浪费；二是缺乏计划性，忙于零星购买，急需用时又不能保证供应。因此，必须有计划地根据需要进行采购，既保证供应，又不积压浪费。

（2）物品分类储存和保养

各类物品验收入库后，应分类定点存放。米、面、油、盐、酱、醋、杂粮、糖果、水果等，均应整齐放在固定位置，并有适当容器存放。注意库房清洁、通风，保持食品不坏、不霉变、不被虫鼠咬。

（3）严格领物制度

为提高总务工作效率，应按照物品特点规定领物周期和确切的时间。在一般情况下，食品可每日领取一次，物品领取人应按物品品种、数量验收，并签字领取。幼儿园的食品管理应做到每日食品支出有领物人签字的出库单，每月结算收支账目，由主管园长签字，库存量应掌握既有剩余又不永存。

三、幼儿园设施设备的配置及其管理

幼儿园设施设备主要是幼儿园室内设备和幼儿园厨房设备。幼儿园要确保所有设施设备的安全性、实用性与环保性，标准的幼儿园设施设备的配置要求是：主要用具齐备，使用功能齐全。

（一）幼儿园室内设备的配置

1. 活动室

活动室应配置适合幼儿特点的桌椅、玩具架、盥洗卫生用具及必要的玩具、教具、图书、乐器等。标准的幼儿园设施和设备配置的要求是主要用具齐备、使用功能齐全。其中，玩具可以根据需要配备符合各班年龄特点的结构游戏的玩具、智力游戏的玩具、大动作训练的玩具、精细动作训练的玩具、语言游戏的玩具、拼图游戏的玩具、角色扮演的玩具等，所有的玩教具应有教育意义并符合卫生、安全的要求。幼儿园还可以因地制宜，就地取材，自制玩教具，最大限度地为幼儿提供动手操作的材料，如表 8-1 所示。

表 8-1　幼儿园的活动室用具基本配置

名称	要求	件数
钢琴（电钢琴、电子琴）	视幼儿园经济条件而定	每班配一架
桌椅	与幼儿身高比例协调，椅子的高度保证幼儿的腿弯度呈 90°，桌子的高度保证幼儿的胳膊与身体的角度呈 30°，这样才能保证幼儿的良好坐姿的培养。形状要求：形状一般以方形、圆形、三角形、梯形为主	比幼儿人数多 2 ～ 3 套
橱、柜	不得高于幼儿视线，放置要稳，色调与环境协调、亮丽，便于区域的间隔，便于物品的取放	以够用、不拥挤为宜
空调	置于安全位置，其大小与空间匹配	1 ～ 2 台
电视机、录音机、功放机、投影仪、电脑	以操作方便、适宜教师使用为宜	以够用为准
备注	其他物品的配备按各园情况而定，以满足教学需要为准	

2. 幼儿寝室

应准备幼儿用床、床上用品、少量的橱柜、教师的值班座椅等。

3. 音乐室

较规范的音乐室内应有钢琴、录音机和视唱、练耳的相关设施、设备。音乐室的隔音效果要好，尽量减少外界干扰，如图 8-4 所示。

图 8-4　幼儿园音乐室

4. 游戏室

游戏室内应为幼儿准备结构游戏的玩具、智力游戏的玩具、大动作训练的玩具、精细动作训练的玩具、语言游戏的玩具、拼图游戏的玩具、娃娃家的相关玩具等。只要是幼儿喜欢玩，并能尽量与教育目标相一致的玩具，就是最好的玩具。

5. 体育活动室

尽量为幼儿准备丰富的体育器械。

6. 家长接待室

应放置适合谈话用的桌椅，并营造适宜的谈话气氛。

此外，寄宿制幼儿园应设寝室、隔离室、浴室、洗衣间和教职工值班室，并配备儿童单人床。

幼儿园可因地制宜，就地取材，自制教具、玩具，最大限度地为幼儿提供动手操作材料。幼儿园建筑规划面积定额、建筑设计要求和教具、玩具的配备参照国家有关部门的规定执行。

幼儿园生活、活动室用具的基本要求：幼儿园的生活用具应保证幼儿每人一套餐具，即一碗、一盘、一勺，并做到每餐消毒；每位幼儿一口杯、两毛巾，天天消毒。

（二）幼儿园炊事设备的配置

设有餐点的幼儿园要有符合卫生要求的常用餐具（如碗、勺、盘、杯等）、炊具（炉灶、锅、桶、盆等）、面案、菜案（生、熟分开）、冰柜、绞肉机、打蛋机、洗涮池、豆浆机、电饼铛、电烤箱、货物架、消毒柜等。所有的炊事设备应保证卫生、安全、环保，并能满足幼儿的生活需要，如表 8–2 所示。

表 8–2　幼儿园基本炊事设备一览表（参考幼儿人数 100 ～ 200 人）

设备名称	功能	可配备数量
燃气炉灶	烧菜、做稀饭等	2 ～ 5 台
冰柜	储存肉类、鱼类等	按不同容量配备 1 ～ 2 台
冰箱	临时储存食品	按不同容量配备 1 ～ 2 台
烤箱	制作点心	容量大的 1 台
食品柜	储存食品	普通规格 4 ～ 5 个
面案、菜案	做面食、切菜	各 1 ～ 2 个
绞肉机	绞肉	1 台
打蛋机	打鸡蛋	1 台
锅、桶、盆、筐	洗菜、放置食物等	若干

（三）幼儿园设备的购置与保管

幼儿园的设备种类繁多，功能各有不同，在购置时除了多方询价比较外，还需确定货物的品质，要选择耐用且售后服务好的产品，大宗物品购置要采用招标的方式进行。

另外，为了节省经费，基本教具应集中一次采购完整，之后则每年寒暑假开学前进行补充或对损坏的教具进行修理。若资金不能完全到位，也可以分批次购买。对于价格较高的设备，在采购时要有一套完整的流程，并建立一套完整的保管和维护制度，包括编号、登记、分类陈列、检查维修等。

由于某些教具的价格较高，因此在其采购上更需要慎重，而在采购这些设备时须有一套完整流程，并建立一套完整的保管和维护制度，包括编号登记、分类陈列、检查维修、寒暑假的整理以及指导幼儿正确地使用和培养爱惜设备的好习惯，如表8–3、表8–4、表8–5所示。

表 8–3　幼儿园设备购买申请表

<table>
<tr><th>品名</th><th>单位</th><th>数量</th><th>单价</th><th>总额</th><th>用途</th></tr>
<tr><td></td><td></td><td></td><td></td><td></td><td rowspan="4"></td></tr>
<tr><td>申请人</td><td colspan="4"></td></tr>
<tr><td>批示</td><td colspan="4">签名公章</td></tr>
<tr><td>备注</td><td colspan="4"></td></tr>
</table>

表 8–4　幼儿园一般消耗品领用登记表

品名	领用单位	数量	用途	使用人	备注
发放人签名		批准人签名　　公章			

表 8–5　幼儿园财产管理表

品名	型号	生产厂家	单位	数量	单价	购买日期	安置地点	保管人

第五节　幼儿园档案管理

幼儿园档案工作是保存幼儿园历史面貌的一项重要工作，它依托过去、服务现在、面向未来。档案资料不仅使幼儿园与过去的历史保持联系，也为现有工作提供决策参考，也是今后迎接各种评估验收的重要佐证和考查资料。做好幼儿园档案信息管理，是提高教育质量，使幼儿园走向规范化的重要保证。幼儿园档案通常以文字、图纸、音像资料等形式存在，它对日常的实际工作有很重要的参考利用价值。

一、幼儿园档案管理的价值

（一）档案管理是提高幼儿园品质的手段

幼儿园在发展的过程中会不断地积累资源，做好档案管理工作有助于积累优秀的保教资源，从而提高幼儿园办园质量。

1. 幼儿园档案是幼儿园成长的见证

幼儿园档案是对幼儿园成长和发展的真实记录，可以说完整的档案信息就是幼儿园的发展史。因此，将幼儿园各个阶段所发生的大事、行政领导的变动、党务管理者的变动等信息进行及时、妥善的记录，对于幼儿园意义重大。

2. 幼儿园档案信息是幼儿园各项工作保留的原始资料

对于领导层的决策来说，是不可缺少的参考依据。科学地分析和处理档案信息，可以找到本园工作的规律，更好地总结经验、规划未来，提高工作效率和工作质量。如有的幼儿园将每次发生的家长投诉事件进行详细记录，每年都进行一次总结，并查看往年投诉事件档案，居安思危，不断总结、反思，进而改进工作，避免重蹈覆辙。

3. 幼儿园档案是实施园本培训的好教材

幼儿园的档案资料集中体现了幼儿园各项工作的成败得失，尤其是富有特色的信息资料，更是开展园本培训的好教材。通过学习、思考和研究幼儿园长期积累所形成的历史资料，有助于积累保教经验、探索保教规律，启发当前工作，深化幼儿园管理。同时，幼儿园日积月累所形成的优秀教学案例经过提炼总结，也容易开发成特色鲜明的园本课程，这对于幼儿园教师来说无疑是专业成长过程的一笔宝贵财富。

4. 幼儿园档案还可以为人员的合理分工和奖优罚劣提供依据和参考

从各个部门所提供的档案信息中可以比较清晰地考察到全体教职工的工作态度、工作能力和工作绩效。因此，档案管理也是记录保教工作人员行为的一种载体，是教职工每月考核、学期考核、年终考核的重要依据，这些信息能为幼儿园合理调配岗位提供参考，是幼儿园行政管理的重要手段，同时也可以为制定奖惩提供宝贵的线索。

（二）档案管理能为各类评估考核做铺垫

幼儿园经常会遇到各种各样的评估，评估的一项重要内容是查看以往材料。如各省在评估省级示范幼儿园时，一般会认真查阅一些档案资料，这些资料往往包括账目材料、教师培训材料、儿童健康检查材料（如每日晨检记录、定期体检材料等）、食谱材料、安全排查材料、自制玩教具材料、教学反思材料、幼儿成长观察记录材料、教师自编教学案例材料、承担课题材料、园本教研材料、论文成果材料、开放日活动材料、家长工作材料等。如果平常没有做好相应材料的归档管理工作，评估时便缺乏必要的佐证材料，势必会影响考核评估的结果。

（三）档案管理为对外宣传积累了宝贵素材

幼儿园的发展需要对外做好宣传工作，如招生时对家长的宣传，与其他幼儿园进行友好交流以及向社会宣传等。宣传需要平时有意识地收集一些材料，尤其是照片、图片、音频等材料，如“六一”儿童节文艺演出、教师公开课、幼儿园去军队参观等活动的视频和照片都是对外宣传的宝贵资料，有助于为幼儿园赢得一定的经济效益和社会效益，如图 8–5 所示。

图 8–5 “六一”儿童节文艺演出

二、幼儿园档案的基本分类

档案的来源很广泛，幼儿园保教工作、卫生保健工作、家长工作、安全工作、财务工作、重大庆典活动等都会产生档案。档案整理尤其要注意把反映园所特色的一手资料及时归档。按照档案记录的内容，幼儿园档案可以大致分为以下几类：

（一）园务管理档案

园务管理资料比较宏观，政策性较强，主要包括管理体制档案、目标管理档案、规章制度管理档案、财产物资管理档案。

1. 管理体制档案

管理体制档案主要包括园长负责制实行情况以及所形成的资料信息，还包括园务委员会、家长委员会等工作机构的各类资料以及幼儿园实施民主管理的系列资料。管理体制档案资料比较宏观，政策性强。

2. 目标管理档案

目标管理档案是将幼儿园在不同时段、各项工作中设置的各具特色的发展目标，以及为了全面落实目标所提出的详尽实施方案。将幼儿园不同时段的目标体系和实施方案进行汇总整理，可有效推动幼儿园层层递进地制定更切合本园实际的发展目标和活动措施，也对促进幼儿园不断向更高目标迈进，具有推动作用和启发意义。

3. 规章制度管理档案

规章制度管理档案主要是将幼儿园的工作制度、岗位责任制度、学习与会议制度、教研科研制度、考核奖惩制度、财务制度、财产管理制度、安全制度、幼儿园与家庭联系制度、卫生保健制度等汇编成册，并将各项制度的落实情况所形成的信息资料整理归档，为以后的工作提供有价值的参考。

4. 财产物资管理档案

财产物资管理档案主要是对幼儿园现有的各类财产的登记，对各种物资的分配和发放留下的记录，同时还有便于检查验收的账目资料。

（二）保教管理档案

1. 保教队伍管理档案

保教队伍管理档案主要包括人员配置资料、教师简明情况资料、教职工身体健康档案三类。

其中，人员配置资料主要包括各个时期教师、保育员、后勤行政人员及其他管理人员的配置情况，还包括不同时期的班级数量、在园幼儿数量等信息。教师简明情况资料主要是全园教职工的年龄、职称、学历、阶段性工作任务和业绩、职业道德、思想水平、业务进修、考勤等方面的简明情况。

2. 保教工作管理档案

保教工作管理档案主要包括教育教学常规管理档案、卫生保健工作管理档案、儿童发展管理档案。

（1）教育教学常规管理档案

教育教学常规管理档案主要涉及教育教学工作的计划、总结和活动实际实施情况资料；园长对教育教学定期、不定期检查和指导形成的档案；业务园长每周对教师备课笔记、教育笔记、反思日记进行批阅或指导的资料；幼儿园对公共活动场地、专用活动室的安排；教师对全体幼儿所做的幼儿成长档案记录，教师对个别特殊儿童的过程性教育等。

（2）卫生保健工作管理档案

卫生保健工作管理档案主要包括幼儿园卫生保健工作的计划、总结以及相关工作的实施情况；卫生保健制度的落实情况；对幼儿健康检查情况的登记、分析、跟踪治疗、向家长的反馈、缺点矫治情况；幼儿的生活卫生用具配备及消毒情况；幼儿的饮食及营养分析、膳食调整情况；幼儿园安全教育、安全设施、安全检查情况；幼儿园的环境卫生、计划免疫、疾病预防、传染病隔离情况；幼儿良好的卫生习惯的教育培养工作情况等。

（3）儿童发展管理档案

儿童发展管理档案主要包括对幼儿身心发展状况进行的科学评估，对工作中采取的措施、方法和效果等方面进行的记录等。

（三）物资设备管理档案

物资设备管理档案主要包括房舍资料管理档案和设施设备资料管理档案。幼儿园的规划设计图纸是对房舍进行维护、检修和改造的第一手资料，应当加强管理，以方便查找。此外，这类资料还包括每学期房舍的使用情况、户外场地的划分和使用情况、绿化面积、公共活动面积、人均活动面积等。幼儿园的全园设备、班级设备、各种功能场所的设备应逐年或逐学期进行登记，同时对全园设施设备的使用情况也要进行登记造册管理。

三、幼儿园档案管理的流程与要求

幼儿园的档案管理是一项经常性的工作，需要在平时做好档案的收集、整理、保管和利用工作。利用是档案管理工作的最终目的，能否有效利用，需要建立在合理的收集、整理和保管工作基础之上。

（一）档案的收集

档案收集是指按照档案形成的规律，把分散的材料接收、征集、集中起来。通过建立健全归档制度，将需要上交的档案材料及时上交到档案室，实行统一管理。归档的材料由谁负责收集以及由谁上交档案室都要分工明确，不能出现活动开展得轰轰烈烈，而档案资料收集工作却无人问津或者相互推诿的局面。什么材料有价值、需要归档，要有明确的规定，具体收集的材料可以列出清单，明确告诉收集人，让收集人做到心中有数，以免丢失遗漏。归档的材料什么时间上交，上交的材料要达到什么标准也要有明确规定，一般来说，材料上交要及时，上交的材料要保证其整洁度、清晰度、完整性等。幼儿园的档案收集工作是一项非常繁杂的工作。首先，要向各部门宣传档案的作用，使大家对保留档案有一定的了解和认识。其次，要经常到教师中去了解，将教师在教学活动中最需要的资料完整地收集在档案室里。最后，要善于利用各种有利时机收集档案材料，如幼儿园举办大型活动、毕业典礼后，及时到幼儿、教师、领导、家长中层层收集第一手真实材料。只有这样，档案室的资料才能不断完善而且富有时效性，真正起到为教学服务的作用，档案室的重要性也自然会被教职工所认可。

（二）档案的整理

档案的整理是指按照一定原则对档案实体进行系统分类、组合、排列、编号和基本编目，使之有序化的过程，上交的档案比较零散，档案管理人员需要进一步将这些材料条理化。平时积累的档案材料不要随手丢弃，应及时归类保存。首先，档案人员要具备过硬、扎实的专业知识，提高档案管理能力，使管理者知识结构从单一型、封闭型转化为综合型、开放型。其次，档案人员应掌握现代化管理工具，熟练掌握电脑操作，以方便、快捷的方法对所有档案进行分类、管理，同时还要具有快捷搜取的能力。最后，设有专门的档案管理人员，兼职档案管理人员若不能及时归档，也要完整保存档案资料，另找时间及时进行系统的归类整理。

（三）档案的保管

档案的保管是指根据档案的成分和状况所采取的存放和安全防护措施。档案保管工作的任务，就是了解档案损坏规律，通过经常性工作，采取专门的技术措施，最大限度地防止和减少档案的损毁，延长档案的寿命，维护档案完整性。具体方法如下。

1. 设立专门的档案库房

库房布局建设和规划科学合理。房间、柜架及搁板从左到右、从上到下依次编排序号，并在此基础上制成库位索引号。

2. 保持库房的环境和库内卫生

科学地控制温度和湿度是做好档案保管工作的重要措施。为有效地完成这些任务，必须按照档案保护的技术要求建立库房管理制度，坚持进行各种测定和防治，采取一系列必要的具体措施。

3. 库房应建立健全防盗、防火等防灾制度，必须避免一切可能造成失窃的漏洞

非库房管理人员，未经批准，不得随便入库。珍贵的、绝密的档案应放入保险柜，在专门的地点保存；出入库房的档案应进行仔细的清点和登记；要定期检查电气设备，库房内应严禁吸烟，忌用移动式的火烛，规模大的库房一般应安装避雷针；要经常在档案工作部门进行防火教育，一般均应备有灭火工具、沙箱和充足的水源，这些都应设在便于取用的地方，有条件的地方可安装自动灭火设备或消防栓。

4. 注意档案在搬动中的保护

由于种种原因，库内档案有时需要搬动，在搬动过程中常常遭到不同程度的机械磨损

和污染，因此，应注意档案在搬动过程中的保护措施，如在库房内搬动数量较多的案卷时，必须准备一定的工具，如小型手推车、案卷托板等。

5. 档案的安全检查

定期和不定期地对档案进行检查，是档案管理工作中的一项重要工作，只有细致地检查，才能确切地了解档案安全保管的程度，从而及时采取有效措施改善保管条件，防止档案被继续损坏。

（四）档案的利用

档案的利用是指档案利用者通过档案利用工作系统查找、利用档案信息满足其需求的行为过程，也是档案的价值得以实现的过程。如通过网络互相传播信息，将最新的资料传递给领导和教师，使他们能够迅速获取详尽的第一手材料，充分掌握信息，在前瞻性信息基础上作出有预见性的正确决策，形成先进的教育理念，从而提高管理能力和教育教学水平。

四、幼儿园档案管理的注意事项

幼儿园档案是教师开展教育教学必不可少的好帮手，也是幼儿园相互学习、相互借鉴的桥梁，做好档案管理工作，可以为幼儿园的建设发展提供有效平台，因此，幼儿园要重视并建立健全档案管理的规章制度，以确保幼儿园档案工作的规范化、有序化，同时在档案管理中还应注意以下几方面。

（一）档案管理要做到及时和准确

档案信息的基本职能就是方便查阅者及时快捷地查阅到所需要的信息资料，为其研究、分析提供依据。因此，档案管理人员应及时、准确、全面地收集整理、分类汇总各种信息资料，为幼儿园建设和发展提供翔实全面的档案资料。同时，档案管理人员也应与各职能部门密切联系、相互合作，以确保及时收集各类信息。

（二）档案要专人负责，管理要规范、到位

学前教育的发展要求幼儿园档案越来越标准化、规范化，高标准的档案管理水准要求幼儿园的档案管理应由专人负责，管理人员应当具备扎实过硬的专业知识，掌握现代化管理工具，能及时收集、归类、整理园内信息，能妥善保存和管理资料档案，为幼儿园提供及时、有效的信息资料服务。有条件的幼儿园可以专设一人，人员紧张的幼儿园可以设为兼职，但不能指派多人负责，以避免造成不必要的混乱。园长要经常过问档案工作，经常翻阅档案，督促管理人员做好资料、信息收集工作。

档案信息管理人员应有规范意识，能够耐心细致地做好这一工作，收集资料要有预见性与计划性、针对性与及时性、系统性与完整性，能够敏锐捕捉各种有效信息，更好地服务于幼儿园的发展。如收集归档的材料有破损应予修整，字迹模糊或褪色的文件应予复制或进行字迹加工处理。另外，文件应按事由结合时间来排列。如同一年度的材料按时间顺序来排列，跨年度材料可以按不同阶段事由（如可分为筹备、调研等）来排列。

知识链接

档案管理制度

1. 建立专门档案室，设档案管理员 1 人，负责幼儿园的档案管理工作。

2. 成立幼儿园档案管理领导小组，由副园长任组长分管档案工作，教学主任、档案管理员和相关人员为小组成员。

3. 每年 6 月底为档案移交时间，各部门档案材料都要交送档案室归档。

4. 各类文件材料的归档范围和保管期限，要根据区档案局印发的关于企事业单位文件材料归档范围和保管期限参考表进行归档。管理要根据最近国家颁布的档案管理法的规定和要求管理，严格保管，不得丢失。

5. 不论本园或外单位借阅档案，都必须经园长批准，履行借阅手续并定期收回。

6. 档案管理人员要对档案的收进、移出、销毁等情况进行登记，并作好记录。

7. 做好档案室的防火、防盗、防潮、防尘、防鼠、防高温工作。

8. 档案管理人员要熟悉业务，准确、及时地为使用者提供方便。

9. 档案室内要保持清洁卫生，档案柜要摆放整齐、有序，便于保管和使用。

（三）实行电子和纸质资料共存制度

随着信息技术的普及，档案信息的储存形式也实现了质的飞跃，幼儿园在档案信息管理中必须适应新的变化。日常资料的电子化处理是今后幼儿园档案管理的发展方向。使用计算机技术存档不仅方便快捷，而且存储质量高、易于查找。计算机技术在幼儿园日常管理和保教工作中的普及已是大势所趋。但是电脑存储资料有利有弊，虽方便快捷，但一旦感染上病毒，相关文件就可能被删改或损坏。因此，一般来说，档案应有纸质和电子两种储存方式，这样更能抵御风险，确保万无一失。

思政之窗

幼儿园的任务是使幼儿体、智、德、美全面和谐发展，健康的身体是幼儿全面发展的基础，合理的营养是幼儿身体健康发展的必要保证。因此，各幼儿园必须充分认识幼儿膳食营养的重要性，要根据幼儿的生理特点、饮食规律、生长发育规律，调配幼儿膳食，让幼儿吃到科学、营养、安全的饭菜，保证幼儿身心健康全面的发展。

一、单选题

1．幼儿园总务工作一定要遵循（　　）工作优先原则。

A．服务领导　　B．服务保教　　C．服务家长　　D．服务幼儿

2．某幼儿园对新入园的幼儿进行健康检查、简单的知识测试与智力测验，并依据测试结果录取幼儿。该幼儿园的做法（　　）。

A．正确。幼儿园拥有自主招生的权利

B．正确。有利于保证幼儿园生源质量

C．不正确。幼儿园不得对幼儿进行任何形式的测试或检查

D．不正确。幼儿园除健康检查外禁止任何形式的测试或检查

3．缺锌会导致婴幼儿（　　）。

A．食欲减退　　B．夜盲症　　C．佝偻病　　D．肌无力

二、多选题

1．幼儿园总务工作包括（　　）。

A．物品管理　　B．财务事务　　C．教学管理　　D．膳食管理

2．幼儿园总务管理的特点是（　　）。

A．服务性　　B．先行性　　C．全局性　　D．政策性

第九章 幼儿园人力资源管理

学习目标

知识目标

◎ 了解人力资源的特性。
◎ 掌握幼儿园人力资源管理的概念。
◎ 了解幼儿园人力资源管理的意义和内容。
◎ 掌握幼儿园保教队伍建设的策略。

能力目标

◎ 理论联系实际，学会运用幼儿园人力资源管理的策略开展工作。
◎ 针对幼儿园实际情况与问题，参与幼儿人力资源管理工作。

素质目标

◎ 培养人才管理技能。
◎ 培养创新意识，加强人才的培养。

思政目标

在幼儿园管理中，管理者应该不断强化对员工的培养意识，加强对员工培养的内容、方法和途径的研究，逐步形成幼儿园对员工的培养系统。

第一节　幼儿园人力资源管理概述

现代教育管理思想强调在诸多教育管理的要素中，人是管理的核心。这是因为在教育管理过程中，每一个环节都要有人来操作，都要靠人去贯彻和推动，离开对人的管理，教育管理工作就无从谈起。科学的人力资源管理不再把人简单地看成保教工作的“工具”，而是将人视为幼儿园管理工作中不可或缺的宝贵资源。幼儿园人力资源管理就是要通过一系列的管理手段，将每个人的作用发挥好，做到人尽其才。

一、人力资源概述

人力资源是一切资源中最活跃、最重要的资源，管理的核心是对人的管理。毛泽东曾指出：“世间一切事物中，人是第一个可宝贵的。”现代管理大师彼得·德鲁克也说过：“企业只有一项真正的资源：人。”

（一）人力资源的含义

资源，《辞海》把它解释为“资产的来源”，即“资财之源”，是创造人类社会财富的源泉。资源本身并不是一个教育学术语，而是一个经济学概念，把可以投入到生产生活中创造财富的一切要素统称为“资源”，如自然资源、信息资源、人力资源等。人力资源是指人类进行生产或提供服务，推动整个经济和社会发展的劳动者的各种能力的总和。

人力资源这个概念，最早由管理学家彼得·德鲁克在《管理的实践》一书中提出，并加以明确界定。他认为，人力资源拥有当前其他资源所没有的素质，即“协调能力、融合能力、判断力和想象力”；它是一种非常特殊的资源，它不同于物力、财力资源。它必须通过有效的激励机制才能开发利用，并给企业带来可见的经济价值。英国经济学家哈比森曾说，“人力资源为国民财富的最终基础。资本和自然资源是被动的生产要素，人是积累资本，开发自然资源，建立社会、经济和政治并推动国家向前发展的主动力量。显而易见，一个国家如果不能发展人们的知识和技能，就不能发展任何新的东西”。因此，哈比森也非常强调人力资源的培植、培养和管理。

人力资源的概念也有广义和狭义的理解。从广义的角度界定，人力资源指能够推动特定社会系统发展进步并达成其目标的该系统的人们的能力的总和。从狭义的角度界定，人力资源指特定社会组织所拥有的能推动其持续发展、达成其组织目标的成员能力的总和。本章所说的人力资源概念即从狭义角度来界定的。

（二）人力资源的特性

人力资源既是保教质量提高的载体，也是重要的资源要素，它具有以下特性。

1. 能动性

人力资源在社会实践活动中居于主导地位，属于能动性资源，这与自然资源在开发过程中的被动地位截然相反。人总是处于发起、操纵、控制其他资源的位置上，有目的、有计划地与客体进行互动，调节主客体的关系，对外部资源进行选择运用或主动适应。人力资源的能动性对于知识技术的创新起到关键作用，从而制约了管理绩效的达成。

2. 社会性

人具有社会属性，人力资源的作用发挥受到历史、文化、教育、组织团队等方面的影响，需要人与人、人与社会的关系协调。这就决定了人力资源在使用和管理的过程中要考虑时间弹性、工作环境、团队配合、风险保障等非经济因素。

3. 时效性

人力资源的形成、开发、使用受时间因素的制约。人力资源使用的自然时间被限定于整个生命周期的其中一个阶段。不同年龄、不同阶段、劳动能力各不相同。人力资源管理要讲究及时性，意味着要及时给予其施展才能的舞台，以免造成浪费。

4. 再生性

自然资源和物质资源在使用的进程中不断减少。但人力资源是一种"活"资源，可以再生。这种再生包括人口的再生产和劳动力的再生产。一方面，社会通过幼儿教师师资总供应量的扩大，来满足学前教育大发展对幼儿教师数量的需求；另一方面，对现有师资进行转岗培训，进行在职轮训，提升教师专业性。这也是劳动力再生产并提高保教质量和管理绩效的一种重要途径。

5. 连续性

人力资源与自然资源的形成、开发过程不同。自然资源一旦开发使用，往往形成最终产品，而人力资源的开发与管理不是一蹴而就的。人力资源需要持续开发、多次使用。教师也需要不断学习、不断积累经验，更新知识，提高专业水平，增强专业能力。

（三）从人事管理到人力资源管理

1. 传统的人事管理

传统的人事管理基本属于行政事务性的工作，主要由人事部门执行，很少涉及高层战略决策。其内容主要是人员招聘、选拔、委派、工资发放、档案保管等，其工作具有范围有限、短期导向、技术含量低等特征。

2. 人事管理向人本型管理的转变

人力资源管理被提高到组织战略高度来考虑，通过制定远期人力资源规划即人力资源战略，以配合和保障组织总体战略目标的实现。重视各级管理者的培训，将有关人的管理知识和技能列为首选科目。

3. 现代人力资源管理

现代人力资源管理出现新的动向，即呈现从人本型人力资源管理向战略型人力资源管理演进的新趋势。也即人力资源管理直接参与组织战略决策，起着核心作用。其特征如下：

（1）在观念上从将员工视作成本负担、管理和控制的工具，转变为视员工为有价值的重要资源和财富，尊重并满足其合理需要，充分发挥其主动性和创造性。

（2）建立科学、合理的目标责任管理制度，通过公正、公平、透明的员工绩效考核和奖惩任用制度留住人才。

（3）创建学习型组织，规划员工实现自我的职业生涯，激励员工不断学习获取以新知识、新技能，随组织发展而不断成长进步。

（4）采用更为灵活的管理方式，如弹性工作制、团队工作模式、自主管理制、民主参与制等。

（5）营造组织与员工共同成长的组织氛围，培育和发挥团队精神，充分开发和利用员工的智力资本，鼓励开拓创新。

（四）幼儿园人力资源管理

如同界定人力资源概念一样，也可以从宏观管理和微观管理两个方面界定人力资源管理概念。人力资源宏观管理是对社会整体的人力资源的计划、组织、控制，从而调整和改善人力资源状况，使之适应社会再生产的要求，保证其运行和发展。人力资源微观管理是通过对组织的人和事的管理，处理人与人之间的关系，人与事的配合，以充分发挥人的潜能，并对人的各种活动予以计划、组织、指挥和控制，以实现组织的目标。

幼儿园人力资源管理指根据人力资源现状而做出人力需求计划，招聘选择人员并进行有效管理，考核绩效并进行合理的培训，支付报酬并进行有效激励，结合幼儿园与个人需要进行有效开发以便实现最优绩效的一系列组织和决策活动。幼儿园的人力资源管理包括求才、用才、育才、激才、留才五个方面。

（五）幼儿园人力资源管理的意义

幼儿园办园想要成功有两件事情要做对：一是走对路，二是找对人。走对路涉及幼儿园办园定位，这涉及幼儿园发展战略方面。另外我们需要找到合适的老师，去做合适的事情，并且要培训他们，使他们越来越符合这个岗位要求，越来越适合这个岗位，越来越能产生更多的积极性来服务于幼儿园保教工作质量的提升。

1. 科学合理的人力资源管理能够优化教职工队伍

幼儿园只有求得有用人才、合理使用人才、科学管理人才、有效开发人才，才能促进保教质量的全面提升和教职工个人价值的实现。对于幼儿园而言，对人才的选、用、培、保、留就是人力资源管理的主要内容。针对教职工个人而言，通过科学、合理的人力资源管理能够促进自身潜能开发，提高工作技能，以更好地适应社会，尽快地融入组织文化，从而创造自身价值。因此，科学规范的人力资源管理能够较好地优化教职工队伍，提高全员素质。

2. 科学合理的人力资源管理能够较好地发挥人的主观能动性

人力资源管理不再把人简单地看成“工具”，而是有思想、有个性、有兴趣、有能力的劳动者，每个人都是独特的人力资源财富。通过采取一定的措施，如制定切合实际的培训措施、制定合理的薪酬制度、采用合理的考核措施等，人力资源管理能进一步激发教职工的积极性，从而较好地发挥每个人的创造性，使每位员工能积极阳光，实现主动成长。

3. 科学合理的人力资源管理能促进教职工个体的最优化发展

对一个普通的教职工而言，任何人都想掌握自己的命运，但自己适合做什么、幼儿园的目标和价值观念是什么、岗位职责是什么、自己如何有效地融入其中、结合幼儿园目标如何开发自己的潜能、发挥自己的能力、如何规划自己的职业人生等，这是每个员工十分关心而又深感困惑的问题。而科学合理的人力资源管理会通过有针对性的培训及职业发展规划等为每位员工提供有效的帮助，使每位员工进一步了解自己，认识自己，从而做最优秀的自己，实现个体的最优化发展。

二、幼儿园人力资源管理的原则

人力资源管理要做到人尽其才、才尽其用、人事相宜，最大限度地发挥人力资源的作用。为此，在人力资源管理中应遵循以下原则。

（一）政策性原则

坚持保教工作的正确方向，必须遵循国家的政策和法规。在管理过程中一定要依照教育法律、法规的要求办事。对于保教队伍中出现的不符合教师要求的行为，如师德败坏、违背教育法的行为，绝不能姑息。而在人才的选拔上，则必须坚持不拘一格，挑选德才兼备的人才加入保教工作的队伍当中来。这是人力资源管理上的“硬”方法。只有坚持原则，才能树立正确的用人观念和营造正确的舆论氛围。

（二）开放性原则

当今的人力资源管理是在开放竞争的环境中进行的，不同类型的教师才会给幼儿园带来活力。有主见甚至是个性张扬的教师因具备胆识和才华，可能比较难以驾驭，但是从人力资源管理的角度来看，用人之道在于会看人之长，善用人之长。因此，要为有才华的老师搭建平台，使他们扬长避短，让他们能够在教育事业上建立成就感，从而激发教师成长的原动力。所以不能只满足于使用容易管理的人才，而应坚持开放性原则，敞开大门，招贤纳士，广罗人才，用好人才。

（三）激励性原则

激励性原则是指建立健全合理的激励机制，巧妙地将物质奖励与精神奖励相结合，如树立先进人物典型和表彰激励先进事迹，建立奖励基金以及晋升职称、提职等，激励士气，鼓舞人心。在用人机制上，激励的作用是非常重要的，而激励机制贵在科学、透明、公正、合理，确实起到激励人心的作用。

（四）结构性原则

人力资源管理要从幼儿园的整体发展来考虑。合理选择和安排各类各级保教人员，才能保证各项工作能够按时按质完成。一定要以发展的眼光配备人才，在师资的数量和质量上要保证后继有人，建立人力资源发展规划，充分考虑师资队伍数量、年龄结构、能力结构、专业结构、性格结构、知识结构、性别结构等因素。结构合理化能够推动园所健康发展。

第二节　幼儿园人力资源管理的实施

幼儿园人力资源是幼儿园持续发展的动力源泉。幼儿园人力资源管理主要包含规划、选才、用才、育才、激才、留才等方面。

一、人力资源规划

人力资源的分析预测、合理规划是幼儿园人力资源管理的一个重要因素。人力资源规划是指幼儿园确保在适当的时候，为适当的职位配备适当数量和类型的工作人员，并使他们能够有效地完成机构分配给他们的任务的人力资源管理过程。包括对人力资源的需要和供给状况进行分析及估计、职务编制、人员配置、教育培训、工资规划等内容。

为合理规划人力需求，保证幼儿园长期稳定发展，应围绕幼儿园发展目标，分析教师队伍现状，明确岗位需求，进行幼儿园人力资源数量和质量方面的流动、保持、提高的相关预测，制订幼儿园年度人力资源计划。内容包括确定教师进出、引进、测评、选拔、职业发展、培训开发、薪酬系统、教职工问题处理等。

二、人才的选聘与录用

人才选聘与录用是在人力资源规划的基础上，选择和配备适合的人员承担幼儿园中的各项职务，以保证幼儿园工作的正常运转，进而实现管理目标的过程。人员的选聘，能够满足幼儿园发展对人员的需求，保证组织的稳定性；能够确保保教人员素质和专业性，通过人员选聘树立幼儿园形象。

（一）人才选聘的原则

1. 公开原则

指把招考机构，职务种类，人员数量，报考的资格、条件，考试的方法、科目和时间，均面向社会公告，公开组织招聘。一方面给予社会上的人才以公平竞争的机会，达到广招人才的目的，另一方面使招聘工作置于社会的公开监督之下，信息透明。

2. 竞争原则

指通过考试竞争和考核鉴别确定人员的优劣和人选的取舍。为了达到竞争的目的，一要动员、吸引较多的人报考，二要严格考核程序和手段，科学地录取人才，防止拉关系、走后门、裙带风等现象的发生，通过公开、公平的竞争，选择优秀人才。

3. 平等原则

指对所有报考者一视同仁，不得人为地制造各种不平等的限制或条件（如性别歧视）和各种不平等的优先优惠政策，努力为有志于学前教育事业的人才提供平等竞争的机会，平等选拔、录用各方面的优秀人才。

4. 全面原则

指对报考人员从品德、知识、能力、智力、心理、过去工作的经验和业绩进行全面考试、考核和考察。因为一个人能否胜任某项工作或者发展前途如何，是由其多方面因素决定的，特别是非智力因素对其将来的作为起到决定性作用。

5. 择优原则

择优是招聘的根本目的和要求。只有坚持这个原则，才能广揽人才，选贤任能，为单位引进或为各个岗位选择最合适的人员。因此，应采取科学的考试考核方法，精心比较，谨慎筛选。特别是要依法办事，择优录取。

（二）人才选聘的途径

幼儿园人才选聘有两种途径：内部选聘和外部选聘。内部选聘是从幼儿园内挑选合适的教职工进行聘用，具体包括内部提升、内部调动、内部招标等。

内部选聘成本较低，人员熟悉，选聘人员能够较快熟悉岗位，进入角色。内部提升为教职员工提供了上升空间和发展机会，有利于调动教职员工的积极性。外部选聘是从幼儿园园外的人才招聘渠道进行人员公开选聘的方法。它扩大了选聘范围，为幼儿园发展注入新鲜力量，有利于获得幼儿园人才规划的合适人员。

（三）人才招聘的流程

（1）拟订招聘标准。

（2）拟订招聘方案，开展必要的公关活动。

（3）接待来访及应试人员，介绍机构情况，保持与备选人的联系。

（4）组织面试及专门的考试、测验。

（5）对应聘人员的历史及背景进行必要的调查。

（6）记录及保存记录。

（四）人才录用的流程

（1）对照招聘方案，决策出需录用人员的数量及质量。

（2）参考测试结果决定初步录用人员。

（3）查阅个人档案资料，进行深入筛选。

（4）确定最终录用人选。

三、创设和谐的用人环境

（一）用人所长

园所管理者应全面了解每一位教职员工的思想状况、文化业务水平、工作态度、爱好特长、健康情况和家庭状况等。在此基础上，妥善安排每位教职员工的工作，做到用人所长，确保每位教职员工的业务能力和特点专长得到适当发挥。

（二）结构合理

园所管理者应根据教职员工的特点进行配置，使组织结构更科学合理，力量更平衡，更有利于发挥其互补作用，减少矛盾和冲突，使工作顺利高效开展。例如，新老教师配班，使活力与经验得到更好的结合；学科门类搭配，使孩子们获得更全面、更广泛的知识和能力；性格调和配置，使班组成员人际更和谐。

知识链接

1. 年龄结构。年龄结构应是老、中、青三结合，使每个年龄段都有骨干力量和不同的优势，以便相互取长补短，并把幼儿园的先进经验和优良传统不间断地传递下去，发扬光大，防止出现“断层”现象。

2. 学历结构。学历结构要求园长、教师应是高等、中等幼儿师范学校毕业，经济发达、开放地区的实验幼儿园或示范性幼儿园园长、部分骨干教师应达到大专程度。医务人员应是卫生学校毕业的医师，200人以上的寄宿制幼儿园还应有医学院毕业的医师。其他保健员、保育员、会计等应经过系统的专业训练，并取得相关行政部门的资格认可。

3. 素质结构。素质结构除文化素质外，还应在思想意识、政治观点、道德修养、业务水平、个性品格、心理状态及社会行为等方面的素质达到一定要求。

4. 智能结构。智能结构是一个由知识、技能、能力所组成的多要素、多序列、多层次的动态综合体。它包括具有从事幼儿教育必备的科学文化知识和幼教专业理论知识，较熟练的专业基本技能，较强的表达能力、操作能力、组织能力、综合实践能力，还应有一定的对知识信息的摄取、协调、驾驭能力，对社会、环境的适应能力。

5. 能级结构。能级结构指人才的类型与层次构成。人才因为具有多样性、层次性等属性，在发挥作用的能量上有差别，所以存在能级差异。例如，人才有“一般人才”和“创新型人才”“特殊人才”之分；在专业职称上又有“高级”“中级”“初级”之别。具有不同类型、不同层次的人才群体，可以产生协调、互补的功能。欲创一流的幼儿园，尤其需要创新型的人才。

6. 性别结构。性别结构即男女教职工的合理搭配。女性具有性格温柔、心理细腻、感情丰富、思考周全、对人亲切、待人体贴、工作细心、处事耐心，以及能歌善舞、形象思维活跃等优点，适合担任幼儿教师。但我国从幼儿园到小学的师资过于女性化的问题十分突出，令人担忧。幼儿的成长需要接受男性教师与女性教师双方共同的影响，大力克服基础教育中的女性化倾向是目前值得重视的问题。解决这个由历史形成的社会现象尚需一个过程，但应采取鼓励措施吸引男性担任幼儿教师，至少应加大医务、财会、保管、司机、传达等工作人员中的男性比例，规模较大的幼儿园配备一位男性园长，更有利于开展管理工作。

（资料来源：张慧敏．幼儿园组织与管理 [M]. 北京：人民邮电出版社，2014.）

（三）授权机会

根据幼儿园的实际工作内容，给予教职员工力所能及范围内的工作授权，承担多样化的工作。为教职员工提供创造性工作的机会，使其在创新工作的过程中发挥自己的才能。组织一些挑战性任务，营造积极进取的工作氛围，调动教职工的工作热情，从而不断提升幼儿园管理绩效。

四、强化人才培育

教师是人力资源的核心力量，幼儿教师的培养和教育是幼儿园保教质量得以不断提高的重要保证。园所管理者要认真做好新教师的入职前培训、上岗前培训，使新教师尽快融入本机构的文化之中。此外，还要针对不同发展阶段的教师做好相应的业务强化和培训，使整个队伍充满活力。培训的方式包括传帮带、师徒结对、观摩学习、专题教研、互助与竞争、外派进修等。以上业务培训方式不宜机械模仿，应根据幼儿园保教工作实际，因地制宜地开展，强化教职员工业务能力。

（一）各发展阶段的教师培训

新教师培训主要通过骨干教师小组的传帮带活动，帮助新入职教师尽快熟悉本园教育教学常规工作，提升新教师工作责任感；成熟教师培训可以通过师徒双向结对、观摩教研等形式，使教师在师德修养、教育理论、课堂教学、教育科研、班级管理方面有明显提升；骨干教师培训可以通过外派交流、竞赛活动等形式，促进其独特鲜明教学风格的形成，提升其教科研能力，如表 9–1 所示。

知识链接

表 9–1　某幼儿园新教师继续教育安排

时间安排		学习目标	内容与方法	资料准备	实施人
第一周	周二下午	了解熟悉幼儿园的历史、制度及园风园貌；熟悉幼儿园的教养特色和工作方式与步骤	学习幼儿园的历史、传统与相关管理制度；业务园长介绍保教工作的一日常规及方法要求	园史、幼儿园的各种规章制度；一日常规工作程序和工作要求	业务园长和保教主任
	周四下午	熟悉保教人员的职责要求	保教主任与新教师一起学习保教人员的职责规定，了解相关岗位的工作任务与职责	各类岗位责任制	保教主任
	周六下午	了解幼儿园的岗位设置、组织机构与运行方式	以阅读材料、座谈讨论等方式了解幼儿园的岗位设置，部门人员配置以及相互关系及其职责范围	幼儿园组织机构系统表；其他有关文字材料、文件等	园长或行政秘书
第二周	周二下午	入班、熟悉幼儿及班级环境	学习工作常规与规程，熟悉环境	日常保教工作	教师和保育员
	周四下午	见习保教人员的工作方式，学习置顶保教工作计划	通过听课和随班观摩进行业务了解，对了解的现象进行探讨反思，确保保教工作计划和方法科学合理	游戏活动；班级保教计划	教师和保育员
	周六下午	了解本园的幼教理念，具备在该理念指导下进行园本课程设计能力	听报告、观摩游戏活动课，了解幼儿园的幼教理念及其实施措施，并根据该理念进行日常游戏活动设计	游戏活动；有关园本幼教理念的报告	业务园长和保教主任

（二）制定教师个人专业发展规划

人才培育方面，教师内在成长动机的激发是关键所在，因此，应关注并支持教师个人专业发展规划。教师专业发展规划可以提升教师自主发展的目的性和计划性，调动教师个人成长的内驱力，充分挖掘教师的成长潜力。

幼儿园要作好相关教育与培训，通过主题教研方式，激发教师个人成长的热情，提升教师的问题意识、反思能力与职业精神，并为教师专业化及专业发展提供条件，做到事业育人、情感留人，促进教师实现个性化的专业发展，从而提高园所保教队伍的专业水平。

五、创新人才激励机制

（一）建立科学的教师评价机制

2022 年，教育部等八部门联合印发《新时代基础教育强师计划》（以下简称《计划》），力求破解教师队伍建设的深层次矛盾，构建一套全口径、完整链条的教师队伍建设政策体系，系统提升我国教师的教书育人能力，全面推进高质量教师队伍建设。可见教师评价机制是教师队伍质量保障不可或缺的一部分。教师评价机制作为一种重要的激励方式在现代人力资源管理中发挥着重要作用。为了更好地发挥教师评价的激励作用，在制定考核评价制度时要考虑本园教师的实际工作能力和水平，充分发扬民主，防止出现考核标准过高或过低的情况。在具体执行考核评价时应公正公平，避免双重标准。只有公平合理的考核评价才能获得教师的认可，真正起到激励作用。如果管理者“暗箱操作”，教师的积极性将受到严重打击，该机制的激励价值不复存在。此外，对考核最终结果应作进一步沟通和引导，鼓励做出成绩的教师再接再厉，适当引导考评效果不理想的教师。在正强化和负强化的过程中要适时适度，防止被鼓励者产生骄傲情绪，被教育者产生怨恨情绪，并对教师提出的问题进行深入研究和改进。

（二）建立公平合理的物质激励制度

建立公平合理的物质激励制度，不仅能够吸引人才的加入，也能留住优秀的幼儿教师，减少教师流动性对幼儿园办学水平的影响，最终提升整个幼儿园的形象和实力。从外部公平来看，教师通常有意无意地与同行业其他从业者进行比较，如果其所在幼儿园工资福利水平与同类型幼儿园相差较大，且付出努力相差不多的话，就会使教师产生一定心理失衡，引发职业倦怠和消极工作情绪，甚至导致教师流动。就内部公平而言，工资福利的高低应根据工作性质和难易程度而定：岗位所需专业知识和技术越高，工资越高；工作条件和环境越差，工资越高；岗位对幼儿园总目标贡献越大，工资越高。当然也可考虑教龄、教学质量、家长评价等维度，根据教学成果建立绩效工资制度，使工作积极的教师得到更高报酬和物质激励。

（三）建立高效的精神激励制度

马斯洛需要层次理论让我们认识到人类的全面需求。人是有情感的动物，不仅需要吃饱穿暖，还有精神方面的需求。为了全面地发挥人力资源能动性，还要从精神方面激励教师。

1. 真诚关怀

教师对幼儿的情感养成有着非常重要的影响，如果教师每天的工作是情感付出，那么情感劳动没有受到外界情感关怀，也会影响到教师的工作情绪。幼儿园管理者要对全员教职工付出关怀和情感慰藉，及时解决教师生活中出现的困难，让教师们感受到园所对其关心与爱护。

2. 目标激励

根据期望理论，园所将组织价值观、愿景与教师个人发展目标相结合，采取目标激励的方法使教师在一定时间内明确要达到的目标，从而不断激励教师的工作积极性。通过目标激励，使幼儿园人人都有小目标，共同努力完成大目标，实现了个人和集体目标的紧密相连。

3. 民主管理

通过教代会等民主管理制度，使全体教职工都能参与管理幼儿园事务，保障教职工的民主权利。特别是关于教职员工切身利益的奖惩方法、福利措施等一定要透明公开，使普通教师更有归属感。

第三节　幼儿园教师队伍建设

一、教师应具备的任职资格

建设一支高质量的教师队伍是幼儿园实现育人目标的重要保证。《幼儿园工作规程》第三十九条规定：幼儿园教职工应当贯彻国家教育方针，具有良好品德，热爱教育事业，尊重和爱护幼儿，具有专业知识和技能以及相应的文化和专业素养，为人师表，忠于职责，身心健康。

除了学历条件还要求幼儿园教师应有良好的思想品德。教师与幼儿朝夕相处，幼儿的可塑性大、模仿性强，教师的一言一行都会成为幼儿模仿的对象。所以，教师具有良好的思想品德是最基本的条件，教师应当严格要求自己，为人师表。

幼儿教师应具有高尚的职业道德，热爱幼教事业。热爱、尊重孩子是幼儿园教师的基本职业道德，教师要对学前教育工作有正确深刻的认识，不能因为自己的情绪和喜好偏爱个别幼儿，应该爱护每个孩子。

幼儿教师应掌握并运用幼儿教育学、幼儿心理学、幼儿卫生学和教育教学法的基本理论和基础知识，掌握幼儿园教育工作的基本原则和方法，具有从事幼儿园教育工作必备的文化知识和技能技巧。教师在保教过程中，虽然传授的是最基本的知识，但涉及的范围很广，这就要求教师要有广博的文化科学知识和文化艺术素养，保证教育达到效果，所以教师必须具备一定学历。目前多

图 9–1　幼儿园教师

数幼儿园的教师学历已达到中专以上，有的幼儿园开始要求大专文化程度，而一些示范园开始吸纳本科生甚至研究生，以不断提高保教质量。

幼儿教师应具有教育教学的实际工作能力和初步的教育教学研究能力。

二、教师的工作职责

《幼儿园工作规程》第四十一条规定，幼儿园教师对本班工作全面负责，其主要职责如下：

第一，观察了解幼儿，依据国家有关规定，结合本班幼儿的发展水平和兴趣需要，制订和执行教育工作计划，合理安排幼儿一日生活；

第二，创设良好的教育环境，合理组织教育内容，提供丰富的玩具和游戏材料，开展适宜的教育活动；

第三，严格执行幼儿园安全、卫生保健制度，指导并配合保育员管理本班幼儿生活，做好卫生保健工作；

第四，与家长保持经常联系，了解幼儿家庭的教育环境，商讨符合幼儿特点的教育措施，相互配合共同完成教育任务；

第五，参加业务学习和保育教育研究活动；

第六，定期总结评估保教工作实效，接受园长的指导和检查。

教师是国家教育方针的执行者，幼儿全面发展的培养者，教师只有认清自己的职责，不断提高素质，才能完成重任。结合《幼儿园工作规程》对幼儿教师的职责要求，在教育教学中幼儿教师的具体职责应是：

第一，认真贯彻执行《幼儿园工作规程》，结合本班幼儿的特点和个体差异及时制订好各类教育工作计划，并认真实施，有计划、有步骤地开展班级保教工作。

第二，教师要树立对幼儿全面负责的教育观念，树立正确的儿童观、教育观，热爱幼儿、尊重幼儿，面向全体、因材施教，让每个孩子接受平等的教育，对幼儿做到关心、细心、耐心，不偏爱，坚持正面教育，严禁体罚和变相体罚。

第三，认真及时制订教育活动计划，钻研教材，研究教法，引导幼儿主动学习；观察、分析并记录幼儿发展情况，因材施教。

第四，科学、合理地安排幼儿一日活动，创造性地组织各项活动，正确评估幼儿的发展。教师要能在方针政策法规的指导下对幼儿进行健康、社会、科学、语言、艺术五大领域的教学活动，会设计和组织综合主题活动、单元式主题活动和幼儿的游戏、娱乐、劳动、实验、参观游览等各种活动。在实践过程中，自觉贯彻保教结合的原则，即保中有教、教中有保，确保孩子身心全面和谐的发展。

第五，指导保育员的工作，认真执行幼儿园安全、卫生保健制度，做好幼儿生活管理和卫生保健工作。定期进行总结，不断提高工作质量。

第六，进班前，必须做好一切准备工作，带班时精神集中，尽心尽责，不随便离开班级，密切关注幼儿的活动及需求，及时提供适当的指导。注意幼儿安全，防止事故发生。

第七，努力学习幼教专业理论，积极参加并承担教育教学研究工作和各种业务进修学习，勇于改革、创新，不断提高自身的业务素质。

第八，根据教育内容，定期更换、精心布置体现幼儿主体地位的活动室环境，为区域活动提供符合本班幼儿发展水平、可操作性强、卫生、丰富的玩具和材料。管理和保管好班内一切物品，保持班内环境、物品的整洁，做好保管区内的清洁工作。

第九，教师认真做好家长工作，搞好家园合作，要向家长介绍幼儿园的教育教学活动的内容及安排，定时和每个幼儿家长保持联系，与家长交流先进的育儿经验，了解幼儿家庭教育情况，和家长商议符合幼儿特点的教育措施，共同配合完成教育工作。

第十，教师要积极参与幼儿园的管理，不要认为只要教好课就完成了任务，应发扬主人翁精神，积极参与到幼儿园的管理工作中，特别是幼儿园制订工作计划、建立规章制度、创设教育环境及幼儿园的宣传招生等各项工作。

第十一，定期向园领导汇报工作，接受其检查和指导。

三、教师的素质

根据学前教育的特点和目前学前师资情况的现状，要求教师应具备以下素质。

（一）有高尚的师德

1. 热爱孩子、热爱幼教事业

师德就是指教师的职业道德。一切为了孩子，无私地奉献，是对从事幼教工作的人最基本的品德要求。学龄前儿童是幼儿园教师的教育对象，他们是有意识的独立个体，但由于他们的年龄特点，生理心理发育还不成熟，需要教师用全部智慧和爱心去培育，真心爱孩子，像妈妈一样，使他们的身心得到全面发展。所以，教师要有一双散发关爱眼神的明目，有一个能耐脏耐臭的鼻子，有一对能听芝麻绿豆小事的耳朵，有一双不嫌麻烦的快手，有一张“吞毒蛇，吐莲花”的嘴巴，有一副“婆婆妈妈”的好心肠。

2. 以身作则，作幼儿的表率

身教重于言教特别适合学龄前孩子，因为他们的模仿性强、可塑性大，信任老师，对老师的言行观察细致且喜欢效仿。所以，老师要注意严格要求自己，注意自己的一言一行，特别是对一些良好行为的培养，老师的榜样比说教更有效。

3. 关心集体，团结协作

教师在教育幼儿的过程中不是一个人去完成的，而是在一个集体班组中，这就需要教师团结其他人，大家分工协作，互相关心，一方面能保证教育目标的完成，另一方面也为朝夕相处的幼儿提供一个品德的榜样。

案例分享

陈女士是义乌本地人，10月16日，她像往常一样把儿子从幼儿园接回家。可给孩子洗手时，她发现儿子手背上有很多红点，就问怎么回事。儿子告诉她，两天前午休后，他穿衣服时衣角不小心甩到了其他同学，因为这样老师就用针扎了他的手背，还流了一些血。后来另一位老师让他到厕所把手上的血迹冲洗干净，并叫他不要告诉父母，就说是蚊子咬的。陈女士数了数，儿子手上的小红点竟有20余个。心疼儿子的陈女士三天后来到幼儿园交涉。但当事老师赵某只承认用针吓唬过陈女士的儿子，并没有真的扎。无奈之下陈女士报了案。10月26日深夜，面对法医的鉴定书，再次被传讯的赵某在派出所终于承认了针扎的事实。

幼儿园“老师针扎学生”的事件，说明了这位幼儿教师的行为已经严重背离了最基本的师德标准，近来也经常从报道上看到幼儿教师打幼儿的案例，幼儿园应让老师们以这些案例为戒，反思师德问题，让教师明白什么是适宜行为，什么是不适宜行为，从而塑造幼儿教师的最佳师德形象。更要使幼儿教师掌握对待孩子过错的正确处理方法，让“爱与责任”深入每一个教育过程。

（二）有全面发展的知识技能

教师是向幼儿传授科学知识和技能的。随着科学技术的不断发展、传播媒体的普及及新知识新事物的不断涌现，再加上幼儿强烈的好奇心和求知欲，他们想知道的事情越来越多，这就需要教师必须掌握必备的科学文化知识和专业知识及音乐、美术、舞蹈、体育的基本技能，不断更新自己的知识内容和结构，使自己具有广泛、丰富的知识，采取高效的教育方法，使幼儿接受良好的早期教育，培养幼儿的各种能力，开发幼儿智力，增强学习兴趣。

（三）有专业需要的基本能力

1. 观察力

教师的教育对象是幼儿，要想照顾好幼儿，教师首先要蹲下身来做一个细心的观察者，观察孩子的行为，观察孩子的发展，倾听孩子在学习活动中的独特语言，敏锐地捕捉蕴含其中的学习价值。真实地观察孩子，真实地捕捉每一个有助于理解孩子的线索，破译儿童世界独有的语码。教师不是判定孩子行为对错的法官，而是孩子运用各种学习策略的理解者与解释者。所以，要求教师具备敏锐、细致的观察力。

2. 语言表达能力

捷克教育家夸美纽斯（Comenius）说过：“教师的嘴是一个源泉，从那里可以产生知识的溪流。”教师与幼儿的交往主要是通过言语进行的。因此，教师应具有标准的普通话和流利的英语，普通话达到二级乙等以上。要求具有简明流畅、清晰规范、通俗易懂、生动形象并富有幽默感和感染力的汉语语言能力和英语语言能力，这不仅能帮助幼儿理解知识、强化教学效果，同时还能唤起幼儿感情上的共鸣，引起幼儿学习的兴趣。

3. 动手能力

心灵手巧是幼儿教师的一项必备能力。教师应会设计、制作教具和玩具，会设计美化教育环境，会操作实验仪器，掌握现代教育技术和电化教学手段，学会制作二维和三维动画教学课件技术，学会利用多媒体动态教学技能，学会操纵幼儿园电脑办公系统，利用现代化手段进行幼儿园教学和管理。

4. 艺术教育能力

教师要有对美的事物的欣赏和鉴别能力，具有创编艺术教育活动的能力，具有一定乐理知识，掌握钢琴、歌唱、舞蹈、绘画、制作玩教具、影视表演等技能技巧，具有向幼儿进行弹、唱、跳、画、表演等综合艺术教育的能力。

5. 教育实践能力

这是幼儿教师的综合能力。教师应具有学前教育学、学前心理学、学前卫生保健学、幼儿园课程的设计与实践、幼儿教育研究方法的基本理论和基本知识以及针对幼儿身心发展和年龄特点实施保育和教育的基本能力。

6. 积极进取，创新能力

现代幼儿教师必须具有较强的“扩展能力”。“扩展能力”是非常灵活的适应科学技术和时代迅速变化的综合性能力，主要是指信息处理能力（即吸取、更新知识的能力）和创新能力（即获得新知识、扩充新知识的能力）。拥有扩展能力的幼儿教师，就是创新型的教师，他们能“吸取由教育科学所提供的新知识，在教育教学中积极地加以运用，并且发现新的切实可行的方法”。

7. 幼儿身心健康检测能力

教师要掌握幼儿生长发育规律的知识和健康检测技术、心理健康咨询技术，具有对幼儿进行身心健康检测教育的能力。

8. 做家长工作的能力

家长工作是幼儿教师的一项重要工作职责，是幼儿教师必备的职业能力，教师要保持和幼儿家长的联系和沟通，赢得家长的信任，做好家长工作。

第四节　幼儿园领导职能建设

一、幼儿园园长领导力

“领导中有管理，管理中有领导”。管理就是管理人员领导和组织人们去完成一定的任务和实现共同目标的活动。幼儿园园长的领导行为是园长在幼儿园的教育教学活动中行使领导职能而具有积极内在动机和领导意义的激励、组织、决策、沟通的行为，是领导力的外在表现。

（一）园长领导力

所谓园长领导力，是指园长调动他人并与他人一起工作以实现共同目标的能力，是以园长具有有效地影响或改变被领导者的心理和行为的能力为基础，能为幼儿园发展的远景目标服务的能力，包括权力性领导力和非权力性领导力。权力性领导力来自三种主要因素：传统的因素，即对权力的传统认识导致对园长的服从、跟随；职位的因素，即园长职位本身及园长接受上级授予的权力导致被领导者的敬畏和服从；资历的因素，即在幼儿园里工作时间长短等带来的经验、阅历方面对领导活动的影响。非权力性领导力来自品德、才能、知识及情感等因素。

调查显示，园长们普遍认为成为一名优秀园长的重要因素表现在领导能力、人格品质等方面，而对于领导行为中专业素养的认知程度明显不足。实际上，园长要进行有效的领导，非权力性影响力相当重要，包括与个人专业素养密切相关的专家权（Expert Power），即拥有别人所渴望的知识，诱使他们遵守执权者的指示，从而学到某种知识并从中得益；参照权（Referent Power），即来自权力持有者个人的魅力、思想及能折服大家的信念。对园长来讲，这两种权力不是法定拥有的，而是要靠不断地提高自身的专业修养才可能实现。根据加里·尤克的研究，运用参照权和专家权可以极大地提升下属对工作的自觉接受程度，从而提高领导行为的有效性。可见，如果对领导行为中的专业素养认知不足，有可能会极大地制约领导行为的实效。

在实际工作中，园长的领导行为侧重管理。在幼儿园管理实践中，园长们更多扮演的是管理者的角色，主要的管理行为有两种：一是权威式管理；二是经验式管理。大部分园长对于管理和领导的理论了解不多，在实际工作中做的决策大多只是依据经验和直观进行的判断。

（二）作为管理者的园长

管理，就是幼儿园管理者通过发挥各种管理职能，充分调动教职工积极性，提高组织效能，实现组织共同目标的过程。园长作为幼儿园的领导者，全面负责幼儿园的各项工作，包括保育、教学、财务、人事、园本研究、行政等。园长对幼儿园的管理向上必须严格执行国家及上级主管部门相关的教育方针、政策、法规、精神，向下要运用现代管理理念和管理方法，科学调控园内各部门，管理好幼儿园的人、事、物、财等工作。因此，想要成为一个优秀的管理者，园长需积累教育管理理论和专业知识，不断提升业务管理能力和专业水平。在这一过程中，园长是决策者，管理的任何一个环节和每一项管理职能的发挥，都离不开园长的决策；园长是评价者，应监控和评价各部门对幼儿园制度及园长决策的执行；园长是协调者，需妥善协调园内外各方关系，如管理团队、教师、社区、家长、上级主管部门等，以优化管理效果；园长是课程管理者，课程是幼儿园建设与发展的核心，园长应管理好幼儿园的课程设计、开发、实施、评价，提高教育教学质量。

（三）作为经营者的园长

随着学前教育的发展，尤其是在公办民办并举的办园体制下，园长应由传统的行政管理者角色向现代的经营管理者角色转变，既是幼儿园管理的执行官，也是幼儿园的经营者。经营就是要借鉴企业运作的理念和策略来管理幼儿园。在这一过程中，园长是资源经营者，幼儿园园长最头痛的问题就是办园经费不足，如何筹措经费及最大化经费的效用，是资源经营的核心问题，园长对资源的经营包括对人力资源、教学资源、社区资源等的筹措、调配和利用；园长是品牌经营者，通过提高教育教学质量，凝练幼儿园特色，树立良好的品牌，增强幼儿园的核心竞争力，也是园长经营的重要内容；园长是文化经营者，幼儿园文化是幼儿园发展的软实力，园长应重视塑造积极向上的文化，建立全体人员认同的愿景，凝聚人心，共同奋斗。

二、幼儿园园长的岗位职责与典型任务分析

（一）岗位职责

遵循现代学校制度的基本规律，按照园长能力的基本要求，明确园长的岗位职责如下：

（1）贯彻执行国家及上级主管部门的有关法律、法规、方针、政策。

（2）负责制定并组织执行园所管理的各种规章制度。

（3）全面负责幼儿园的各项工作，包括保育、教学、财务、人事、园本研究、行政等事务的管理。

（4）筹措并调配幼儿园的各部门各种资源，包括人、财、物等。

（5）监控和评价幼儿园各项工作。

（6）组织和指导家长工作，负责与社区的联系和合作。

（7）引领幼儿园的课程设计、开发、实施、评价。

（二）典型任务

结合园长的岗位职责，可以列出园长的典型工作任务（表 9–2）。

表 9–2　园长的典型工作任务

典型工作任务	职业能力
1. 确立共同愿景 2. 制订幼儿园发展规划，合理定位、凝练特色、树立品牌 3. 引领实施幼儿园发展规划 4. 建设积极的园所文化 5. 激励、调动教职工工作积极性 6. 协调处理各种人际关系	园长角色定位与文化力
7. 执行国家的有关法律、法规、方针、政策及上级主管部门的规定 8. 制定并执行各种规章制度 9. 筹措并调配各种资源，安排人、财、物、时、事，明确各部门、人员的职责、权限、关系 10. 组织管理一日活动 11. 组织管理幼儿园的保育活动 12. 对日常事务进行科学合理决策 13. 对行政、财务、后勤等事务的管理 14. 构建质量监控体系 15. 组织协调各岗位、各部门的关系 16. 组织和指导家长工作 17. 负责与社区的联系和合作	园长经营与管理力
18. 幼儿园课程规划 19. 领导幼儿园课程设计、开发 20. 领导幼儿园课程实施 21. 领导幼儿园课程评价	园长课程领导力

续表

典型工作任务	职业能力
22. 开展园本研究 23. 反思、总结日常管理 24. 组织各种教研活动	园长园本研究领导力
25. 对教师的日常教学进行监控 26. 引进优秀师资 27. 有目的、有计划地安排各类人员培训 28. 组织园本培训，提升教师专业素养 29. 指导、检查和评估教师的工作，并予以奖惩	园长教师队伍建设力

三、幼儿园园长的素质要求

园长是幼儿园的最高领导者，其素质在很大程度上决定着幼儿园的办园方向、工作绩效及园所氛围。所谓领导者素质，是指领导者在一定先天禀赋的生理素质的基础上，通过后天的锻炼和学习所形成的、在领导活动中经常发挥作用的本质要素。

结合幼儿园的工作特点和要求，对园长的基本素质从思想修养、知识结构、工作能力与身体素质四个方面提出以下具体要求。

（一）思想修养

1. 认识和理解教育方针

园长要特别深刻地认识和理解党和国家的教育方针，坚持正确的办园方向和指导思想，敏锐觉察方针执行中的错误倾向，迅速予以纠正。

2. 事业心和责任感

园长要充分认识自己所从事工作的重大社会意义，热爱幼教事业，热爱幼儿，关心教师，能把全部心血倾注到工作中去，不怕困难，勇于探索，始终对工作有浓厚兴趣和饱满的热情，勤勤恳恳，任劳任怨，尽最大努力为幼儿、教师服务，认真做好各项工作。

3. 道德修养和工作作风

园长应具有良好的道德修养和工作作风，应忠诚坦白、光明磊落，能实事求是、坚持真理、纠正错误、严以律己、勇于承担责任；能妥善处理各种矛盾，处理各种人际关系，要善于调动群众积极性；能深入实际，吸取群众智慧，改进领导工作。

（二）知识结构

园长要有真才实学，要有基本的科学文化知识，掌握教育知识，要熟悉幼儿园的业务，实行内行领导。

1. 文化知识

园长要具备一定的语言表达能力。园长应有较强的求知欲，要有更新知识的紧迫感，要不断学习和吸取现代科学知识，培养较广泛的兴趣爱好，丰富自己的精神世界。

2. 学前教育方面的专业知识

园长应具备幼儿师范学校（包括职业学校幼儿教育专业）毕业及其以上学历，应加强自己的业务素养，掌握学前教育的理论知识，了解教育科学知识和有关卫生保健方面的知识，了解幼儿年龄特点和身心发展的规律。园长要注意加强教育理论修养，并能结合教育形势发展的需要，针对本园教育工作中的问题能认真研究解决。

（三）工作能力

1. 较强的科研能力

园长应当是一名出色的教师，具有丰富的教学经验，能够指导和改进其他教师的教学。只有在自己教学经验丰富、知识积淀多、教学理念新的基础上，园长才能有目的、有计划、有步骤地去实施自己在教学上的设想并通过教学科研，促使教师认真钻研教材、探究教学方法、更新教学观念、形成自己独特的教学理念，实现自己的教学目标。

2. 组织指挥能力

园长要具备统领全局的能力，能在整体上进行组织决策和指挥，善于合理调配人力、物力和财力，调动各方面的积极性；能协调好人际关系，包括妥善处理与上级、同事和下属的关系，同时要协调好幼儿园与外界的关系。

3. 创新进取精神

园长作为一个组织的领导，要有远见卓识，能了解社会发展和教育改革动向，能按照教育发展趋向规划园所的未来；要思维敏捷，头脑清晰，能够清楚地意识到工作中的问题和不足，并及时改进；要积极进取，立足本园实际，吸取切实可行的成功办园经验，不断调整和开拓新的发展领域。

4. 表达与沟通能力

园长要具备较好的口语表达能力及撰写文稿的能力。此外，园长还应具备较强的沟通交流能力，能妥善处理与上级、同事、下属和幼儿家长的关系。

（四）身体素质

由于园长承担整个幼儿园的复杂工作，因此园长需要具备良好的身体素质。身体健康、精力旺盛、态度乐观、反应敏捷等身体素质是园长所必须具备的，这样才能带领园所保持生机勃勃的状态，不断前进。

四、幼儿园园长的领导艺术

幼儿园园长的领导艺术是指幼儿园园长运用自己的科学知识、实践经验、聪明才智和胆识魄力去做好领导工作，并为达到促进全园发展这一目的而采取的手段和途径。幼儿园园长掌握适当的工作方法和具有独特的领导艺术，是在长期实践工作中不断探索和总结出来的，他（她）需要有丰富的工作经验和领导经验，也要具备较高的个人素质。以下将从四个方面来展现幼儿园园长独特的领导艺术。

（一）立足全园

幼儿园的管理应该有章可循、有法可依，幼儿园制定的所有制度都必须立足全园，从实际情况出发，这样有利于制度的有效实施。

幼儿园园长在作出重大决策前，首先在全园调查研究，掌握全园教职工的心态和想法，并及时和他们沟通，把上级的指导思想传达给全园的工作人员。幼儿园要定期召开全园大会（包括家长委员会），结合当前的社会发展形势，分析本园的优势和劣势，听取全园教职工和部分家长的意见，然后提出总体改革目标和操作思路。

（二）关注教师

教师是园长与幼儿之间的桥梁，是所有信息的传达者与载体。因此，领导好幼儿教师是办好幼儿园的关键。

1. 以情动人

园长在管理教师时讲究一个“情”字，以情动人，调动教师的积极情绪，使教师能更充分地发挥自己的主动性、积极性和创造性。园长在处理问题时，要讲究情感因素，要分析问题的事因，处理得合情合理。因为教师在工作时需要宽松和谐的心理环境，因此，园长在执行制度的同时更要做好教师们的思想工作，既要讲究方法，又要通情达理，才能取得良好的效果。

2. 关心教师的实际生活

作为园长，要设身处地地为教师们排忧解难，尤其是家庭比较困难的教师。在园里条件允许的情况下，帮助教师解决一些困难，解决他们的后顾之忧，使他们能够全身心地投入到工作中。

3. 重视教师素质的提高和专业成长

园长应采用多样化的策略培养教师的综合能力：加强师资队伍建设，除了采用分层带教、业务学习、参加职后培训和鼓励自学进修外，还要采用各种方法和形式培养教师的综合能力；应大胆起用、培养骨干教师；组织科研小组，选拔学科带头人。

（三）重视幼儿

作为园长，要把保护幼儿的安全和健康放在工作的首位，对每个幼儿的各项发展都要重视。

1. 重视幼儿的健康

健康对于幼儿来说无疑是最重要的，身体和心理都健康才是真正的健康。园长要高度重视并带领全园教职工重视幼儿的健康。

2. 重视幼儿的教育

园长应重视幼儿的各项教育活动，而不仅仅是智育，幼儿接受的各种教育要平衡发展。园长摆正教学理念和教学目标，才能领导职工的工作。

（四）以理论为指导，在实践中创新

世界在变革，教育也在变革，要抢占竞争的制高点，人才、信息、创新是关键。这是社会经济发展的规律，教育的规律也同样如此。作为园长，应如何把握机遇，迎接竞争和挑战呢？

1. 博览，勤思，以敏锐的眼光捕捉和教育相关的各种信息

宏观上，要关注国内外社会发展的形势，把握中外幼儿教育改革的动态和新思路，思考我国新时期对人才的需求及人才自身发展的需求，寻找改革的切入口。作为园长，开会、

学习、参观交流的机会比较多，要利用每个外出机会，努力发现和挖掘对教育、管理有用的信息和经验。微观上，要注重实地调查，随时捕捉典型教育事例，分析研究，发现问题的症结，寻找教改实践的规律性。

园长是先行者，要带动大家一起干。教育活动的组织与实施过程是教师创造性开展工作的过程，作为园长要起到“领头羊”的作用，发挥教职工的主观能动性，将每个人的内在潜力与幼儿园的总体目标有机结合，形成整体力量，才能完成幼儿园的总目标。教师的积极性调动起来了，幼儿园就有了活力，教育活动才能生动活泼。

2. 学习更新观念，做一个理性的思考者和勇于开拓创新的实践者

在推进素质教育中，园长必须从转变教育观念着手，必须从自身做起。园长对办园的理性思考最终应付诸实践，落实在教育改革中，使幼儿真正受益。

领导艺术的魅力是无限的，但它需要领导者在自己的工作中不断探索方法与追求创新，不断完善自我与发展自我。幼儿园园长，作为特殊的领导者与教育者，更需要有敏锐的眼光和分析判断能力，永远站在幼儿教育的最前沿，促进幼儿园的全面发展，为孩子的发展奠定最坚实的基础。

第五节　园长负责制

一、园长负责制的依据

1985 年 5 月颁布的《中共中央关于教育体制改革的决定》第一次提出：“学校逐步实行校长负责制，有条件的学校要设立由校长主持的、人数不多的、有威信的校务委员会，作为审议机构，要建立和健全以教师为主体的教职工代表大会制度，加强民主管理和民主监督。”在我国，幼儿教育是我国学制的基础阶段，是基础教育的重要组成部分，发展幼儿教育对于促进儿童身心全面健康发展，普及义务教育，提高国民整体素质，实现全面建成小康社会的奋斗目标具有重要意义。

《幼儿园管理条例》在第四章第二十三条中提出：“幼儿园园长负责幼儿园的工作。”《幼儿园工作规程》又一次提出：“幼儿园要实行园长负责制。”这就以法规的形式进一步明确了幼儿园的内部领导体制是园长负责制。实行园长负责制给园长以充分的人、财、物自主权，调动园长管理幼儿园的积极性、主动性，有利于加强幼儿园的管理工作，增加办园活力。

二、园长负责制的含义

园长负责制是幼儿园内部的一种领导体制。幼儿园在上级主管部门的宏观领导下，以园长全面负责为核心，并与党组织的保证监督、教职工的民主管理相结合，为实现幼儿园工作目标，充分发挥行政领导职能的三位一体管理新格局的作用，这是我国幼教体制改革的核心。

《幼儿园工作规程》明确指出："幼儿园实行园长负责制。"这就规定了园长是幼儿园的最高行政负责人，是幼儿园的法人代表，在幼儿园处于中心地位。幼儿园实行园长负责制，加强园长的职责和权限，有利于发挥行政管理系统的作用，实行集中统一领导，提高管理效益，可保证对幼儿园保教工作的业务领导，确保幼儿园双重任务的顺利完成。实行园长负责制以后，应加强党的领导，充分发挥党组织的监督与支持作用；应设立园务委员会，协助园长进行科学决策；应建立教职工代表大会制度，使广大教职工民主参与管理和监督，从而保证园长负责制的实施。

在园长负责制体制下，园长要对幼儿园的工作全面负责，园长是幼儿园的法人代表，对内负责全部工作，对外代表幼儿园，承担幼儿园管理的全部责任。园长拥有幼儿园的最高行政权，具体包括以下几个方面。

（一）决策指挥权

园长有权在《幼儿园工作规程》和《幼儿园教育指导纲要（试行）》的指导下，决定自己幼儿园的具体发展规划和教育目标，并统筹幼儿园的全面工作。

（二）人事管理权

园长有权向上级提出"组阁"意见，改变幼儿园机构组织的权限关系，有权聘用、考核和奖励工作人员，有权在符合国家要求的范围内制定规章制度。

（三）财政管理权

园长有权在国家规定的范围内支配幼儿园财政费用，规划和使用幼儿园的财产设备。

三、园长负责制的形式

（一）董事会监督下的园长负责制

教育投资公司创办的幼儿园园长由公司聘任，园长对董事会负责，每年度完成与董事会签订的责任目标书。起监督作用的是董事会或教育投资管理公司的相应机构。在某些管理比较规范的幼儿教育机构内部设置相应的工会组织、党团组织起保障和监督作用。

（二）独立经营性质的园长负责制

这类幼儿园的创办者即园长和法人代表。一般情况下，此类幼儿园的规模相对比较小，尤其是在起步阶段，因此在机构的设置上不太完整。在此背景下实行的园长负责制缺乏必要的监督，容易出现园长大权独揽的现象，这不利于幼儿园良性发展。

（三）合伙人领办再聘任园长背景下实行的园长负责制

部分幼儿园为多方出资领办或合作办园，由出资者再聘任园长。虽然名义上实施的是园长负责制，但园长非法人代表，其职责更多的是负责幼儿园的教养业务、保健工作等，其余财务和部分总务工作由领办合伙人监督。

（四）外资主导的园长负责制

此类幼儿园大都聘用中方和外方园长共同管理。多参照国外管理模式，园长对投资方负责。

（五）公办民助性质下的园长负责制

为了让更多的幼儿享受到高质量的教育，目前国内一些城市的优质公立幼儿园利用自身的品牌资源、教师资源与不同的投资方合作开办了公办民助性质的幼儿园。这类幼儿园由于资金投入比例、责权利划分不同，形成了比较复杂的园长负责制。一般情况下，它保留了传统的园长负责制中的三级管理架构，但接受的是合作双方的共同管理。

以上列举了新形势下的五种园长负责制。其实在幼儿园实践与管理中还有更多具体的表现。这些幼儿园从宏观管理角度看都要接受当地教育行政主管部门的监督管理，其存在有合理的一面，但往往忽略了传统园长负责制中的民主管理作用。《幼儿园工作规程》规定："幼儿园应当建立教职工大会制度，或者教职工代表大会制度，依法加强民主管理和监督。"但在这五种园长负责制下的幼儿园在建立相应的民主管理和监督机制上却常有这样或那样的偏颇。

四、实施园长负责制的必要条件

实施园长负责制，园长负责建立起一整套科学的领导管理体系制度。幼儿园改制是为了进一步激发内部活力，增强自主权，它涉及用人、奖励、考评等幼儿园内部的一系列改革，从而建立起完整科学的领导管理体系和制度。应建立和完善相应的法规制度，使园长办园有自主权，也使上级主管部门督导有依据。如实行园长任期目标责任制，确定园长任职期限一般 3 ～ 4 年，园长任期内，有责任对幼儿园制定目标规划，并付诸实施，以任期目标完成情况作为考核园长工作和业绩的主要依据，园长要接受上级的检查、党支部的监督并及时听取教代会的意见。

实施园长负责制，幼儿园体制的改革须取得上级有关部门的支持，创设良好的外部条件。上级教育行政部门要做相应的改革。主管部门对幼儿园的领导和管理应侧重宏观管理，不干涉和代替园长的工作，这要求上级部门要理顺关系，简政放权，改变以往园长忙于应付、无自主权的弊端，使幼儿园成为一个相对独立的实体。要制定相应的考核奖惩制度，对园长的工作考核奖励和处罚要有具体规则。

要进行教师任用制度、教师劳动报酬分配制度的配套改革，使园长职、权、责统一。实施园长负责制关键就是园长职、权、责统一，如改革用人制度，教职工采用聘任制，实行双向选择，高职低聘，低职高聘，有利于教职工队伍的优化组合。

教师劳动报酬分配实行结构工资制，依据对教职工的全面工作质量检查考核，将报酬与用人和工作质量挂钩，做到多劳多得、优劳多得、责重多得。

幼儿园的上级部门应以园长的任职条件和职责为依据选好园长，好园长是实行园长责任制的前提，应根据《幼儿园管理条例》和《幼儿园工作规程》明确园长的任职资格，不断提高园长的思想文化水平和专业素质。

思政之窗

开发人力资源是幼儿园应对社会转型时期种种问题的必由之路，是现代幼儿园发展的主要战略。教师工作状态的激活、教师研发热情的激发、教师服务质量的提高、教师专业水平的提升，是建设现代幼儿园最重要的资源保障。

练习思考

一、单选题

1.（　　）是指幼儿园管理人员和有关教育行政人员遵循一定的教育方针和保教工作的客观规律，采用科学的工作方式和管理手段，将人、财、物等各因素合理组织起来，调动各方面的积极性，优质高效地实现国家所规定的培养目标和幼儿园工作所进行的实践活动。

A．幼儿园管理　　B．幼儿园行政管理

C．幼儿园行政　　D．幼儿园治理

2.（　　）指的是幼儿园管理工作必须坚持正确的方向，即坚持党的领导和社会主义办教育方向的原则。举办幼儿园要以社会效益为根本。

A．方向性原则　　B．整体性原则

C．民主管理原则　　D．有效性原则

3．园长为家长提供方便，关心教师的工作、学习生活，尽力为教师教学创造良好的条件，这是园长作为（　　）角色的体现。

A．指导者　　B．学习者　　C．服务者　　D．协调者

二、多选题

1．人力资源管理的原则有（　　）。

A．政策性原则　　B．开放性原则

C．激励性原则　　D．竞争性原则

2．创新人才激励机制有（　　）。

A．建立积极竞争的制度　　B．建立科学的教师评价机制

C．建立公平合理的物质激励制度　　D．建立高效的精神激励制度

第十章 幼儿园公共关系管理

学习目标

知识目标

◎ 了解公共关系的兴起与发展。

◎ 理解幼儿园公共关系的含义与原则。

◎ 了解幼儿园公共关系的途径与方法。

◎ 掌握幼儿园家长工作与社区工作内容。

能力目标

◎ 能够构建良好的社区关系。

素质目标

◎ 培养学生理论和实践相结合的能力。

思政目标

学会团队协作，提高组织协调的能力，提高人际交往的素质、社会适应能力，培养理性判断与灵活应变能力，培养较强的全局统筹能力和抗压能力，培养自主学习、独立思考能力。

第一节　幼儿园公共关系概述

一、幼儿园公共关系的含义

幼儿园公共关系是在借鉴一般公共关系的理论和实践经验基础上发展起来的。幼儿园公共关系是指幼儿园为实现办园目标，有计划、有组织地借助有效的沟通和传播手段，在幼儿园内外部公众之间建立理解、信任、支持与合作的关系，以塑造幼儿园良好形象，创造最佳教育环境的管理活动。

二、公共关系的构成要素

公共关系学中的“公众”这一概念特指公共关系工作对象之总和，即与一个社会组织发生直接或间接联系，对该组织的生存和发展具有现实的或潜在影响力的个人、群体和社会组织。那么幼儿园公共关系的对象也是公众，它具有多样性和多变性，从不同的角度可以划分为不同的种类。

根据公众与幼儿园关系所在领域划分，可以分为内部公众和外部公众。

根据公众和幼儿园的密切程度划分，可以分为非公众、潜在公众和知晓公众。

根据公众对幼儿园的认可度划分，可以分为顺意公众、逆意公众、独立公众。

我们主要从常见的内部公众和外部公众的角度来阐述幼儿园公共关系的对象。

（一）幼儿园内部公共关系

1．与教职工的公共关系

教职工是与幼儿园关系最紧密、最核心的公众群体之一，他们在幼儿园公共关系中具有双重身份，既是幼儿园内部公共关系的客体，又是幼儿园对外开展公关活动的主体，与教职工公共关系的质量直接影响到幼儿园的声誉和形象。在处理与教职工的公共关系上，主要的工作内容包括：了解教职工的生活需要（包括工资、住房、医疗），学习需要（包括学习进修、取得合格学历、提高业务水平），自尊需要（包括希望得到幼儿、家长及同行的尊重、信任以及领导的器重），政治需要（包括得到政治信任和组织关心），成就需要（包括个人能力的充分发挥，事业有成及得到公正的评价），通过情感沟通增强教职工的归属感，满足教职工的物质需要，并重视其精神需要；通过教育、创造良好的工作环境和积极向上的工作氛围，向教职工描绘未来幼儿园发展的宏伟蓝图，恰当运用奖励机制或物质刺激等方式，激发并调动教职工的工作主动性、积极性和创造性。

2. 与幼儿的公共关系

幼儿是幼儿园最庞大、最直接、最重要的公众群体，他们既是教职工的主要工作对象，也是幼儿园各项工作的出发点和归宿。与幼儿的公共关系应潜移默化地落实在日常的工作和生活中，尊重幼儿的人格和权利，尊重幼儿身心发展规律和学习特点，促进每个幼儿富有个性的发展；创设一个能使幼儿感到被接纳、关爱和支持的良好环境，建立良好的师幼关系，提供有质量的保教服务。幼儿是幼儿园工作水平的直接反映者，是幼儿园的“形象代言人”，同时也是幼儿园对外宣传的“新闻发言人”。

3. 与主办单位的公共关系

幼儿园的主办单位可能是企事业单位，也可能是个人，他们是幼儿园的投资方，也是幼儿园发展规划和重大决策的主要制定者，是幼儿园内部的重要公众。他们需要做到：尊重投资方的权益，贯彻投资方决定，自觉接受检查和监督；主动邀请主办单位参加幼儿园的管理决策，征求他们的意见和建议；加强幼儿园与主办单位的信息沟通与交流，定期汇报幼儿园的发展情况，包括取得的成绩、存在的问题，争取主办方的理解与支持。

（二）幼儿园外部公共关系

1. 与家长的公共关系

家长是幼儿园工作的重要支持者、评价者和定位者，他们是最敏感、最具影响力，也是与幼儿园有着最直接利益关系的外部公众和潜在公关代表。幼儿园应秉承“尊重家长、爱心敬业、热忱公正、优化服务”的理念，树立为家长服务的意识，提高为家长服务的质量，以优质、良好的服务让家长放心和满意，让家长心甘情愿、主动自发地为幼儿园做对外宣传；同时，幼儿园要采取多种方式加强与家长的沟通与联系，以确保教育影响的一致性和连续性，进而实现家园共育，形成教育合力。

2. 与社区的公共关系

社区是与幼儿园生存和发展关系最密切的外部环境，为幼儿园提供不可或缺的日常服务。社区里主要的公众包括所属居委会、居住小区、左邻右舍的居民等。社区是幼儿园重要的教育资源，也是园所实现社会共育的重要场所。幼儿园需要树立居民意识，了解社区教育需要，发挥教育辐射作用，开展多种形式的为社区公众所认可的社区教育服务工作，实现社区各种教育资源的有效利用，积极参与社区活动、社区公共事务及社区公益事业，强化与社区的良好关系，为幼儿园的生存和发展创造良好的外部环境。

3. 与上级主管部门的公共关系

上级主管部门是幼儿园所有沟通对象中最具权威性的对象，他们对幼儿园工作起着监督、指导和检查作用。幼儿园要与上级主管部门建立良好的关系，熟悉上级主管部门运作的特点，理顺工作关系，服从和尊重管理，在业务上虚心接受上级主管部门的监督、检查和指导；有关幼儿园办园方向、办园特色、重大决策、各项成就、人员变动、自身不能解决的问题等要主动向上级主管部门以口头或书面的形式进行汇报，主动争取上级主管部门的指导和资源支持，为幼儿园发展争取有利的政策、法律、经济帮助以及更大的发展空间。

4. 与同行的公共关系

同行公众是与幼儿园经常性直接或间接发生关系的兄弟园所，他们与幼儿园联系紧密，信息传播沟通更具有专业性，他们既是幼儿园的合作伙伴，也是幼儿园的竞争对手。幼儿园要多向行业翘楚请教学习，与同行间要建立共同责任、共同发展和资源共享的意识，重视专业形象的建立，重视同行专家、机构的持续支持，提高行业内的认可度。

5. 与新闻媒介的公共关系

随着信息化社会的到来，幼儿园形象的宣传也依赖各种新闻媒介，同时，新闻媒介的宣传报道又具有一定的舆论导向作用，影响着幼儿园在公众中的社会形象。因此，幼儿园应研究不同媒体的工作特点与需求，平时主动地与社会相关媒体做好沟通、交流工作，使相关媒体了解幼儿园的工作特点，熟悉幼儿园的情况，树立优质的园所形象，增强幼儿园的影响力和竞争力；建立良好的媒介关系，尊重新闻媒介，主动、系统、有针对性地将媒体工作纳入幼儿园的管理范畴。

三、幼儿园公共关系活动的基本原则

公共关系是一种“内求团结，外求发展”的职能活动，其实施与活动方式多样，在实施具体的公共关系活动中，需要遵循以下三点基本原则。

（一）信誉至上，诚实守信

信誉是指组织在公众心目中的信用与声誉，信用与声誉是组织的生命。良好的信用与声誉一定要以出色的工作成绩与和谐的组织气氛作为保证和前提。幼儿园要想在社会公众中树立良好形象，提升信誉，就必须做好自己的本职工作，即教育好幼儿，服务好家长，较好地履行所担负的社会职责，这是幼儿园管理水平与工作质量的体现。信誉不是一朝一夕建立起来的，它需要全体教职工长期共同努力，认真做好日常工作，练好内功，抓好思想工作与组织建设，真诚与社会公众交往，切忌夸大其词、搞花架子、突击式、运动式、展示性等急功近利的做法。良好的信誉有利于幼儿园广结良缘，广招人才，使园所获得良好生源，也有利于赢得社会各方的理解、支持与合作，从而在激烈的竞争中立于不败之地。

诚实守信也是幼儿园公共关系工作中必须遵守的原则。幼儿园在公共关系活动中，要实事求是，杜绝虚张声势、弄虚作假的宣传手法。特别要避免经营过程中发生哄骗公众的现象，否则只能导致适得其反的公关效果。此外，诚实守信还意味着幼儿园可以开诚布公地向公众说明幼儿园工作中的弱点和不足以及面临的问题和挑战，提出自己的改进方案。这种做法体现了幼儿园坦诚相见、认真负责的工作态度和不断追求卓越、努力改进工作的决心，同样可以取得公众的信任。

（二）互惠互利，双向沟通

在社会网络中，幼儿园与公众相互间关系错综复杂，你中有我，我中有你，彼此利益密切相关。幼儿园在处理自身与社会公众利益关系时，不论是面对个人还是面对单位、团体，都应本着平等尊重的原则，秉承长远的战略眼光，始终将公众利益放在首要位置上，树立公众利益第一和为社会服务的观念，在此基础上，再寻求和公众彼此的利益联结共同点，如此才能保持和提升自己在公众心中的地位，赢得良好的信誉、形象。切忌以自我为中心，片面强调本单位需要，只想索取、不想付出的公关思想，做到互惠互利、共存双赢，其实质也就是为自身发展和增强竞争实力创造良好条件。

在现代社会，任何一个社会组织与公众打交道，实际上是通过信息双向交流和沟通来实现的。正是通过这种双向交流和信息共享过程，才形成了组织与公众之间的共同利益和互动关系。在幼儿园外部公共关系处理中，幼儿园向外部公众宣传自己，是为了让公众了解、认识幼儿园的工作性质和工作成绩，以树立幼儿园的良好形象，让公众更进一步地理解、支持、配合幼儿园的工作。同时，幼儿园还要提供机会让公众坦率地说出自己对幼儿园的看法，提出意见和建议，这既体现了幼儿园对公众的重视和尊重，也给幼儿园提供了采集信息、发现问题、调整改进工作的机会，可以为幼儿园的下一步决策提供可靠的资料。同样，在幼儿园内部公共关系管理中，幼儿园领导可以向教职工勾画幼儿园的美好发展前景、提出要求、下达任务、明确标准、要求质量，但也要允许教职工向上反映情况、发表意见，以便相互理解、达成共识、高效协作、达成目标。

（三）全员公关，开拓创新

幼儿园公关工作不是园长和少数几个人的事情，更不是停留在口头宣传，要搞好公共关系必须调动全体教职工（领导、教师、保育员、后勤工作人员等）的力量，因为他们每个人都是公关员，都有接触外界公众的机会，他们的一言一行、一举一动都是幼儿园组织文化的缩影，都代表幼儿园的集体形象，同时，个人与组织的命运是紧密联系在一起的。因此，幼儿园要增强全体教职工的公关意识，通过各种教育手段提高教职工的公关能力，让教职工能自发地将公关工作视为自身分内之事，能以饱满的精神状态、大方得体的言谈举止出现在公众面前，以自身良好的职业风范、优秀的个人修养建设和维护幼儿园的良好形象。同时，幼儿园还应该营造浓厚的公共关系氛围，凡是为幼儿园赢得声誉的言行，都应该得到积极的评价和奖赏，凡是有损幼儿园形象的言行，都应该作为形象事故来处理。

第二节　幼儿园与家长互动关系的建立

一、幼儿园与家长工作管理的意义

家庭是幼儿成长的重要环境，家长是幼儿的第一任教师，对幼儿的发展有着不可估量的重要影响。现实中，许多家长往往只是按照自然法则扮演家长的角色，并不了解幼儿教育的真正含义，也缺乏科学的育儿方法。因此，幼儿园及其教师要了解和分析家庭教育的特点与问题，通过家长工作，引导、帮助家长树立正确的教育观，提高科学育儿的自觉性，发挥家庭教育的优势，给幼儿以积极良好的影响。同时，家长作为幼儿园的服务对象兼教育合作者，是幼儿园的首要公众，幼儿园需要谋求家长对幼儿园教育的理解、接纳与参与，做好家长工作，密切沟通，主动宣传，不断实现新的幼教改革背景下的家园合作共育，加强家园一体化建设。这已成为幼儿园公共关系建构的核心，也是幼儿教育系统工程中的重要子工程。

（一）做好家长工作，实现家园共育，促进幼儿身心和谐发展

幼儿身体的发育和心理的成长都处于关键期，为人的终身发展奠定良好基础的素质教育必须是促进幼儿体、智、德、美各方面得到健康和谐发展的教育，因此“保教并重”是幼儿教育的重要原则之一，幼儿园的家长工作首先要让家长了解幼儿的心理特点，理解先进的教育思想和教育理念，认识到幼儿园和家长都是幼儿保育和教育任务的重要担当者。在新型的家园共育中，幼儿园要正确认识园所与家长关系，增强服务意识，摆正服务关系，主动做好家长工作，为家长提供方便。20 世纪 90 年代，我国已提出“家园共育”这种观念。其本质特点就是一个“共”字，即幼儿园与家庭、教师与家长相互配合，共同促进幼儿的发展。幼儿园作为正规教育机构，要想发挥主导作用，必须将家长工作列入议事日程，把家长工作放在与保教工作同等重要的位置上，充分重视并主动做好家长工作，使幼儿园与家长在教育思想、原则、方法等方面取得统一认识，形成教育的合力，家园双方配合一致，促进幼儿的身心健康和谐发展。

（二）有助于开发家长资源，能够为幼儿园教育增添智慧和活力

家长来自不同的家庭和职业背景，他们具有各种各样的资源优势，是幼儿园重要的教育力量，他们的积极性一旦被调动起来，将会对幼儿园教育发挥重要的作用。为充分挖掘、利用家长的教育资源，幼儿园可以先对家长的爱好、特长、经历、职业等进行全面调查，根据家长的不同特点，创设条件和空间，让家长走进幼儿园课堂，走进孩子们中间，这样幼儿不仅感觉新鲜，而且可以获得不同来源的知识经验。例如，邀请部队的幼儿家长身穿军装，为幼儿展示军营生活的风采；邀请当交通警察的爸爸现场为幼儿示范交通指挥，讲解交通法规知识；邀请当医生的家长为幼儿讲解疾病防治的常识等。亲子教育不仅使幼儿教育和社会实践紧密结合起来，而且增强了家长参与策划、组织、实施幼儿园教育活动的主人翁意识。因此，做好家长工作，争取他们的关心与支持，调动他们参与园所教育与管理的积极性，提供机会让他们对园所工作和保教质量作出评判或提出建设性意见，是办好幼儿园的重要保障。

（三）有助于教师的自我成长与家长的科学育儿

如今的幼儿园对教师的素质与能力要求越来越高，而开展家长工作已成为每个幼儿教师必须具备的基本能力之一。做好家长工作管理，对教师而言，能有效助推其开展形式多样的家长活动，通过家园互动了解孩子在家的表现，进而促进教师及时发现自己在教育工作中的不足，从而调整教育目标、优化教育策略；同时，家长工作中遇到的各种实际问题也有利于激发教师加强教育反思、学习专业知识、提升专业素养，进而实现自身专业上的

精进成长。对家长而言，多种途径、多种形式的家长工作让家长更有机会接触到先进的教育理念、育儿方法，从而有利于增进亲子关系，有效实现高质量的亲子互动，进而更好地担当家庭教育者的角色。

（四）有助于传播幼儿园的形象，扩大知名度与美誉度

家园共育一直是幼儿教育的重要原则和方法，但是现实中的家园共育，教师往往是唱主角，而家长则通常被动地配合教师的工作，双方的地位是不平等的。事实上，从园所的社会生存及对外交流看，家长是园所走向社会，获得更广泛理解与支持，从而扩大影响力的中介和桥梁。因此，注重家园关系的平等性，以优质的服务让家长满意和放心，通过爱心教育和敬业精神来感动家长，充分激发家长的爱园之情，让家长自然而然地成为幼儿园的活体广告，扩大对外宣传，进而提升幼儿园的知名度和美誉度。

二、幼儿园与家长工作管理的内容

（一）向家长介绍和宣传幼儿园，实现家园同向、同步教育

幼儿园的家长工作从家长选择幼儿园或者从家长送孩子来园第一天就开始了。做好家长接待工作，向家长说明园所理念与教育目标，宣传自己的办园思路、办园特色，有利于家长了解幼儿园的整体情况。此外，还可以通过微信公众号、家长群、网络平台、教育公报、宣传手册、幼儿园 App 等形式向家长介绍幼儿园的教育计划、发展规划、近期的课题研究、各种活动开展、参与地区教学评比活动成绩等，让家长有途径、有机会全面了解幼儿园工作开展的具体做法，从而赢得相应的协作、支持和宣传。

教师也应在日常工作中向家长介绍幼儿园教育的方法、形式和原则，介绍幼儿学习、成长的身心发展特点，根据本班（或个别）孩子特点制定有针对性的家园共育计划或目标，争取家园配合，让家长与幼儿园共同承担起幼儿全面发展的任务，实现家园同向、同步教育。

（二）了解幼儿家庭教育情况，指导家长开展科学合理的家庭教育

幼儿园要密切教师与幼儿家庭的联系沟通，主动了解家庭环境，家长对子女教育的态度、内容、方法，家长的文化水平、教育方式，了解幼儿的健康状况、心理发展水平、生活习惯、兴趣爱好及在家表现，以便家园双方配合一致地对幼儿实施教育。通过加强联系、及时沟通情况，幼儿园可以更有针对性地向家长宣传科学的育儿知识，指导家长正确合理地开展家庭教育。

具体来说，对家长的教育指导可以从以下三个方面进行。第一，帮助家长树立正确的儿童观、教育观，向幼儿家长介绍正确的教育思想，交流成功的家庭教育经验，使家长对幼儿教育产生正确的认识，并能够在正确教育思想的指导下，反思自己在家庭教育中的失误，接受正确的教育主张，配合幼儿园对幼儿进行正确的教育。第二，指导家长认识家庭教育的重要性。美国心理学家布鲁姆研究发现，一个人的智力发展如果把他本人 17 岁时达到的水平算作 100%，那么 4 岁时就达到了 50%，4 ～ 8 岁增加 30%，8 ～ 17 岁获得剩下的 20%。可见，幼儿期是人一生发展的关键期，家庭对孩子早期的智力开发十分重要。第三，指导家长科学的教育内容，如家庭人生观教育、智力教育、非智力因素培养、家庭

劳动教育、家庭美育与体育等。第四，指导家长了解幼儿不同年龄阶段身心发展的特点，教会家长家庭教育的基本方法。

（三）发挥幼儿园辐射功能，为家长提供有效服务

服务好家长是幼儿园双重任务之一。幼儿园要增强服务意识，以质量求生存，以服务求发展。例如，可以设立家长意见箱了解家长的需求、存在的困难和问题；合理、弹性地安排接送幼儿时间；寒暑假照常收托和组织教育活动；让家长参与幼儿园保教工作的评价等。总之，幼儿园要结合自身条件分析家长需求，通过发掘内部潜力，全方位为家长提供有效服务，全面提升家长满意度。

（四）争取家长的配合支持，树立良好园所形象

做好家长工作的关键其实就是要清晰明确与家长的关系。首先，教师需要认识到自己与家长在教育幼儿的过程中是平等关系，只是各有职责。其次，教师要善于沟通、共情，充分信任、理解家长，让家长了解幼儿园工作情况、各阶段计划与重点、教育活动安排等，争取家长对园所工作的配合支持和积极参与。同时，征求家长的意见和建议，不断改进工作，提高保教质量；特别是在幼儿入园适应、生活自理和非智力因素的培养等方面，动员和依靠家长，群策群力，最大限度地争取家庭教育的配合并注意探索家长参与幼儿园教育与管理的有效方式。

三、幼儿园与家长公共关系建构的策略与方法

（一）以班级为单位的个别方式

1. 个别交谈

全美幼儿教育协会制定的《高质量早期教育标准》中明文规定：“教师每学年至少与每个孩子家长约谈一次，并可根据需要随时安排，讨论孩子在家和在园的进步、成绩与问题。”教师与家长在接送孩子时的短暂交谈，是一种最简便、最常用的沟通方式。一般时间较短，内容不宜过多，主要是教师与家长交流孩子教育的相关情况，必要时可另外约见。

2. 家访

家访是教师走入幼儿家庭，和家长面对面交流沟通的重要方式，它最能深入了解幼儿家庭教养环境、家庭结构、教养态度、教育方法、亲子关系等，也有助于倾听家长对幼儿园教育的希望和要求，以便更好地开展工作。家访可以分为入园前家访和入园后家访。

幼儿入园前进行家访，通过教师和小朋友交流、游戏，能够使幼儿认识教师，有助于减轻幼儿的入园焦虑。教师还可以了解孩子的性格、生活自理能力等情况，以便入园后根据不同幼儿的特点因材施教。

幼儿入园后家访又可以分为定期集体家访和个别不定期家访。定期集体家访是指幼儿园规定每学期或每年，教师要对本班孩子普遍进行一次家访，以全面了解本班幼儿的家庭教育状况。个别不定期家访主要针对有特殊问题或状况，需要家园双方合作教育的家庭。如性格孤僻内向、攻击性行为强、体弱多病的幼儿或生活自理能力差的幼儿，是个别不定期家访的重点。

家访的注意事项：家访前要制订详细的家访计划，包括家访的目的、主题以及时间；家访中教师态度要诚恳、谦和，尊重家长，认真倾听家长的发言；教师对幼儿的评价应以表扬为主，在介绍幼儿在园存在的问题时，要客观、委婉，与家长共同商讨教育幼儿的措施，争取家长与幼儿园的密切合作；教师要认真填写家访记录，及时整理和归档并进行家访总结。

3. 电话交谈

电话家访是一种更方便、更简洁的家园沟通方式，可以使家园双方更及时地互相了解孩子的发展情况，沟通教育策略，对孩子进行督促纠正更具实效性。

4. 网络平台

信息化发展的今天，家园互动的形式更加多样化，网络更是突破了时间、空间的局限，让沟通变得更加便捷，可以通过QQ、微信、App平台、家校路路通短信交流平台、电子邮件、班级网站等，与家庭随时沟通。在沟通时，注意信息发布的措辞有理，内容简明扼要，有针对性。但是要注意，网络这个新的沟通平台作为信息化时代的产物，在给我们带来便捷的同时，也给幼儿园家长工作乃至整个公共关系管理提出了前所未有的挑战，如何更好地开展网络化的家园联系工作、避免潜在危机是幼儿园需要面对和考虑的。

5. 家园联系册

家园联系册是家长和教师之间保持教育连续性与一致性的重要渠道，写家园联系册时要注意：教师要客观、真实地反映幼儿在园表现，尤其要用具体、精练的语言写出幼儿的典型行为表现和个性特点，针对不同类型的家长，注意语言交流的艺术；要指导家长抓住重点，写出幼儿在家的真实表现；教师要根据家长的意见和建议及时调整或更正自己工作中的缺点，同时对家长教育孩子过程中遇到的问题给予具体指导和帮助。

（二）全园性的集体方式

1. 家长会

家长会是幼儿园普遍采用的一种家长工作方法。家长会可以分为全园家长会、年级家长会和班级家长会。全园家长会要求全体幼儿家长参加，一般安排在学期（或学年）初或学期（或学年）末，让家长了解幼儿园全年的工作计划及重点，或者向家长公布学期年度工作总结、向家长展示幼儿作品，还可以就幼儿园的工作等进行家园交流互动。年级或班级家长会针对性更强，既可以使家长及早了解幼儿所在班级的教学内容和活动计划，也可以就某个教育主题展开讨论。家长会切不可流于形式，不要让家长只做一个听众和受教育者。家长会的形式应该灵活多样，更重要的是实现教师和家长、家长与家长之间良好的交流与互动。家长会之前也可以先对家长进行相关的调查，了解家长主要育儿观点和家长对幼儿园教育的期望。调查获得的信息可以使家长会更有针对性。家长会的准备工作必须要充分，例如时间的选择、场所的准备（接待工作、会场布置）、资料准备（可以通过前期调查，有针对性地收集本班幼儿相关资料、档案、作品集、家长关心的育儿话题等）、情绪调整等都十分重要。

2. 家长开放日

家长开放日是指幼儿园定期或不定期对幼儿家长开放，家长可以观摩或参与幼儿园的教育活动。幼儿园除了计划内定期的家长开放日之外，还可以利用各种节日、运动会等对家长开放。家长通过开放日的观摩活动可以观察到自己孩子在各方面的表现，得知孩子的发展水平及与伙伴交往的状况，也有助于了解幼儿园的办园理念和教育理念、幼儿园的物质环境和精神环境、幼儿园的教育模式和教育特色以及教师的教育行为。家长在家庭教育中可以学习借鉴教师好的教养态度、教育模式和方法，在观摩过程中发现的问题和生发的观点可以随时和园长、教师进行交流。家长还可以参与到幼儿园的各种活动中，如每年“六一”儿童节、“元旦”，家长、幼儿和教师一起联欢，亲子同台演出；“春季（或秋季）运动会”家长和幼儿合力角逐等。通过亲身参与幼儿园的各项活动，家长能更加全面地了解幼儿园、教师和孩子，为家园合作奠定良好的基础。

3. 家教园地

很多幼儿园利用橱窗、板报、园报、刊物阅读区、家园论坛、家园联系栏等形式，介绍保教新理念、流行病的预防、亲子游戏、幼儿园一周或一个月保教工作计划和活动内容等。家教园地应办得生动活泼，文章、资料要短小精悍，可由教师编写，可摘录家教报刊上的内容，也可以由家长提供经验、体会等。家教园地应设在家长接送孩子必经处，内容要经常更新，字迹不可太小，不仅让家长从提供的资料中获取育儿的知识和经验，还应给家长提供发表看法的机会。

4. 家长学校

家长学校是普及家庭教育知识的有效渠道。幼儿园可按幼儿年龄将家长分班，也可根据家长类型分班，如母亲班、父亲班、隔代家长班，还可以根据不同教育对象或热点教育问题，有针对性地展开培训。为了指导帮助家长更好、更科学地教育好自己的孩子，幼儿园可以通过举办专家讲座、专题讲座、家长工作坊等形式来开展互动交流，以解决家长们教育孩子过程中遇到的困惑，传达最新的家庭教育观念与做法，真正丰富家长知识，扩大其视野，提高育儿水平。

5. 家长委员会

家长委员会是以家长代表为主体构成的家园共育组织，是连接家庭和幼儿园的桥梁和纽带。其主要任务是帮助家长了解幼儿园工作计划和要求，反映家长对幼儿园工作的意见和建议，协助幼儿园组织交流家庭教育的经验。

家长委员会可以分为幼儿园家长委员会和班级家长委员会，幼儿园家长委员会可以在班级家长委员会的基础上产生。家长委员会成员可以采用家长推荐、自愿报名、教师推荐以及幼儿园审核的方法产生。幼儿园家长委员会成员应选择具备“四有”条件的家长，即有人品、有态度、有能力、有时间，且成员构成上还应注意丰富性，来自不同学历、职业、年龄的代表都应该有，这样才能代表大多数家长的利益。为使家长委员会明确自己的职责，幼儿园应根据本园实际情况，制定家长委员会章程。家长委员会章程应该包括组织、职责、权利、活动内容以及活动方式等。幼儿园需要创设条件让家长委员会参与到管理工作中来，并对其成员进行明确的职责分工，使其主体性得以充分发挥。要让所有教职工和家长明确家长委员会的工作任务，并建立一套完整的管理制度和检查措施，以确保各项工作的落实。家长委员会是家园联系的重要组织机构，它在家园共育中起到十分重要的作用。要制定相应的制度和章程，保证家长委员会正常行使其职能。

第三节　幼儿园与社区公共关系的建构

一、社区的含义

社区是集经济、文化、政治和教育等为一体的地域性组织形式，也称为社会区域共同体，是人们生活中不可缺少的基础网络。社区的基本要素包括一定的地域、一定数量的人口、一定的生活服务设施、一定的行为规范和社会生活方式，以及地方乡土观念等。

二、社区的教育资源

幼儿园在利用社区资源之前，首先要对社区的整体情况进行调查和研究，深入了解社区的人员构成、社会机构、文教机构、娱乐设施、商业组织、街道设施等情况，以便从中选取适宜的活动场地、内容等资源。

（一）社区的物力资源

社区内的街道、村庄、公园、商店、学校、工厂、政府机关、医疗单位、体育场馆、图书馆、博物馆、文化宫、电影院等都是幼儿教育重要的物力资源，幼儿园要充分加以利用。幼儿园在与社区的合作中，可以直接利用社区丰富的教育资源，让幼儿走进社会的大课堂，例如，让幼儿参观社区中的各种机构，如图书馆、博物馆等，使幼儿受到良好的教育。幼儿园教育应扩展到社区的大背景下进行，充分利用社区环境中富有教育意义的自然和人文景观，不仅扩大了教育的空间，更是对教育内容的丰富和深化。

（二）社区的人力资源

幼儿园可以鼓励社区中拥有不同专长、在社会上享有声誉的有识之士积极参与到幼儿园的活动中来，充分利用社区的人力资源。幼儿园可以定期向社区居民开放，欢迎他们来园参观，了解幼儿园的保教工作情况。幼儿园还可以充分利用社区不同成员的职业特点，邀请他们为幼儿提供职业体验的机会，让幼儿通过多种形式了解较多的社会知识，如社区内有一家蛋糕店，幼儿园可以邀请蛋糕师进班级，让幼儿体验蛋糕师的工作。

（三）社区的文化资源

社区文化反映了在特定区域内社会生活共同体的历史传统、风俗习惯、生活方式、价值观念等。幼儿园可以结合本社区的实际情况，让社区的历史、风俗、革命传统等有地方特色的乡土教材，成为幼儿园重要而有特色的教育内容。也可以将社区文化渗透到幼儿园，使其成为幼儿园文化的一部分，对幼儿起到潜移默化的作用。

三、利用社区资源的意义

社区资源的开发不但可以丰富幼儿园的课程资源，而且可以扩大幼儿的活动范围，拓宽幼儿的视野。因此丰富的社区教育资源显得尤其重要。例如，幼儿园周边的超市、银行、市场、理发店、邮局、纪念馆等都是幼儿园的课程资源，幼儿园还可以邀请一些专业人员为幼儿园的教学活动提供支持。同时，幼儿教育需要贴近生活，要融进生活中去，因此，幼儿园要突破围墙的限制，让幼儿通过直接感官接触增长知识，促进其成长。

四、幼儿园社区工作管理的注意事项

（一）建立健全公关管理机制

建立健全的社会公关管理机制包括组织机构、制订目标方案、加强组织实施、做好公关总结等。

（二）建立幼儿园良好社会形象

幼儿园要提高办园质量，完成保教保育双重任务，积极加入社会公益事业中，提高教师的师德师风建设水平，开辟多渠道舆论工具，广泛宣传幼儿园。

（三）主动参与社区活动

幼儿园参与社区活动是展示幼儿园良好风范的主要途径。因此，幼儿园要经常与社区联系，积极主动参加社区活动，从而让社区公众更好地了解幼儿园，提高幼儿园的美誉度。

（四）加强日常沟通与交流

幼儿园在日常教学中要创造机会与社区进行经常性沟通，如利用开放日、节日庆典、汇报演出等机会邀请社区领导、知名人士参加活动，并征求他们的意见，得到他们的支持。另外，幼儿园要经常主动拜访知名人士，交流感情、建立平台。

第四节　幼儿园与其他公众的公共关系管理

幼儿园的公众有很多，这里主要介绍幼儿园与上级教育行政部门及媒体的公共关系。

一、幼儿园与上级教育行政部门的沟通

幼儿园的上级教育行政部门主要是指各级地方政府对教育事业进行组织领导和管理的机构或部门。上级教育行政部门通过制定教育发展规划、方针、政策等对幼儿园进行行政干预，同时，通过提供教育经费、监督指导、培训师资队伍等向幼儿园提供支持和协助。因此，幼儿园应努力做好与上级教育行政部门的公关工作。

（一）幼儿园与上级教育行政部门沟通的方式

幼儿园搞好与上级教育行政部门的公共关系，要保证与其进行有效沟通。一般来说，幼儿园与上级教育行政部门的沟通方式有以下几种。

1. 请示、汇报工作

幼儿园领导要创造机会，将幼儿园的重要事项（如办园目标、工作计划、重大项目等）向上级教育行政部门的领导请示和汇报，以征求他们的意见，争取他们的指导。这样既有利于幼儿园工作的开展，也有利于拉近与上级领导之间的距离。

2. 参与上级活动

上级教育行政部门安排的工作如教学成果比赛、师资培训、工作会议、科研项目等，幼儿园都应该积极主动地参与其中，并争取表现突出，给上级领导留下良好的印象。

3. 邀请上级领导参加活动

幼儿园举办各类大型活动前，要主动给上级教育行政部门递上请柬，邀请主要领导参加，邀请时，幼儿园领导要认真介绍活动的目的、意义、内容等，并邀请领导讲话、剪彩。

（二）幼儿园与上级教育行政部门沟通的注意事项

1. 尊重上级、顾全大局

幼儿园领导要重视与上级教育行政部门的公共关系，尊重上级、顾全大局。主要应注意：要高度重视上级教育行政部门交办的事情，认真完成任务；要尊重上级的意见，以大局为重，要勇于牺牲和奉献个人利益；要主动分担上级教育行政部门工作中的困难，支持上级领导的工作；要注意沟通交流时的方式和场合，要得体大方，并表现出诚意和尊重。

2. 主动与上级沟通

幼儿园领导要定期或不定期地主动向上级领导请示和汇报工作，让上级领导在第一时间了解幼儿园的工作情况，做到让领导“最先知情”，进而争取上级领导对幼儿园工作的支持与帮助。

3. 了解上级工作情况

幼儿园领导要熟悉上级教育行政部门的工作程序，从而掌握正确的办事程序，提高工作效率；同时要了解上级主管领导的办事风格，避免因越级操作导致上下级关系紧张等。

二、幼儿园与媒体的沟通

媒体是信息表示和传播的载体，包括报纸、杂志、广播、电视、互联网等。媒体可向社会公众传播幼儿园的信息、展示幼儿园的形象，对幼儿园的发展起着不可忽视的作用。因此，幼儿园必须与媒体进行良好的沟通，做好与媒体的公关工作，借助其形成良好的社会声誉，提高幼儿园的社会竞争力。

一般来说，与媒体进行良好的沟通，需要做到以下几点。

（一）将与媒体的公共关系纳入幼儿园战略管理

通过活动把媒体“请进来”，同时通过媒体搭建平台让幼儿园“走出去”，主动与媒体作好沟通与交流，让媒体知道幼儿园的工作特点，熟悉幼儿园的整体情况。

（二）要安排专人对接

幼儿园应该安排专人与媒体定期进行有效沟通，同时应该让负责此项工作的教师保持稳定，使此项工作能够形成良好的循环。

（三）通过开展活动搭建与媒体的联系平台

幼儿园要创造机会使媒体有新闻资源进行宣传。例如，幼儿园每年的“六一”庆典、毕业典礼、保教比赛等都可以邀请媒体进行报道，使社会了解幼儿园的信息、成绩等，从而提高幼儿园的社会影响力。

（四）通过专业服务与媒体共建联系

幼儿园可以通过面向社会开展专业性服务来提高幼儿园声誉，例如，幼儿园的资深教师做客电视台、广播电台、网络平台进行家庭教育、亲子教育、早教等相关讲座；或者面向广大社区开展幼儿教育相关指导活动等。

思政之窗

公共关系学是一门研究组织与公众之间相互传播沟通的行为、规律和方法的学科。伴随人们对公共关系的普遍认识，它已越来越成为现代组织参与社会竞争的重要手段。幼儿园要想求生存、求发展，必须重视学习、应用公共关系的知识与技巧。

练习思考

一、单选题

1. 幼儿园的（　　）是幼儿园公共关系的核心，是幼儿园各项工作的关键。

　A. 教职工　　B. 幼儿　　C. 家长　　D. 上级部门

2. （　　）是指幼儿园定期或不定期地对幼儿家长开放，家长可以观摩或参与幼儿园教育活动。

　A. 父母沙龙　　B. 家长开放日　　C. 家长会　　D. 家长学校

3. （　　）是幼儿园保育和教育工作水平的直接反映者，是幼儿园的“形象代言人”。

　A. 教职工　　B. 幼儿　　C. 媒体　　D. 家长

二、多选题

1. 幼儿园公共关系的主要内容是处理幼儿园（　　）。

   A．与教职工的关系　　B．与幼儿及家长的关系

   C．与社区的关系　　D．与媒体的关系

2. 日常性家长工作包括（　　）。

   A．早晚接送交流　　B．家园联系簿

   C．家长园地　　D．家访

第十一章　幼儿园工作评价

学习目标

知识目标

◎ 了解幼儿园工作评价的含义和作用。

◎ 熟悉幼儿园工作评价的对象、范围、内容。

◎ 熟悉幼儿园工作评价的过程和意义。

能力目标

◎ 能够撰写评价报告。

素质目标

◎ 树立先进的幼教观念。

◎ 具有广博的文化知识和娴熟的教学能力。

思政目标

提高幼儿的素质，必须提高教师素质，实施素质教育关键在于提高师资素质，没有高素质的教师，提高幼儿素质，就是一句空话。这些看法，在幼教系统已形成共识，并在各个幼儿园已付诸实践。

第一节　幼儿园工作评价概述

一、幼儿园工作评价的含义与特点

（一）什么是评价

“评价”一词在汉语字典中就本义来说是对货物估定价值，现也泛指衡量人物、事物的作用或价值。在韦氏大词典里，“评价”有两个意思：一是确定或修订价值；二是通过详细、仔细的研究和评估，确定对象的意义、价值或状态。

在很多人的头脑中，往往把评价和评定混为一团。实际上，评定的含义是经过评判或审核来决定，两者并不是一回事。评定更多地指向人或人的群体，而评价则是更多地指向评价对象的过程；评定的目的是得到确切的结果，而评价则是对评价对象的目的和过程进行价值判断。

关于对评价的解释，美国著名心理学家布鲁姆的观点在我国影响比较广泛。他认为评价就是对一定的人、事、物，如想法、方法和材料等作出的价值判断。它是一个运用标准对事物的准确性、实效性、经济性以及满意度等方面进行评估的过程。

综上所述，我们认为，评价是一个非常复杂的认知活动。所谓评价就是指通过评价者对评价对象的各个方面，根据一定的评价标准进行量化和非量化的测量过程，最终得出一个可靠的并且逻辑化的结论。其中的评价者，也称评估人，主要是对某个对象进行评估的主观能动体。它可能是部门，也可能是个人。

（二）幼儿园工作评价及其特点

幼儿园工作评价是依据一定的标准与程序，有目的、有计划、有组织地对幼儿园各个方面进行科学调查、收集、整理、处理相关信息，并作出价值判断的过程。其目的在于获得改进园所教育和各个方面工作的依据，提高保教质量，促进园所发展。

幼儿园工作评价具有以下特点。

1. 评价内容的整体性

幼儿园工作是由许多要素组成的一个系统整体。组成整体的各个要素在整体中的地位和作用是不同的，有的重要，有的相对次要。幼儿园工作评价是对整体工作的评价。所以，幼儿园工作评价目标的确定和分解、指标体系的构成，都要从整体出发，反映整个工作的全貌；权重的分配，要以其各个要素在整体中的地位和作用而定，过分突出或忽视任何一个因素，都会导致整体不平衡，从而使评价的结果失去判断和指导意义。

2. 评价工作的协同性

幼儿园工作评价涉及范围广、内容多，不仅是管理者的事，也需要广大教职工的积极参与，还需要上级主管部门、教育专家以及幼儿家长协助进行。一方面，上级主管部门、教育督导部门对幼儿园管理工作进行评价时，必须取得园所领导、教职工的支持和帮助，才能获得准确的评价信息。同时还需要邀请有关专家参加评价工作，以便提高评价的质量。另一方面，幼儿园内部进行工作评价时，必须依靠广大教职工的团结合作，并取得家长的支持。没有协同性，幼儿园管理工作评价就很难进行，即使进行，也很难获得准确的评价。

3. 评价主体的多元性

幼儿园工作是综合性工作，幼儿园工作评价也是综合性的评价。幼儿园工作评价关系到幼儿园全局性工作的价值判断，评价的主体是多元的，而不是单一的。多元评价主体有：上级教育主管部门、教育督导部门、社会有关部门或团体、幼儿家长以及幼儿园领导、广大教职工等。他们都有权对幼儿园管理工作作出评价，他们的评价对幼儿园的现状和发展会产生直接或间接的影响。

（1）以教育系统上级主管部门作为评价主体，以幼儿园作为评价客体，其价值判断的依据是某一时期的教育方针、政策、中心任务，或某项法律、法规的贯彻实施状况，以此实现教育的宏观调控和实行有针对性的指导。

（2）以幼儿园为评价主体，以幼儿园内部工作状况为评价客体，其价值判断的准则是自我诊断、自我总结、自我完善，从而改进工作、提高效率，促进保教质量的提高。

（3）以幼儿园教师为评价主体，以幼儿为评价客体，其价值判断的依据是以幼儿的体、智、德、美各方面的发展水平为标志的教学与发展的关系状况，以此推进保育、教育工作的改革，提高保教质量。

（4）以家长和社区为主体，其价值判断的依据为幼儿园的各项工作满足家长和社区需求的程度，通过及时的信息反馈，进行幼儿园工作的社会监督、自我完善，提高服务质量，增强园所自身的生存能力和市场竞争力。

4. 评价结果的导向性

评价结果无论好坏，都会对教职工产生明显的导向作用。评价对象会主动了解评价的结果并根据结果来规范和调整自己的行为。评价对人的行为能够起到控制和调节的作用，促使人们朝着评价者所期望的目标方向前进。

二、幼儿园工作评价的意义及类型

（一）工作评价的意义

幼儿园工作评价的根本目的在于充分发挥评价的导向、激励、改进的功能，通过评价过程的反馈、调控，促进幼儿园工作不断完善、不断改进，调动广大教职工的工作积极性、主动性和创造性，同时也促进幼儿园领导不断加强对教师队伍的管理和建设，最终达到全面提高园所保教质量的目的。

我们认为，幼儿园工作评价的根本作用在于以评价促发展。

1. 促进幼教事业的发展

幼儿园工作评价是幼儿园领导和上级教育行政部门了解和把握幼儿园发展状况、整体办园水平以及特色的基本途径。幼儿园工作评收搜集的信息具有客观性、全面性和准确性，既有定量分析，又有定性分析，这不仅为园领导和上级教育行政主管部门了解幼儿园提供了材料，更为科学决策提供了可靠的依据，是幼教改革、幼教发展和管理决策科学化的基本保证，有利于推动幼教改革的不断深入和发展。

2. 促进幼儿园自身的发展

幼儿园工作评价是对幼儿园工作过程状态和效果作出价值判断，能为幼儿园管理工作提供比较准确的依据，从而使幼儿园的各个部门、各级负责人对自己的工作过程、状况及效果有一个比较客观、全面的了解，并找准自己的工作定位，通过评价不断改进和提高管理工作的水平，使管理工作更加科学和规范，促使本园办学水平进一步提高。

3. 促进教师个人的发展

成功的评价有助于激发幼儿教师工作热情、促进教师专业成长，增强幼儿园的凝聚力。在幼儿园，影响教职工积极性、主动性的因素很多，比如，福利待遇、收入水平、人际关系、工作负荷、晋升机会等，但其中最重要的是领导的行为。幼儿园工作评价的基本内容是对园领导和领导班子行为的评价。广大幼教职工通过参与评价以及对反映领导行为的指标体系的理解，了解领导个人和领导班子如何管理幼儿园，明确职工在幼儿园工作中的地位和责任，从而发挥自身的主动性和积极性。

另外，评价是对幼儿园全体员工工作成绩、业务水平、能力素质等的综合判断，员工在自评、互评的过程中，对照评价标准看到成绩和进步，找出差距和不足，寻找不断改进工作的途径和方法。所以，好的评价是促进全体员工自我成长、自我更新，提高幼儿园保教质量的重要手段和措施。

4. 促进幼儿的发展

幼儿园工作的根本目的是促进儿童的健康发展。通过对幼儿园各项工作的评价，幼教工作者能够及时发现问题，调整方案，改善工作行为，以保证幼儿的健康发展。

（二）工作评价的类型

幼儿园工作评价按照不同的指标可以分为不同的类型，各种评价类型的侧重点有所不同，可以根据实际需要进行选择，也可以综合使用。一般我们把幼儿园工作评价分为五大类，12 个类型。

1. 按评价的参照体系划分

按评价的参照体系，即按照标准的来源，可分为相对评价、绝对评价和个体内差异评价。

相对评价是在被评价对象的集合体内，选定一个或几个对象作为基准，然后将各个评价对象与基准进行比较的评价。在园所管理中，常见的的评选先进教职工、先进班组，树立模范典型，以激励全园教职工。但是，这种评价模式只能显示个体在评价集合里的相对位置，而不一定是被评价者的实际水平。

绝对评价是在被评价对象的集合体之外确定一个客观标准，然后将各个评价对象与所确定的这一客观标准进行比较的评价。在幼儿园工作实践中，常见的上级教育主管部门对园所的评价，如现在全国许多省、市都在进行的实验园、示范园、一类达标园的验收评价，就是这种形式。这种评价由于具有客观的标准，所以容易使被评价者信服，保持心理平衡。

但是客观标准的制定是否反映正确的教育价值观，是需要科学的调查才能得出的。

个体内差异评价是把被评价对象集合中各个对象的过去和现在相比，或对一个对象的各个侧面比较而进行的评价。这种评价充分照顾到了个体的差异，使每一名幼儿园员工和幼儿都能看到自己的进步和不足。在幼儿园工作评价中，多用于园所内部自我评价、总结。由于它没有客观标准，其评价结果的科学性往往不强。

2. 按照评价的功能划分

按照评价的功能，可分为诊断性评价、形成性评价和总结性评价。

诊断性评价又叫发展性评价，是基础教育课程改革中非常重视的一种评价。它是指在教育活动开始之前，为使其计划更有效地实施而进行的预测性评价，侧重于发现幼儿园工作中的不足和问题，其目的在于了解评价对象的基本情况，为制订教育计划或解决问题收集资料、作好准备。

形成性评价又叫过程性评价或“即时评价”，是一种在计划实施过程中不断进行的动态评价。它是指在教育活动过程中评价活动本身的效果，目的在于及时了解教育活动过程中的情况，及时获取反馈信息，适时调节控制，以缩小工作过程与目标之间的差距，并通过评价研究工作进程，总结经验教训，及时改进工作。

总结性评价又叫终结性评价、效果评价，侧重于对工作结果好坏的评价，不关心过程和原因。它是指在完成某个阶段教育活动之后，对其成果作出价值判断，也就是以预先设定的教育目标为基准，对评价对象达到目标的程度进行评价。

3. 按照参与主体划分

按照参与评价的主体，可分为自我评价和他人（外部）评价。

自我评价是指被评价者根据指标，参照一定的标准，对自己的工作进行的评价，可以是个体的，也可以是组织的。这种评价比较容易开展，因此可以成为幼儿园的常规性工作。自我评价的主体也是评价的客体，强调评价者的自我反思。但是，自我评价往往缺乏外在参照标准，不便进行横向比较，主观性较强，容易出现评价过低或过高的现象。

他人评价是指被评价者之外的其他人对工作的评价，也叫外部评价。包括各级教育行政领导的视导评价，督学系统的督导评价，还有专家、同行的评价和社会评价等。这种评价的优点是可以从不同的角度对幼儿园工作进行评价，获得的信息比较全面、客观，便于发现问题和采取措施。

4. 按照评价的方法划分

按评价的方法，可分为定量评价和定性评价。

定量评价也叫量化评价，是指对那些能够量化的评价对象，采用定量计算的方法，即收集数据资料，用一定的数字模型或数学方法，做出定量结论的评价。如运用教育测量与统计的方法、模糊数学的方法等对评价对象用数字描述。

定性评价也叫质性评价，是指对不便量化的评价对象，采用观察、调查、分析等多种收集资料的方法，收集处理信息，然后做出判断，进行定性描述，得出一个比较完整的、解释性的评价。

这两种评价是基础教育改革之后讨论最多的评价方式。在幼儿园工作评价中，曾经出现过片面强调定量评价的情况。而事实上，在对教育工作现象、成果等的评价过程中，两者应结合使用，互为参照。例如，在评价幼儿园的园所文化建设时，就很难用定量的指标加以测量，而只能通过观察、调查、分析得出结论。而在评价园所的办园效率时，又必须有确凿的数据作为证明。因此，综合使用定量评价和定性评价才能科学、准确地进行评价。

5. 按评价内容的范围和复杂程度划分

按评价内容的范围和复杂程度，可分为分析（单项）评价和综合评价。

分析评价是把评价内容分解成若干个项目，就某一方面或侧面进行评价，也叫单项评价，其评价对象是幼儿园工作中的某个基本元素。如园所办园条件评价；幼儿园工作目标及目标管理实施评价；卫生保健工作评价；教养质量综合评价；总务工作评价等。

综合评价是对评价对象的整体进行评价。如对省、市示范园的评价就属于综合评价。

综上所述，各种常用的评价方法各有特点，在具体的评价实践中应根据实际需要和具体情况选择合适的评价方法或综合使用不同的评价方法。要结合评价对象的特点，充分考虑各种评价方法存在的差异以及可能给评价结果造成的影响。比如当某项评价需突出评价对象某方面的特征时，运用主观性评价方法可能会得到较好的结果；而评价对象的特性不易把握或评价人员的知识不足以准确把握评价对象的特性时，运用客观评价方法更恰当。

三、幼儿园工作评价的对象、范围与内容

幼儿园工作评价是以幼儿园内部各方面工作为对象的教育评价，涉及范围广、内容多。从我国目前幼儿园评价工作的实务来看，我们认为，幼儿园评价主要包括幼儿园的办学水平和等级以及社会声誉评价、工作人员评价、工作实务评价、幼儿发展评价等几个方面，如图 11–1 所示。

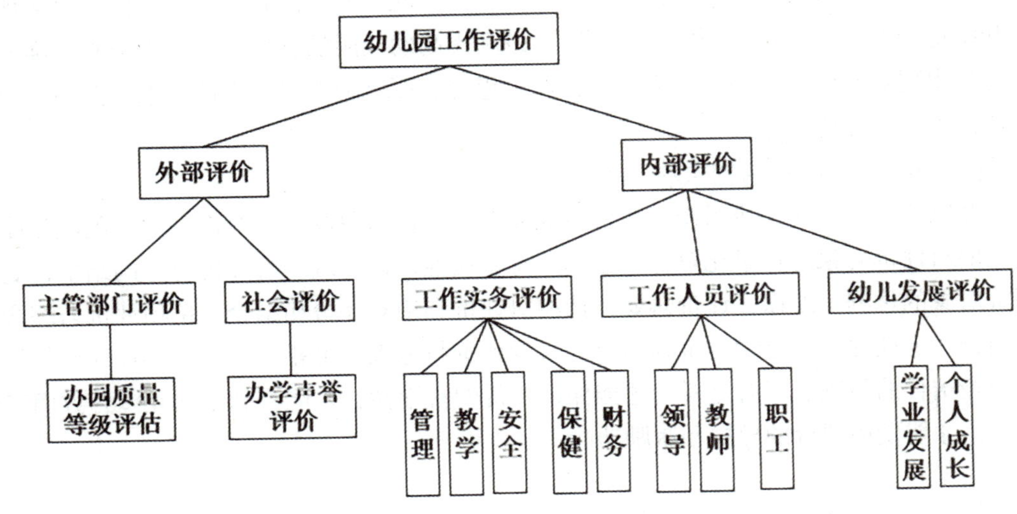

图 11–1 幼儿园工作评价流程图

四、幼儿园工作评价的原则

（一）方向性原则

我国的教育目标和幼教方针是幼儿园一切工作和教育活动的依据。因此，幼儿园工作评价，必须坚持我国的幼教方针政策，坚持教育目的，才能保证评价的正确方向，发挥幼儿园管理工作评价的导向作用。通过幼儿园管理工作评价，纠正任何偏离幼教方针、偏离素质教育、偏离教育目的、偏离幼儿身心发展规律的做法。同时，通过幼儿园工作评价，使幼儿园的领导和广大教职工自我认识、自我对照，明确自身的发展和改革方向，促进其自我控制和调节，保证评价的导向作用。

（二）客观性原则

在进行幼儿园工作评价时，必须采取客观的实事求是的态度，不能主观臆断。幼儿园工作评价是按照一定的价值标准对幼儿园各方面工作作出的价值判断，必须做到公正、客观，否则，难以得出一个科学准确的评价结论。对于评价主体来说，坚持这些原则，必须广泛收集评价信息，信息越丰富，来源渠道越广泛，幼儿园管理工作评价的客观性越容易得到保证。

（三）发展性原则

在幼儿园管理工作评价中，要坚持用发展变化的观点对待办学基础和办学条件差异很大的评价对象。只有用发展变化的观点作出解释，确定被评价幼儿园在同类幼儿园中的合理地位，才能调动各类幼儿园办园积极性、主动性，从而促进各类幼儿园管理工作的改善。使用同一个评价标准评价差异很大的幼儿园是不公平的。同理，要用发展的观点评价不同的保教人员，不能“一刀切”，也不能只看结果，不看过程，否则，很容易挫伤教职工工作的积极性和进取心。

（四）改进性原则

幼儿园管理工作评价的真正目的是通过幼儿园管理工作评价，促进幼儿园管理工作的改善，提高幼儿园教育教学质量。评价不仅要了解幼儿园实际的管理水平，而且要从评价过程和结论中发现新情况、新问题，不断改进和提高幼儿园的管理工作。必须有明确的目的，避免出现随心所欲，想评什么就评什么，想怎么评就怎么评的滥评现象，使幼儿园管理工作评价失去评价的意义。

（五）多种评价相结合的原则

幼儿园工作是一种多边系统，评价时既要关注评价对象的某一侧面，又要关注整体工作；既要对评价对象进行量化解释，也不要忽略质性评价；既要看评价对象的结果，更要看评价对象的过程。所以，评价时要坚持相对评价和绝对评价相结合、单项评价与综合评价相结合、定性评价与定量评价相结合、自我评价与他人评价相结合、终结性评价与发展性评价相结合的原则。只有这样，才能保证评价的科学性，才能有利于幼儿园各方面工作的改进，才能发挥评价的导向和激励功能。

第二节 幼儿园工作评价的实施

幼儿园工作评价的组织与实施主要包括确定评价目的与评价内容、评价方案设计、评价方案撰写、评价方案实施、撰写评价报告等。

一、评价目的的确定

评价目的是进行幼儿园工作评价活动所要达到的目标和要求，是评价的指导思想，是制订评价方案的前提和依据。确定评价目的即解决“为什么评”的问题，有助于科学地设计评价方案，也使评价活动不至于成为一种盲目的、低效的或无效的劳动。

幼儿园确定的评价目的必须充分体现国家的教育目标和幼儿园培养人才的目标，符合教育规律和幼儿园的实际情况，并对教育活动具有指导作用。

二、评价内容的确定

幼儿园工作评价的具体内容很多。主要的评价内容有管理状态评价、工作人员评价、工作实务评价、公共关系评价以及幼儿评价五个方面的内容。管理者可以根据本园实际需要和各阶段的工作重点，选择确定要评价的内容。然后根据要评价的内容特点，制订科学、合理、有效的评价方案。

三、评价方案的设计

（一）设计评价的指标体系

指标通常指反映某种社会现象的数字，这些数字可以是绝对量、相对量或平均数。指标一般应以数字表示，但由于教育工作的复杂性及其特点，决定了教育工作评价的指标不能都用数字来表示，而是用反映评价对象某方面特征的主要因素、模糊量（如优秀、良好等级）或数字构成。

指标一般分定量指标和定性指标。定量指标用于考核可量化的工作，而定性指标则用于考核不可量化的工作；相对而言，定量指标侧重于考核工作的结果，而定性指标则侧重于考核工作的过程。

1. 定性评价指标设计

在幼儿园工作评价中，评价目标通常比较概括、抽象、难以量化，所以，幼儿园工作评价指标常常采用定性指标体系进行。定性指标主要凭评价者的直觉、经验，凭评价对象过去和现在的延续状况及最新的信息资料，根据评价对象的性质、特点、发展变化规律作出判断，设定指标。定性指标一般用好、中、差或优、良、中、差或一级、二级、三级等等级指标来表示。

2. 定量评价指标设计

定量评价指标是依据统计数据，收集评价对象可以量化的信息，运用数学方法作出推论，计算出评价对象的各项指标及其数值。一般用分数来表示，比如十分制、百分制、千分制等。

定量评价指标设计时，最主要的是赋予评价指标权重。权重是指在评价指标体系中，每项指标相对重要程度的标志，即每项指标在总体中所占的比例。只有赋予不同的指标以应有的权重，才能使评价结果正确反映工作质量的真实情况。

那么，如何确定指标的权重呢？目前确定指标权重的方法，一般是靠经验、调查、专家咨询和统计。调查统计法是比较简便易行、经常使用的方法。

（二）选择评价方法

1. 程度表示法

程度表示法是非数量化方法，也叫等级评价法，是我国的传统评价方法，它有多种形式。它是把各项评价指标按照其重要程度分出等级，分别用不合格、合格、优秀或优、良、中、差或好、较好、一般、较差等类别评定。等级法的优点是简便易行；缺点是粗略，等级之间的界限难以把握。

2. 数量表示法

数量表示法是数量化方法，指在评价过程中采用数学方法，形式多样，或者在分析教育现象时用数学作为手段，或将评价结果用数量表示，或将评价标准用数字表示。数量表示法是最常用、最简单的方式，是对评定项目打分或标出百分比。

幼儿园工作评价内容繁多，评价的方法要适合评价的内容，通过评价能得出可靠的结果。一般来说，定性评价通常采用程度表示法；定量评价通常采用数量表示法。两种方法各有所长，在实际操作中，具体情况具体对待。由于教育工作和行为的复杂性，目前我国幼儿园考核评价的各项内容的指标体系大多是定量和定性相结合的。通常的做法是工作过程评价采用数量表示法，工作结果的评价采用程度表示法。

四、评价方案的实施

幼儿园工作评价的实施是评价人员以评价方案为依据，根据收集的多种材料和信息，对评价对象进行判断的过程。评价方案的实施是幼儿园工作评价的重要步骤，没有具体实施过程，评价方案就是空话套话。

（一）评价实施的步骤

1. 成立领导小组

为了保证评价工作的科学、客观、公平、公正，幼儿园必须根据要求建立和组织评价工作领导小组，负责评价的组织、实施及验收。领导小组的成员要根据不同的评价对象、内容、要求等因素选择合适的人，而且要对其进行理论和技术培训，统一思想、提高认识。

2. 争取评价对象的理解

对评价工作进行宣传，获得评价对象的理解和支持，让评价对象认识到自己工作中的问题和不足，从而改进和提高工作质量，使评价工作能够顺利开展。

3. 收集、处理资料

利用各类方法如测验法、观察法、访谈法、问卷法、文献分析法、案例分析法、统计分析法等收集资料。如想了解家长对幼儿园工作的意见，可以用问卷法；想了解幼儿的相互交往情况，可以用观察法等。收集资料后，要对其进行分类处理，一看资料是否健全，二看资料是否准确，这样才能保证评价的真实性。

4. 实施评价，得出结论

对处理过的资料进行归类和分析后对数据进行处理，从而得出相应的结果，最后对结果进行说明，分析其原因，指出问题，提出整改意见和建议，形成评价报告。

（二）实施评价时的注意事项

1. 评价要客观全面

实施评价时，收集材料要全面、系统，数据可靠；选择的评价者要客观公正、实事求是；指标体系要设计科学，定量分析和定性分析相结合。

2. 评价和指导相结合

评价是为了更好地工作，实现教育目标和工作目标。要发挥评价的促进作用，需要将评价与指导相结合，并对评价结果做出合理分析，从而得出改进的建议和途径。

3. 评价工作要制度化

幼儿园工作要达到优秀水平不是一蹴而就的，因此要使评价工作切实起到作用，需要将幼儿园工作评价制度化，把评价工作有效地纳入管理运行过程中，从而通过有效评价来指导和控制幼儿园的实际工作，保证幼儿园教育目标的实现。

知识链接

评价报告的撰写

幼儿园工作评价报告要求对幼儿园工作评价的过程和结论进行全面描述，提出合理化意见和建议，幼儿园工作评价报告一般包括以下几个部分。

（一）封面

1. 标题

评价报告的标题由评价对象、评价内容构成，如关于××幼儿园办园条件的评估报告、幼儿园安全工作自查报告等。

2. 其他信息

其他信息主要包括以下方面。

（1）评价者：实施评价的组织，如幼儿园上级部门等。

（2）评价对象：可以是单位、集体或个人，如幼儿园全体教职工、某班带班教师等。

（3）评价时间：评价的具体实施时间或跨度时间，如 2020 年 5 月 20 日至 2020 年 6 月 20 日。

（4）评价完成时间：一般是报告呈递时间，如 2020 年 7 月 1 日。

（二）序言

序言又称前言，即报告的开头部分，内容主要包括评价的目的或指导思想，评价方案的背景，评价标准的来源，评价人员的组成，评价情况的简要描述等。

（三）正文

正文是评价报告最主要的部分，也是整个评价工作最重要的部分，主要内容包括以下方面。

（1）评价方法与过程：描述所采用的评价方法及评价实施的具体过程，重点写清评价信息的收集与处理过程。

（2）评价结果及对结果的分析：介绍收集到的主要信息及对这些信息的分析处理结果。

（四）结尾

评价报告的结尾主要包括以下两个方面的内容。

（1）评价结论：对评价信息处理后推断得出的结论。

（2）评价建议：对评价对象的有关工作提出相应的建议。

第三节　幼儿园工作评价的注意事项

评价工作是复杂的，需要耐心细致，因此我们需要认真对待，降低评价误差，提高评价效果。幼儿园工作评价需要注意以下问题。

一、充分发挥基层的作用

评价的目的在于提高工作质量，使幼儿园办得更好，这不仅仅是管理者的愿望，也是广大教职工的愿望。评价不是为了整治群众，而是为了实现基层群众的愿望。因此，评价工作要充分调动基层的积极性，让他们参与到评价工作中来，督促自己的行为，完成自己应该完成的任务。

（一）充分认识评价的意义

全体教职工要认识到评价的意义，真正感受到评价的必要性，认识到评价关系幼儿园未来的发展。

（二）广泛征求基层的意见

评价标准必须走群众路线，让群众讨论，才能够真正达到目的。评价标准是评价的关键，一定要有基层的充分介入。通过座谈会、访问、问卷、讨论等方式，让群众充分发表自己的意见，只有这样制定的标准才容易让大众接受，执行起来也比较容易，基层群众不能只看成是执行者，他们是幼儿园的主人。基层群众有责任为幼儿园的发展提出自己的意见。让群众参加评价标准的讨论，可使评价变为群众的需求和开展工作的动力。

二、评价要体现公平

评价标准出台后，一定要一视同仁、公平对待，管理者不可因人而异，对不同人采用不同的标准，这样评价就失去了客观性和公平性。评价要对事不对人，评价具有导向性。如果我们因人而异，就会让大家感到评价有失公正；如果没有科学性，带有主观情绪，主要看与评价者关系的好坏，这种错误导向会影响幼儿园的整体风气，使幼儿园失去凝聚力。因此，评价标准一旦确定，就应该严格执行，公平对待。

三、充分发挥评价的激励作用

评价的目的是推动教育与管理质量的提高，调动基层群众的积极性。但是如果不能正确对待评价结果，就会起到相反的作用，降低教职工的工作热情。通过评价，让基层群众认识到自己工作中存在的不足，找出问题，为今后的工作确定新的努力目标。对于那些评价结果较差的教职工，管理者要帮助其分析原因，制订提高方案，让其树立信心，而不是一味地指责，这样做只会打击其积极性，使其丧失信心。

四、注意评价的全面性

不要一次评价就下定论，应该系统地、科学地、发展地、全方位地考察幼儿园教育与管理工作各方面的情况，这就要求评价的标准和内容要全面，要经过几次评价后再下最终结论，同时要结合平时表现。只有坚持评价的全面性，才能保障评价结论客观、准确和科学，要杜绝以偏概全。幼儿园是教育机构，很多指标不能量化，因此不能机械地对待评价标准和结果，要考虑到特殊性。

思政之窗

党的二十大报告指出，育人的根本在于立德。全面贯彻党的教育方针，落实立德树人的根本任务，培养德、智、体、美、劳全面发展的社会主义建设者和接班人。坚持以人民为中心发展教育，加快建设高质量教育体系，发展素质教育，促进教育公平。加快义务教育优质均衡发展和城乡一体化，优化区域教育资源配置，强化学前教育、特殊教育普惠发展，坚持高中阶段学校多样化发展，完善覆盖全学段学生资助体系。

一、单选题

1. “幼儿园工作评价有利于全体教职工端正思想，树立正确的教育价值观，避免重教轻保、重智轻体、重智轻德等情况，真正实现幼儿身心全面、和谐发展的教育目标。”体现了幼儿园工作评价（　　）。

A．对保教工作有导向作用　　B．对教职工有激励作用

C．对管理工作有诊断作用　　D．对发展规划有借鉴作用

2. “幼儿园以大多数人达到的水平为基准，评选先进教职工、模范典型”属于（　　）。

A．定性评价　　B．相对评价

C．绝对评价　　D．个体差异评价

3. （　　）即解决“为什么评”的问题，有助于科学地设计评价方案，也使评价活动不至于成为一种盲目的、低效的或无效的劳动。

A．确定评价目的　　B．确定评价内容

C．设计评价方案　　D．实施评价方案

二、多选题

1. 幼儿园评价工作对象涉及（　　）。

A．幼儿园管理状态　　B．幼儿园工作人员

C．幼儿园工作　　D．幼儿园公共关系

2. 根据评价基准不同，幼儿园评价可分为（　　）。

A．相对评价　　B．绝对评价

C．个体内差异评价　　D．总结性评价

参考答案

第一章　管理与幼儿园管理

一、单选题

1. C　　2.D　　3.A

二、多选题

1. ABCD　　2.BD

第二章　幼儿园创设和管理体制

一、单选题

1. C　　2.C　　3.B

二、多选题

1. ABCD　　2.ABD

第三章　幼儿园的组织职能

一、单选题

1. A　　2.C　　3.A

二、多选题

1. CD　　2.ACD

第四章　控制职能与幼儿园管理评价

一、单选题

1. B　　2.B　　3.D

二、多选题

1. ABC　　2.BCD

第五章　幼儿园保教工作管理

一、单选题

1. C　2.B　3.D

二、多选题

1. ABC　2.ABCD

第六章　幼儿园教育工作管理

一、单选题

1. C　2.B　3.C

二、多选题

1. ABC　2.ABC

第七章　幼儿园卫生保健与安全管理

一、单选题

1. A　2.B　3.B

二、多选题

1. ABC　2.ABC

第八章　幼儿园总务工作管理

一、单选题

1. D　2.D　3.A

二、多选题

1. BD　2.ABCD

第九章　幼儿园人力资源管理

一、单选题

1. A　2.A　3.C

二、多选题

1. ABC　2.BCD

第十章　幼儿园公共关系管理

一、单选题

1. B　2.B　3.B

二、多选题

1. ABCD　2.ABCD

第十一章　幼儿园工作评价

一、单选题

1. A　2.A　3.C

二、多选题

1. ABD　2.ABC

参考文献

［1］彼得·德鲁克.德鲁克管理思想精要［M］.李维安，王世权，刘金岩，译.北京：机械工业出版社，2019.

［2］李传军. 管理学：理论与实践［M］. 2版. 北京：北京大学出版社，2018.

［3］姚丽娜. 管理学基础与实务［M］. 2版. 北京：清华大学出版社，2018.

［4］张欣，马晓春. 幼儿园组织与管理（第三版）［M］. 上海：复旦大学出版社，2021.

［5］左志宏，郭绒，朱家雄. 幼儿园组织与管理［M］. 北京：中国人民大学出版社，2021.

［6］邢利娅，蔡淑兰. 幼儿园组织与管理［M］. 北京：高等教育出版社，2021.

［7］张莅颖，刘海燕. 幼儿园组织与管理［M］. 北京：北京师范大学出版社，2018.

［8］王瑜，贺燕丽. 幼儿园组织与管理［M］. 北京：高等教育出版社，2023.

［9］柳海民. 幼儿园园长专业标准［M］. 北京：北京师范大学出版社，2023.

［10］邢利娅，蔡淑兰. 幼儿园组织与管理［M］. 北京：高等教育出版社，2023.

［11］张莉娜，王萍，吴明宇，等. 幼儿园管理［M］. 北京：清华大学出版社，2018.

［12］张莉. 幼儿园管理的“改”与“变”［J］. 好家长，2019（70）：34-35.

［13］彭海霞. 基于幼儿生命成长的“实”文化追求：对新时期高品质幼儿园管理的思考与实践［J］. 教育科学论坛，2019（17）：71-77.

［14］王瑜，贺燕丽. 幼儿园组织与管理（第2版）［M］. 北京：高等教育出版社，2023.

［15］杜燕红，张一楠. 幼儿园组织与管理（第二版）［M］. 武汉：武汉大学出版社，2023.

［16］秦旭芳. 幼儿园组织与管理［M］. 北京：北京师范大学出版社，2022.

［17］吴琼. 幼儿园组织与管理［M］. 芜湖：安徽师范大学出版社，2022.

［18］李玮，宁迪，雷钺. 幼儿园班级组织与管理［M］. 北京：北京理工大学出版社，2020.